Weinführer Spanien 2000 · 2001

Drechsler/Franke/Peter

DER SÜDWEST

WEIN FÜHRER

Spanien

2000 · 2001

INHALT

- 7 **Vorwort**
- 8 **Zum Gebrauch des Buches**
- 9 **Das Weinland Spanien**
- 11 **Weinrecht**
- 14 **Tipps zum Umgang mit Wein**
- 18 **Die Anbaugebiete**
- 18 **Andalusien**
  D.O. Jerez; D.O Montilla-Moriles
- 26 **Aragón**
  D.O. Campo de Borja; D.O. Cariñena; D.O. Somontano; D.O. Calatayud
- 36 **Extremadura**
  Weine ohne D.O.
- 40 **Galicien**
  D.O. Rías Baixas; D.O. Ribeiro; D.O. Valdeorras
- 46 **Kastilien – La Mancha**
  D.O. La Mancha; D.O. Valdepeñas; Weine ohne D.O.
- 60 **Kastilien & León**
  D.O. Ribera del Duero; D.O. Rueda; D.O. Toro; Weine ohne D.O.
- 94 **Katalonien**
  D.O. Alella; D.O. Empordà-Costa Brava; D.O. Costers del Segre; D.O. Penedès; D.O. Priorat; D.O. Tarragona; Weine ohne D.O.
- 126 **Murcia**
  D.O. Jumilla; D.O. Yecla
- 130 **Navarra**
  D.O. Navarra
- 146 **Rioja**
  D.O.Ca. Rioja
- 176 **Valencia**
  D.O. Alicante; D.O. Utiel-Requena; D.O. Valencia
- 182 **Cava**
  D.O. Cava
- 188 **Weine nach Preisgruppen**
- 192 **Weitere empfehlenswerte Kellereien und Weine**
- 210 **Rebsorten**
- 216 **Glossar**
- 220 **Bezugsquellen**
- 225 **Register**
- 239 **Impressum**
- 240 **Jahrgangstabelle**

Rebsorten

Macabeo
Die weit verbreitete Rebe erzielt ihre besten Ergebnisse als Basis von Cava. Auch »Viura« genannt.

Airén
Meistverbreitete Rebsorte mit großen Trauben und Beeren. Aromatische und alkoholreiche Weine.

Tempranillo
Kraftvolle und aromatische Weine. Königin unter den spanischen Sorten. Grundlage für die Spitzenweine Kataloniens.

Garnacha
Weine mit niedriger Säure, hellrot und alkoholreich. Kurz nach der Lese gepresst gut geeignet für fruchtige Rosado-Weine.

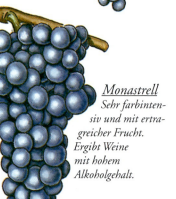

Monastrell
Sehr farbintensiv und mit ertragreicher Frucht. Ergibt Weine mit hohem Alkoholgehalt.

Vorwort

»Al pan, pan y al vino, vino« – dieser sprichwörtlichen Redensart bedienen sich die Spanier, wenn sie eine Sache ohne Umschweife beim Namen nennen wollen. Dass Brot und Wein in Spanien seit jeher elementare Bestandteile der Ernährung sind, gehört wie selbstverständlich wohl auch zu unserem Erfahrungsschatz über mediterrane Lebensart. Dennoch – es mag vielleicht etwas überspitzt formuliert sein, aber wir wagen die provokante These: Das Reiseland Spanien ist ebenso wie das Weinland weitgehend unbekannt. Fraglos sind Madrid und Barcelona pulsierende, moderne Weltmetropolen, die Küsten von der Costa Brava bis zur Costa de la Luz sind beliebte Urlaubsgebiete für Millionen von Touristen, Andalusien ist eine faszinierende Region mit exotischem Flair – und »natürlich« von oben bis unten voller Flamenco. Aber wie viel Entdeckens- und Erlebenswertes bieten andere Städte und Regionen, von denen uns oft noch nicht einmal die Namen geläufig sind!

Von spanischen Weinen haben außer den Experten die meisten von uns in der Vergangenheit wahrscheinlich nur im Zusammenhang mit Rioja gehört. Da mag es dann schon eine Meldung mit gewissem Neuigkeitswert sein, dass Spanien der Anbaufläche nach das größte Weinland der Welt ist – und das schon seit Jahren (von der Menge her steht es übrigens nach Italien und Frankreich auf Platz 3).

Ist es nicht an der Zeit, diesem doppelten Informationsdefizit wenigstens ansatzweise abzuhelfen? Für die Landeskunde fühlen wir uns nur am Rande zuständig und haben daher bei den Einführungstexten zu den Regionen diesbezüglich lediglich marginale Bemerkungen angebracht. Dagegen ist es unser erklärtes Ziel, Ihnen die spanische Weinlandschaft etwas näher zu bringen. Gewiss: Bei der Vielfältigkeit des Themas kann dies im vorgegebenen Rahmen nur eine Annäherung sein, aber wir wollen Ihnen den Einstieg so schmackhaft wie möglich machen.

Im Idealfall ließe sich das kombinieren: Eine ausgedehnte Rundfahrt zu den ungezählten Sehenswürdigkeiten Spaniens, das Kennenlernen seiner Menschen – gemeinsam mit diesem Buch als ständigem Reisebegleiter in weinkundlichen Fragen.

Aber selbst wenn Sie sich »nur« auf eine virtuelle Weinreise durch Spanien begeben, mit sehr realen Kostproben im Glas: In jedem Fall wünschen wir Ihnen jede Menge von der Freude, die angenehme Überraschungen und Neuentdeckungen immer mit sich bringen.

Gerd Drechsler
Michael Franke
Heinz Peter

Zum Gebrauch des Buches

Es hätte den Rahmen des Buches bei weitem gesprengt, alle spanischen Weine auch nur zu erwähnen, selbst die ausführlichsten Weinführer in Spanien können diese Vollständigkeit nicht leisten. Wir haben insgesamt ca. 700 Weine verkostet, für eine Beschreibung in diesem Buch mussten folgende drei Voraussetzungen erfüllt sein:

1) Qualität

Es wurden nur die Weine beschrieben und bewertet, die in unseren Blindverkostungen mehr als lediglich mittelmäßige Qualität aufzuweisen hatten. Fehlerhafte Produkte wurden – soweit verfügbar – ein zweites Mal probiert, ansonsten nicht aufgenommen.

2) Preisniveau

In einem Weinführer, der sich eher an ein breites Publikum als an Experten wendet, sollten schwerpunktmäßig preisgünstige Weine vorgestellt werden – obwohl dies naturgemäß ein ziemlich subjektives Kriterium ist. Dennoch liegt bei 40 bis 50 D-Mark eine Schwelle, die von spanischen Hochgewächsen preislich z. T. deutlich übersprungen wird. Diese außergewöhnlichen Weine werden in aller Regel den Kennern und gut informierten Liebhabern vorbehalten bleiben.
Unsere Preisangaben beruhen auf den Händlerlisten, die uns bis zum Redaktionsschluss im November 1999 zur Verfügung standen.

3) Verfügbarkeit

Sämtliche beschriebenen Weine waren bei Redaktionsschluss im deutschen Fachhandel erhältlich. Dennoch wird manch einer der hier beschriebenen Jahrgänge zum Zeitpunkt der Buchveröffentlichung nicht mehr vorrätig sein. Unserer Erfahrung nach liegen aber die an Qualität orientierten Erzeuger auch mit Folgejahrgängen nicht völlig daneben.
Weine aus Gebieten, die in Deutschland nur mit geringen Mengen vertreten sind (z. B. die kanarischen und balearischen Inseln) wurden – obwohl z. T. von guter Qualität – nicht beschrieben.

Zeichenerklärung

Das Traubenpiktogramm gibt Auskunft über die Farbe des Weins:

- ▼ = Weißwein
- ▼ = Roséwein
- ▼ = Rotwein

Die Anzahl der Gläser bezeichnet die Qualität:
- ♀♀♀ = gut
- ♀♀♀♀ = sehr gut
- ♀♀♀♀♀ = hervorragend
- ♀♀♀♀♀♀ = überragende Ausnahme

Das Weinland Spanien

Noch vor ein paar Jahren wäre ein Buch über spanische Weine in vergleichbarem Umfang schlichtweg unmöglich gewesen. Auch ein Vergleich des früher äußerst schmalen Angebots an Weinen im deutschen Fachhandel mit dem heute üblichen breit gefächerten Sortiment offenbart den gewaltigen Unterschied. Kurz: Es hat sich vieles geändert im Weinland Spanien, mehr noch: es hat ein enormer Umbruch stattgefunden. Und diese Entwicklung ist noch lange nicht am Ende, wir beobachten eine – um im Bild zu bleiben – geradezu stürmische Gärung. In der spanischen Weinszene findet seit ca. zehn bis 15 Jahren eine Entwicklung statt, die in Italien schon vorher eingesetzt, sich dort allerdings langsamer vollzogen hatte – überdies ist sie dort heute weitgehend abgeschlossen. Spanien hat dagegen ein Tempo vorgelegt, das man nur noch als atemberaubend bezeichnen kann und das – in kleinerem Ausmaß – in Europa allenfalls noch mit Südfrankreich vergleichbar ist.

Lange Tradition
Die Geschichte des Weinbaus in Spanien kann auf drei Jahrtausende zurückblicken, denn schon lange vor der römischen Eroberung erzeugten die Phönizier in einigen Teilen der Iberischen Halbinsel Wein. Trotz der Effektivität und der im großen Stil unter den Römern betriebenen Weinerzeugung, trotz der zukunftsweisenden Rolle, die das Gebiet der Rioja im vergangenen Jahrhundert im spanischen Weinbau gespielt hat, waren die Umwälzungen nie tiefgreifender als in unserer Epoche, und dass wir diesen geradezu revolutionären Aufschwung unmittelbar mitverfolgen können, macht die Sache für uns umso spannender. Sicher verläuft die Entwicklung nicht in allen Regionen in gleicher Geschwindigkeit, aber generell hat der Aufschwung das ganze Land erfasst.

Entwicklung der Qualität
Es gibt in Spanien keine Provinz, in der kein Wein angebaut und vermarktet wird. Allerdings weisen die Regionen Asturien und Kantabrien keine Gebiete mit kontrollierter Herkunftsbezeichnung (D.O., d. h. »Denominación de Origen«) auf, dafür aber den höchsten Pro-Kopf-Weinkonsum im ganzen Land. Die übrigen D.O. verteilen sich in höchst unterschiedlicher Weise auf die anderen Regionen: So hat die große Extremadura lediglich eine (von riesigem Ausmaß), die vergleichsweise kleinen Kanaren aber deren sieben (von bescheidenster Ausdehnung). Auch der Qualitätsstandard war und ist denkbar verschieden, was sich nicht zuletzt auch im Renommee und der Ausweisung von D.O.-Gebieten ausdrückt. Die ersten Zonen mit Herkunftsbezeichnung wurden in den dreißiger Jahren in Andalusien ausgewiesen, die Rioja folgte 1947 nach. Die jüngere Entwicklung in Sachen Qualitätsweingebiete ist gekennzeichnet von der 1998 erfolgten Schaffung der D.O. Ribera del Guadiana in der Extremadura. Weitere Veränderungen sind im Gange, so z. B. die Bestrebungen auf Mallorca, wo neben der bereits existieren-

den D.O. Binissalem mit der Zone Plá i Llevant bald eine weitere geschaffen werden soll. Dass amtlich verfügte Klassifizierungen den Trends immer hinterherhinken, kann nicht verwundern – warum sollte das in Spanien anders sein als sonst irgendwo auf der Welt?

Hohes Potenzial
Dennoch wäre es an der Zeit, das Prädikat D.O.Ca. (»Denominación de Origen Calificada«), das seit 1991 nur der Rioja vorbehalten ist, noch weiteren D.O. zu verleihen. An erster Stelle ist hier an Ribera del Duero zu denken, das mittlerweile qualitativ zur Rioja aufgeschlossen hat. Früher lediglich durch das Weinmonument »Vega Sicilia« repräsentiert, hat sich die D.O. in Altkastilien in der Folge durch weitere hervorragende Namen einen erstklassigen Ruf erworben. Auch in Katalonien sind seit Beginn der neunziger Jahre neue Weine entstanden, die in der internationalen Fachwelt für Furore gesorgt haben, man denke nur an die D.O. Priorat. Bis heute haben denn auch in vielen anderen Regionen qualitätsorientierte Erzeuger mit teilweise außergewöhnlichen Weinen bewiesen, welches Potenzial das Land aufzuweisen hat; genannt seien hier stellvertretend nur ganze Regionen wie Navarra mit modernen, saftigen Rotweinen oder Galizien mit seinen ungemein fruchtigen, charaktervollen Weißweinen. Ebenso erstaunlich ist welchen Aufschwung so manche D.O. zu verzeichnen hat, z. B. Somontano in Aragón, Rueda und Toro in Kastilien, Tarragona und Penedès in Katalonien.

Gestiegene Nachfrage
In diese für den Verbraucher äußerst erfreuliche Entwicklung mischt sich allerdings auch ein dicker Wermutstropfen: Die neuen Qualitäten haben nämlich oft auch ihren Preis. Es ist natürlich einerseits nachvollziehbar, dass die Erzeuger, die mit teilweise erheblichem Aufwand in neue Kellereigebäude und -technologie investiert haben, eine möglichst rasche Amortisierung im Auge haben. Doch der Käufer stellt sich nicht selten schon die Frage, ob die zu beobachtenden Preissprünge von einem Jahrgang zum folgenden derart ausgeprägt sein müssen. Die international gestiegene Nachfrage stimuliert zudem die Preisphantasie nicht nur bei den weiterverarbeitenden Betrieben, sondern auch seitens der Traubenerzeuger – namentlich die in manchen Gebieten geradezu dramatischen Verteuerungen von Tempranillo-Trauben werden unweigerlich zu erheblichen Preisaufschlägen führen, die letztlich auch der Einzelhandel zumindest z. T. an den Kunden wird weitergeben müssen.

Viel Qualität fürs Geld
Trotzdem: Aufs Ganze gesehen gehören die Weine Spaniens hinsichtlich ihrer Preis-Leistungs-Relation, vor allem in der unteren und mittleren Preisklasse, noch immer zu den interessantesten Produkten auf dem internationalen Markt. Nach wie vor gibt es für vergleichsweise wenig Geld jede Menge hervorragender Weine aus Spanien, die in Stil, Persönlichkeit und Eigenart so einmalig und reizvoll sind wie das Land, aus dem sie kommen, und die Menschen, die sie erschaffen haben.

Weinrecht

Da das spanische Weingesetz umfangreich und kompliziert ist, wollen wir uns auf die wichtigsten Aspekte beschränken. 1986 zuletzt revidiert und den europäischen Normen angepasst, regelt es in erster Linie Produktion, Bezeichnung und Verkauf der Weine. Es beinhaltet Richtlinien zur Klassifizierung, zur Qualitätskategorie, zur Herkunftsbezeichnung, zum Weinbau, zur Kellertechnik, zur Gestaltung von Flasche und Etikett und vieles mehr.

Die Qualitätshierarchie

Die für alle Länder der Europäischen Union verbindliche Regelung, Weine in »Qualitätsweine« und »Tafelweine« zu unterscheiden, wurde in Spanien durch die Aufteilung der Qualitätsweine in zwei Gruppen und die der Tafelweine in drei nochmals verfeinert. Die Spitze bilden dabei die so genannten D.O.Ca.-Weine (**Denominación de Origen Calificada**), deren Trauben aus einem genau umrissenen Gebiet stammen müssen. Außerdem wird kontrolliert, ob Rebsorten, Ausbau und Lagerzeit den gesetzlichen Bestimmungen entsprechen. Die zugelassenen Höchsterträge sind zudem geringer als in allen anderen Gruppen. Nach bestandener Geschmacksprüfung und unter der Voraussetzung, dass die Weine in den vergangenen Jahren von gleich bleibend hoher Qualität waren, wird mit der Vergabe des Siegels durch das Aufsichtsgremium (**Consejo Regulador**) zu guter Letzt die Erfüllung sämtlicher Auflagen bestätigt. Bislang wurde nur der Region Rioja dieser Status zuerkannt.

Daneben gibt es derzeit 54 zugelassene Zonen für D.O.-Weine (**Denominación de Origen**). Für sie gelten – in geringfügig milderer Form – dieselben Vorschriften wie für die D.O.Ca.-Gruppe.

Für Weine mit geografischer Herkunftsangabe und eher regionalem Charakter gibt es die Gruppe **»Vino de la Tierra«** (V. T.). Rechtlich den Landweinen entsprechend, erfüllen sie deutlich strengere Regeln als die Tafelweine, bleiben aber unter D.O.-Niveau. Sie sind gut mit den italienischen IGT-Weinen (Indicazione Geografica Tipica) bzw. mit den französischen »Vins de Pays de Zone« vergleichbar.

Beim **»Vino Comarcal«** darf die Gegend (comarca), in der er hergestellt wird, auf dem Etikett genannt werden. In derzeit 21 klassifizierten Gebieten werden Weine mit überwiegend lokalem Charakter abgefüllt.

Die unterste Qualitätsstufe der in Spanien angebauten Weine stellen die Tafelweine (**Vino de Mesa**) dar, an die nur geringste Anforderungen gestellt werden.

Ausbau der Weine

Vervollständigt werden diese Vorschriften durch Angaben über den Alterungsprozess. Jungweine, die normalerweise kein Holzfass von innen sehen und im Jahr nach der Ernte verkauft werden, hören auf die Bezeichnung **»Joven«**. Für den Ausbau der beiden nächsten Stufen

WEINRECHT

»**Crianza**« und »**Reserva**« gibt es ebenfalls exakte Regeln. Der Unterschied liegt in der Dauer der Reifezeit in Barrique und Flasche: Während eine Crianza lediglich zwei Jahre Reifezeit benötigt (davon mindestens sechs Monate im Holzfass – Rioja und Ribera del Duero fordern gar zwölf Monate), müssen Reserva-Weine mindestens drei Jahre Reife hinter sich haben (davon je eines in Holz und Flasche).
»**Gran Reserva**« schließlich dürfen sich ausschließlich diejenigen Weine nennen, die fünf Jahre ausgebaut wurden (zwei im Holz/drei in der Flasche). Die Auswahl der dafür nötigen allerbesten Trauben wird vom Consejo Regulador kontrolliert.
Sozusagen inoffiziell sind die Bezeichnungen »**Semicrianza**« bzw. »**Media Crianza**«, die sich bei Rotweinen mehr und mehr durchsetzen. Der von den Behörden nicht gerne gehörte Ausdruck steht für Weine, die zwar einige Monate im Barrique ausgebaut wurden, die vorgeschriebene Reifezeit aber nicht erfüllen.

Etikett

Blickfänger, Mysterium, Kleinkunst oder Infozettel… Flaschenetiketten sind so vielfältig wie das bunte Leben selbst. Auf jeden Fall sind sie zunächst das »Aushängeschild« eines Weins, Blickfänger für einen ersten Kontakt mit dem Kunden. Bei aller Freiheit der Gestaltung gibt es aber gesetzlich vorgeschriebene Angaben, die jedes Etikett enthalten muss und in erster Linie der Information und Identifikation dienen.
Mit der Anbringung des Etiketts auf der Flasche endet für den Winzer der Herstellungsprozess, der mit der Lese – manchmal sogar viele Jahre früher mit der Neuanpflanzung der Reben – begonnen hat. Zugleich ist das Etikett die Visitenkarte des Weins, die dem Endverbraucher Hilfe und Informationsquelle für Einkauf und Wertung sein soll. Bei der optischen Gestaltung ist (fast) alles erlaubt, was gefällt. Neben sachlich-nüchternen Exemplaren gibt es aufwändig und professionell gestaltete ebenso wie schreiend bunte. Oftmals besteht ein Etikett aus zwei Teilen, wobei eines die vorgeschriebenen Angaben enthält (meist auf der Rückseite), während das auf der Frontseite den Konsumenten ansprechen soll.

Wie wird ein Etikett gelesen
Für den Käufer sind folgende Angaben besonders wichtig: Name des Erzeugerbetriebes, Name des Weines bzw. Herkunftsbezeichnung (wie beispielsweise Ribera del Duero), Klassifizierung und Jahrgang.
Die Nennung des Alkoholgehalts erlaubt Rückschlüsse darauf, ob ein Wein leicht oder schwer ist, wobei Weine bis zwölf Volumenprozent als leicht oder mittelschwer angesehen werden können.

Beispiel eines Etiketts für einen D.O.Ca.-Wein
Die Nummerierung entspricht der Reihenfolge, in der normalerweise ein Etikett gelesen wird. Bei spanischen Erzeugnissen kommt der An-

ETIKETT

bauregion, die oftmals schon ein erstes Qualitätsurteil erlaubt, große Bedeutung zu. Sie wird meistens zusammen mit der Klassifizierung (sofern vorhanden) genannt.

1 Anbauregion
2 Klassifizierung
3 Name des Erzeugerbetriebes bzw. Markenname und Ursprungsland
4 Name des Weines
5 Jahrgang und Qualitätsstufe
6 Hinweis, dass der Wein am Ursprungsort vom Erzeuger abgefüllt wurde. Name und Sitz des Betriebes.

Die folgenden Angaben werden, um den künstlerischen Gesamteindruck des Etiketts nicht zu stören, gerne auf einem gesonderten Rückenetikett abgedruckt. Dort, oder auf der Korkenbanderole, befindet sich auch das Siegel des »Consejo Regulador« und die Prüfnummer.

Alkoholgehalt
Füllmenge
Lotnummer

Viele Betriebe vermarkten ihre Weine unter einem bestimmten Markennamen, der für die gesamte Produktpalette verwendet wird und der Konsumenten meistens auch geläufiger ist. Im folgenden Beispiel steht »Artadi« für »Cosecheros Alaveses S.A.« (vgl. »Enate« für »Viñedos y Crianzas del Alto Aragón« etc.).

Tipps zum Umgang mit Wein

Lagerbedingungen

Ideale, aber im Privathaushalt nur selten vorhandene Lagerbedingungen sind zum einen eine Temperatur von möglichst zehn bis 15 °C bei minimalen Schwankungen und zum anderen eine Luftfeuchtigkeit von 60 bis 70 Prozent. Die Flaschen müssen liegend gelagert werden, damit der Korken nicht austrocknet. Leider verfügen viele von uns nur über einen Neubaukeller, der sich im Sommer auf über 20 °C aufheizen kann, was die Qualität der Weine deutlich beeinträchtigt. Wer das vermeiden will, tut gut an der Anschaffung eines speziellen Weinkühlschranks.

Serviertemperaturen

Die Serviertemperatur hat großen Einfluss auf Geschmack und Qualität eines Weins. Der größte Fehler wird beim Rotwein mit zu hoher Temperatur gemacht. Ab 20 °C beginnen die flüchtigen Aromastoffe und der Alkohol zu verdunsten, der Wein verliert sein Gleichgewicht, schmeckt schärfer, und der Geschmack verändert sich. Die folgende Tabelle vermittelt einige Richtwerte, bei welcher Temperatur ein Wein am besten zur Geltung kommt.

Weinart	**Temperatur in °C**
Weißwein	8–12
Rosé	8–12
Rotwein	14–18
Sekt	8–10
Dessertwein	10–12

Allgemein sollten junge bzw. leichte Weine kälter getrunken werden als ältere bzw. schwerere. Weißwein schmeckt breit und plump, wenn er zu warm serviert wird. Bei Schaumweinen wirkt die Kohlensäure bei zu hohen Temperaturen aggressiv. Niedrige Temperaturen verbessern die Wahrnehmung von Frucht, Säure und Gerbstoffen. Hochwertige, gerbstoffreiche Rotweine verlieren bei zu niedriger Temperatur den größten Teil ihrer Geschmacksnuancen, da die Gerbstoffe zu stark hervortreten.

Dekantieren

Zu diesem Thema gibt es die unterschiedlichsten Ansichten, bei der Beachtung einiger Grundregeln kann man jedoch wenig falsch machen. Das Dekantieren bezieht sich in erster Linie auf hochwertige Rotweine und hat zwei Gründe. Zum einen kann dadurch ein eventuell vorhan-

dener Bodensatz (fachsprachlich Depot genannt) entfernt werden, zum anderen wird der Wein belüftet. Denn die Zufuhr von Sauerstoff kurz vor Genuss, das Atmen, schadet fast keinem Wein: Das Bukett entwickelt sich besser, und geschmacklich wird der Wein weicher. Ein hochwertiger Rotwein sollte zwei bis vier Stunden in der Karaffe atmen.
Bei einem Bodensatz muss die Flasche vor dem Dekantieren einige Stunden stehen, damit sich die Rückstände am Flaschenboden ablagern können. Man gießt den Wein vorsichtig und langsam in eine Karaffe, wobei sich dicht hinter der Flaschenschulter eine Lichtquelle befinden sollte. Dazu eignet sich am besten eine Kerze. Nun sieht man im Kerzenschein, dass der Wein sauber und blank durch den Flaschenhals ausfließt. Bei den ersten Anzeichen einer Trübung wird der Vorgang gestoppt – der trübe Weinrest verbleibt in der Flasche, in der Regel verliert man dadurch nicht mehr als ein kleines Glas.

Gläser

Man kann Wein aus Pappbechern, aus Zahnputzgläsern, aus Schläuchen und zur Not auch aus der Flasche trinken – mit Trinkgenuss hat das aber alles nichts zu tun. Ein anständiges Weinglas muss her – nur welches? Zum Glück gibt es inzwischen in jedem Kaufhaus eine große Auswahl brauchbarer Gläser zu erschwinglichen Preisen – meist aus Manufakturen in Tschechien oder aus dem Bayerischen Wald stammend. Von den gepressten Billiggläsern, die von Kaffeeröstern oder Möbelhäusern verkauft werden, sollte man aber Abstand nehmen.
Wer ein kleines Vermögen ausgeben will, kauft sich ein paar Dutzend Gläser aus Riedels Sommelierserie. Die in Österreich hergestellten mundgeblasenen Weingläser zählen zu den wohlgeformtesten und machen auf jeder Tafel eine gute Figur.
Ein gutes Weinglas sollte folgenden grundsätzlichen Ansprüchen genügen: aus klarem Bleikristallglas, langstielig, dünnwandig, mit einem Kelch, der sich nach oben verjüngt, sauber. Leider scheinen sich viele, auch sehr anspruchsvolle Restaurants darüber nicht im Klaren zu sein – geeignete Gläser werden oft nur auf ausdrücklichen Wunsch gebracht, Ränder sind nicht selten mit Resten von Lippenstift verziert. Weingläser werden übrigens korrekt am Stiel angefasst, um den Wein nicht zu erwärmen. Scheuen Sie sich nicht, Ihre wertvollen Gläser in der Maschine zu spülen – allerdings nur senkrecht stehend, ohne Tabs oder Pulver und keinesfalls zusammen mit stark verschmutztem Geschirr!

Einkauf

»Weineinkauf ist Vertrauenssache« hört man oft die Verkäufer sagen, doch woher soll der aufrichtigste Händler wissen, was dem Kunden schmeckt? Ganz ohne Zweifel kann durch viele Gespräche über Wein und den Einkauf etlicher Kisten bei ein und demselben Weinhändler ein angenehmes, vertrautes Verhältnis entstehen, das Fehlkäufe in der Regel ausschließt. Doch wenn man mal »fremdgeht« – sei es aus reiner Neugier oder weil der Laden, in den man sonst immer geht, einen bestimmten Erzeuger nicht im Programm hat –, wird der Einkauf schnell zur Glückssache.

Abhilfe schafft da das gedruckte Wort, vor allem wenn Weine jahrgangsbezogen und ausführlich beschrieben und bewertet werden. Trotzdem sollte man sich, so nützlich das Studium auch ist, möglichst oft auch auf das eigene Urteil verlassen, also probieren, probieren und wieder probieren.

Von den meisten Weinhändlern kann man sich die begehrten Flaschen auch nach Hause schicken lassen, und für Unentschlossene werden häufig so genannte Schnupperpakete angeboten. Hier kann man sich ein buntes Sortiment der verschiedensten Weine zusammenstellen und die Einzelflaschen zu Hause in Ruhe kosten, bevor größere Mengen bestellt werden. Enthalten die Pakete pro Sorte nur eine Flasche, gibt es diese oftmals sogar frei Haus.

Darüber hinaus bieten Weinhandlungen manchmal Proben an, wo gegen einen geringen Unkostenbeitrag (der bei anschließendem Einkauf gewöhnlich verrechnet wird) ein Querschnitt durchs Sortiment gekostet werden kann.

Den angenehmen Service, sämtliche Weine des Sortiments auf Wunsch zu öffnen und verkosten zu lassen, bieten leider bisher nur sehr wenige Läden an (und dann auch nur bei überwiegend einfachen und preiswerten Flaschen).

Zubehör

Wenig sinnvollem Zubehör steht viel Firlefanz gegenüber. Folgendes gehört jedoch zur Grundausstattung, um gute Weine auch angemessen servieren und genießen zu können:

Natürlich ist ein Korkenzieher unabdingbar – nur welcher? Er sollte leicht zu bedienen sein und gut funktionieren. Dynamische Naturen hebeln den Zapfen mit einem Kellnermesser (Mischung aus Klappmesser und Korkenzieher) aus der Flasche, technisch verspielte greifen zu Modellen wie Screwpull o. Ä. In jedem Fall sollte die Spirale des Korkenziehers eine »Seele« haben, d. h. um eine gedachte Achse aus Luft herumgewunden sein. Anders geformte Spiralen könnten den Korken zerstören – besonders, wenn dieser aus Altersgründen schon brüchig geworden ist. Die Kapsel wird vorher mit einem Messer oder speziellen Foilcuttern aufgeschnitten.

Eine Dekantierkaraffe bietet dem Wein die Möglichkeit zu atmen und gefällt der Dame des Hauses besser als jede verstaubte Flasche. Um alte wie junge Weine optimal belüften zu können, werden Karaffen mit verschieden großen Oberflächen angeboten – je nachdem, wie viel Luftkontakt erwünscht ist.

Ein Weinkühler aus Ton schließlich hält Weißwein optimal kühl.

Top Ten

Die zehn qualitativ überzeugendsten Weine

1997
Cérvoles

1995
Dominio de Valdepusa Petit Verdôt

1996
Fra Fulcò

o.J.
Gran Barquero Pedro Ximénez

1995
Huguet Gran Reserva Brut Classic

1995
Marqués de Vargas Reserva

1995
Roda II Reserva

1996
Teófilo Reyes Crianza

1996
Tinto Pesquera Crianza

1996
Valsotillo Crianza

Das Gebiet im Süden Spaniens ist für den Weintrinker der Inbegriff für den Sherry. Darüber hinaus ist Andalusien natürlich ein wunderschönes Urlaubsziel, wenn man die heißen Sommermonate meidet und eher das Frühjahr oder den Herbst wählt. Städte wie Sevilla, Córdoba, Granada, Ronda, Gibraltar oder Cádiz sind mit ihren wunderschönen Bauwerken unter maurischem Einfluss immer eine Reise wert. Als Ausgleich dienen kilometerlange Sandstrände zum Ausspannen. Die beiden wichtigsten Anbaugebiete in Andalusien sind Jerez und Montilla-Moriles.

Geschichte des Weinbaus
Der Sherry steht in enger Verbindung mit Großbritannien. Die Briten trinken heute mehr Sherry als die Spanier selbst. Der Ursprung war der Überfall von Sir Francis Drake auf Cádiz im Jahr 1587, bei dem er etwa 3000 Fässer Sherry erbeutete. Im 18. und 19. Jahrhundert kamen vermehrt britische Kaufleute nach Jerez und gründeten Handelshäuser. Ihre Namen sind immer noch bei bekannten Sherryherstellern – Sandeman, Osborne oder Harvey – präsent.

Weine und Rebsorten
Die beiden wichtigsten Rebsorten in Andalusien sind Palomino und Pedro Ximénez, wobei die erstgenannte in Jerez vorherrscht und die letztgenannte in Montilla-Moriles. Genau genommen darf die Bezeichnung Sherry nur für Weine aus der D.O. Jerez-Xérès-Sherry y Manzanilla-Sanlúcar de Barrameda (der mit Abstand längste Name für eine D.O.) verwendet werden. Die Sherryherstellung unterscheidet sich in einigen Punkten grundlegend von der Weinbereitung. Beim Sherry wird der Jungwein nach der Herstellung mit Weingeist aufgespritet, der Alkoholgehalt wird dadurch erhöht. Nach dem Umfüllen in Holzfässer bildet sich im Fass eine so genannte Florschicht, die die Oberfläche vollständig bedeckt. Sie schützt den Sherry vor Oxidation – die Fässer werden nur zu fünf Sechsteln gefüllt – und verändert ihn geschmacklich. Hervorgerufen wird diese Schicht durch Florhefen, die in den Bodegas und den gebrauchten Fässern von Natur aus vorhanden sind. Das berühmte Solera-System beruht auf dem Prinzip, dass die Fässer in mehreren Lagen übereinander liegen. Aus der unteren Lage wird ein Teil Sherry zur Flaschenabfüllung entnommen und mit Sherry aus der darüber liegenden Fassreihe aufgefüllt. Damit wird eine gleich bleibende Qualität erreicht. Durch die Herstellung wird auch die Einstufung der Sherrys in verschiedene Stilrichtungen bestimmt.

ANDALUSIEN

Sherrystile
Die wichtigsten handelsüblichen Richtungen:

Fino:
Der leichteste und jüngste Typ mit einem Alkoholgehalt von etwa 15 Prozent. Er ist trocken, hat eine helle Farbe und eignet sich ausgezeichnet als Aperitif.
Speisen: Lomo de Ibérico (Ibérico-Schinken), frittierte Meeresfrüchte und Fische, Gambas, Tapas.

Manzanilla:
Der Manzanilla ist im Prinzip ein Fino aus der Küstenstadt Sanlúcar de Barrameda, er wird aber als Manzanilla bezeichnet.
Speisen: Frittierte Meeresfrüchte und Fische, Gambas, Tapas.

Amontillado:
Der Amontillado ist länger gereift, hat einen etwas höheren Alkoholgehalt und einen intensiveren Geschmack. In der Regel ist er trocken bis halbtrocken und dunkler.
Speisen: In trockener Version als Aperitif oder zu Tapas.

Oloroso:
Die meisten auf dem deutschen Markt angebotenen Olorosos sind süß und vollmundig mit über 18 Prozent Alkohol. Sie sind dunkelbraun und konzentrierter als Fino und Amontillado.
Speisen: Siehe Vino Dulce.

Vino Dulce:
Dies sind die süßesten Vertreter, zu dieser Gruppe gehören u. a. der Pedro Ximénez (P.X.) und der Cream.
Speisen: Nach dem Essen in Verbindung mit einem Dessert, wie z. B. Schoko- oder Mandelkuchen sowie Fruchttorte. Sehr typisch für Andalusien ist Tocino de cielo (Süßspeise aus Eigelb, Zucker und Vanille).

Im Land selbst sollte man das Wort »Sherry« bei der Bestellung in der Bar oder im Restaurant vermeiden. Am besten bestellt man einen Fino, Amontillado, Oloroso oder Dulce, um sich nicht gleich zu outen.

Fachgerechte Behandlung
Noch immer ist der trockene Sherry der klassische Aperitif in der Gastronomie. In guten Restaurants und Hotels wird der Sherry in entsprechenden Gläsern bei richtiger Temperatur serviert. Zur besseren Entfaltung des Buketts darf das Glas nur zur Hälfte gefüllt werden. Fino und Manzanilla werden gekühlt getrunken, die anderen Typen bei Raumtemperatur. Gerade Fino und Manzanilla verlieren sehr schnell an Qualität in der Flasche und sollten möglichst innerhalb von maximal sechs Monaten nach der Flaschenabfüllung getrunken werden. Eine angebrochene Flasche sollte in wenigen Tagen verbraucht werden.

ANDALUSIEN

San León Manzanilla
D.O. Jerez

Argüeso, Herederos de

Mar, 8 – 11540 Sanlúcar de Barrameda (Cádiz)
Tel. (956) 360112 – Fax (956) 368169

Der San León geht vom Stil ein wenig in die Richtung Manzanilla Pasada, d. h., er beginnt gerade die Charakteristik eines Amontillado anzunehmen. Zartes Goldgelb. Sehr intensives und ausdrucksstarkes Bukett mit frischer Fruchtigkeit. Ganz leichter Rosinentouch und ein Hauch Vanille. Im Mund trocken mit passender Säure. Weich, fast mild und cremig. Nussig und würzig. Dichter Körper und langer Nachklang. Sehr harmonischer und ausgeglichener Manzanilla.

Erzeuger: Die Bodega Herederos de Argüeso liegt mitten im Zentrum von Sanlúcar de Barrameda und darf nicht mit dem gleichnamigen Erzeuger Manuel de Argüeso verwechselt werden. Der traditionsreiche Betrieb – Gründungsjahr 1822 – hat sich auf Manzanilla spezialisiert, der in verschiedenen Varianten hergestellt wird.

Die Herstellung des San León ist äußerst aufwändig und der Preis von 22 D-Mark für diesen hervorragenden Sherry mehr als gerechtfertigt. Nach der Klassifizierung und Umfüllung in die Fässer des Solera-Systems durchläuft der Wein zehn Criaderas (dies sind die Stufen oder Fassreihen des Solera-Systems). Bis zur Abfüllung erreicht er somit ein Alter von elf Jahren. Trotzdem ist er ungemein jung und frisch.

Last but not least: Der San León Manzanilla ist ein überzeugender Manzanilla der Spitzenklasse. Für Finoliebhaber ein absolutes Muss!

Weitere Produkte: Argüeso Manzanilla ♛♛♛♛♛, Argüeso, Las Medallas de ♛♛♛♛, Manzanilla ♛♛♛♛, Argüeso Amontillado ♛♛♛♛, Argüeso Moscatel ♛♛♛♛.

Preisgruppe: 20–25 DM

Bezugsquelle: 23, 44, 49, 57

Trinkreif

ANDALUSIEN

Tio Pepe Fino
D.O. Jerez

Byass, González

Manuel María González, 12 –
11403 Jerez de la Frontera (Cádiz)
Tel. (956) 357000 – Fax (956) 357059

Der meistverkaufte Fino weltweit darf in diesem Buch nicht fehlen, Tio Pepe ist in der Gastronomie fast der Inbegriff des trockenen Sherry. Zartes Goldgelb. Intensives und ausdrucksstarkes Bukett mit frischer Säure. Deutlich Walnuss und Mandel mit leichten Fruchtansätzen und einem Touch Oliven. Cremig und weich. Im Mund trocken mit recht kräftiger Säure. Wieder Nüsse und elegantes Holz mit würzigen Nuancen. Angenehme Bitternote im Nachklang. Macht richtig Appetit auf Salziges oder Frittiertes.

Erzeuger: González Byass ist nicht nur die größte Bodega in Jerez, sondern auch eine der besten. Die Kellerei hat die fast unvorstellbare Kapazität von 90 Millionen Litern, die in 100 000 Fässern verarbeitet werden. Die Kellerei wurde 1835 von Don Manuel María González gegründet, Byass war sein damaliger Londoner Agent. Nach Aktienrückkäufen 1998 gehört die Firma wieder fast vollständig der Familie González. Die Produktpalette ist lückenlos, und in jeder Stilrichtung werden Spitzenprodukte (Del Duque, Noe, Matusalem exklusiv bei Iberica Weine) hergestellt, wobei die Preise dieser Weine jenseits der 50-D-Mark Grenze liegen. Neben Sherry produziert González Byass auch drei Brandys, wobei der Lepanto Solera Gran Reserva zu den besten Spaniens gehört.

Last but not least: Wird nicht umsonst in der gesamten Fachpresse als einer der besten Finos bewertet.

Weitere Produkte: Del Duque Amontillado ######, Noe Dulce ######, Matusalem Oloroso #####, El Rocio Manzanilla ####.

Preisgruppe: 15–20 DM

Bezugsquelle: 59

Trinkreif

ANDALUSIEN

La Ina Fino

D.O. Jerez

Pedro Domecq

San Ildefonso, 3 – 11403 Jerez de la Frontera (Cádiz)
Tel. (956) 151500 – Fax (956) 338674

Neben dem Tio Pepe von Byass der bekannteste Fino. Er wird auch in der spanischen Fachpresse mit Recht hoch gelobt. Zartes Goldgelb. Intensive Nase mit spürbarer Frucht nach getrockneten Aprikosen und Rosinen sowie Nüssen. Gut eingebundenes Holz. Sehr harmonisches Bukett mit deutlichen Fruchtanteilen. Im Mund sehr trocken mit kräftiger Säure. Wieder Fruchtansätze und Nuss. Dahinter Holz und rauchige Noten. Recht dichter Körper für einen Fino mit langem Nachklang.

Erzeuger: Die Firmengründung liegt über 250 Jahre zurück, und die Familie Domecq regiert immer noch. Schon seit einigen Jahren steht Beltrán Domecq an der Spitze des Unternehmens und führt die Tradition seines legendären Vaters Ignacio fort. Mit etwa 800 Hektar Rebfläche und einer Jahresproduktion von über acht Millionen Flaschen gehört die Kellerei zu den ganz großen im Geschäft. Domecq war seit jeher für seinen Innovationsgeist und hohen Qualitätsstandard bekannt. Daran wird sich auch nach der Übernahme durch Allied nichts ändern. Wahre Meisterwerke sind die raren Spitzenprodukte der Bodega, kein Weinliebhaber wird den Genuss eines Capuchino Dulce jemals vergessen. Der sehr bekannte Fundador war 1874 der erste Brandy aus Jerez.

Last but not least: Unkomplizierter Trinkgenuss auf hohem Qualitätsniveau.

Weitere Produkte: Amontillado 51 1a Viejísimo, Capuchino Dulce, Sibarita Oloroso, Venerable Dulce.

Preisgruppe: 15–20 DM

Bezugsquelle: 59

Trinkreif

ANDALUSIEN

Ataulfo Amontillado
D.O. Jerez

Bodegas de Los Infantes Orleans-Borbon

Baños,1 –11540 Sanlúcar de Barrameda (Cádiz)
Tel. (956) 360241 – Fax (956) 365103

Der Süßegrad von Amontillados geht von trocken bis fast süß. Der Ataulfo ist halbtrocken und tendiert eher in Richtung lieblich. Dichtes Hellbraun. Sehr intensives und ausdrucksstarkes Bukett mit gut eingebundener Süße. Etwas Rosinen, nussig, ein Tick Sahnekaramell und Holz. Sehr weich und fast cremig. Im Mund eine ausgezeichnet platzierte Säure, die eine harmonische Verbindung mit dem Restzucker der Trauben eingeht. Wieder Rosinen und getrocknete Früchte. Ein Hauch helles Karamell und Kaffee. Der dichte Körper endet mit einer hervorragenden Länge.

Erzeuger: Der Herzog von Montpensier – Don Antonio de Orleans – wandelte im Jahre 1886 sein Jagdrevier in Rebfläche um und legte somit den Grundstein für das Weingut. Er war mit Luisa Fernanda de Borbon verheiratet, einer Schwester der damaligen Königin. Der Urenkel ist der jetzige Präsident der Bodega mit dem königlichen Namen, die zur Hälfte Barbadillo gehört. Die Produktionsstätten sind in einem modernen Gebäude mit hoch entwickelter Technik untergebracht. Die Produktpalette von Orleans-Borbon deckt alle Stilrichtungen vom Fino über Manzanilla bis Dulce ab und steht auf einem hohen qualitativen Niveau.

Last but not least: Ausgezeichneter halbtrockener Amontillado, der einen regnerischen Nachmittag versüßen kann.

Weitere Produkte: Álvaro Fino 🍷🍷🍷🍷🍷, El Botánico Amontillado 🍷🍷🍷🍷🍷, Fenicio Oloroso 🍷🍷🍷🍷🍷, Atlántida Cream 🍷🍷🍷🍷🍷.

Preisgruppe: 25–30 DM

Bezugsquelle: 10

Trinkreif

ANDALUSIEN

Dry Seco Fino
D.O. Jerez

Sandeman Coprimar

**Pizarro, 10 – 11403 Jerez de la Frontera (Cádiz)
Tel. (956) 301100 – Fax (956) 303534**

Helles Goldgelb. Gute Intensität im Bukett mit einem Touch Rosinen und getrockneten Früchten sowie Haselnuss. Blumige Eindrücke – Veilchen –, die fast etwas parfümiert erscheinen. Im Mund nicht »muy seco« (sehr trocken) und für einen Fino eine milde Säure. Leichter Körper mit einem Touch Holz und rauchigen Noten, dazu etwas getrocknete Früchte. Weicher und harmonischer Nachklang. Hat im Vergleich zu den anderen Finos die größte Ähnlichkeit mit einem trockenen Wein.

Erzeuger: Die schwarze Silhouette des Mannes mit dem Cape kennt jeder Spanienbesucher und ist ein einprägsames Markenzeichen. Das Handelshaus wurde 1790 von dem Schotten George Sandeman in London gegründet. Die Geschichte von Sandeman ist eng mit dem Portwein verbunden. Denn ursprünglich lieferte die Firma über eine Filiale in Portugal Sherry nach England. Dann – nach Problemen mit den Zulieferern – kaufte man eine Bodega mit Rebbestand auf und war somit eigenständig.
Mit einer Jahresproduktion von etwa zehn Millionen Flaschen ist Sandeman einer der größten Erzeuger. Die Produktpalette des Hauses ist aber im Vergleich zu anderen Bodegas fast ganz auf den breiten Markt abgestimmt. Bis auf den Royal Corregidor Oloroso findet man kaum Spitzenprodukte, dafür aber bei allen Weinen eine moderate Preisgestaltung.

Last but not least: Ordentlicher Fino für Einsteiger.

Weitere Produkte: Royal Corregidor Oloroso ♀♀♀♀♀, Armada Oloroso ♀♀♀♀, Don Fino ♀♀♀.

Preisgruppe: unter 10 DM

Bezugsquelle: 59

Trinkreif

ANDALUSIEN

Gran Barquero Pedro Ximénez
D.O. Montilla-Moriles

Pérez Barquero

Avda. Andalucia, 27 – 14550 Montilla (Córdoba)
Tel. (957) 650500 – Fax (957) 650208

Dieser Pedro Ximénez aus der gleichnamigen Rebsorte stellt das ultimative Traubenkonzentrat dar. Der mokkabraune Wein fließt fast ölig ins Glas und erschlägt im Bukett mit seiner süßen Frucht nach Sultaninen und frisch gekochter Himbeerkonfitüre. Daneben Nüsse und Sahnekaramell. Im Mund eine konzentrierte Süße, die aber durch eine gut platzierte Säure aufgefangen wird. Ansonsten wäre der sehr dichte Wein auch fast klebrig süß, was aber nicht zutrifft. Ausgepresste Sultaninen, ein Touch Nuss und Holz ergänzen ausgezeichnet. Bleibt unendlich auf der Zunge.

Erzeuger: Die Bodega wurde bereits 1905 gegründet und gehört in Montilla-Moriles zu den alteingesessenen Erzeugern. In Deutschland sind die Weine dieser D.O. kaum eingeführt und bis auf eine Hand voll Erzeuger unbekannt. Schade für den Verbraucher, denn die Preise liegen deutlich niedriger als im benachbarten Jerez bei teilweise ausgezeichneten Qualitäten. Einen Pedro Ximénez dieser Klasse bekommt man dort kaum für 32 D-Mark. Ausgezeichnet ist auch der Gran Barquero Oloroso, ein konzentrierter und fast trockener Sherry mit sehr vielfältigen Geschmacksnuancen. Der Viña Amalia Blanco ist ein »normaler« Weißwein, der zum Großteil aus der Rebsorte Pedro Ximénez hergestellt wird.

Last but not least: Ein Hochgenuss – köstlich vor allem zu Schoko- oder Nusskuchen.

Weitere Produkte: Gran Barquero Oloroso, Gran Barquero Fino, Gran Barquero Amontillado, Viña Amalia Blanco.

Preisgruppe: 30–35 DM

Bezugsquelle: 23

Trinkreif

Aragón

Zu der im Nordosten Spaniens gelegenen autonomen Region Aragón gehören die drei Provinzen Huesca, Zaragoza und Teruel. Sie erstreckt sich von den zentralen Hochpyrenäen, wo mit dem Pico de Aneto der höchste Gipfel des Gebirges liegt (3404 m), über das fruchtbare Ebrotal mit der umliegenden karg-öden Tafellandschaft bis weit südlich hinunter zum Iberischen Randgebirge, wo verkarstete Hochebenen und einsame, zerklüftete Bergzüge das Landschaftsbild prägen. Aufgrund dieses vielgestaltigen geophysischen Charakters, seines geschichtlichen Werdegangs und seiner kunsthistorischen Reichtümer gehört Aragón zu den reizvollsten Regionen Spaniens.

Dominierende Region

Das alte Königreich Aragón hat seit dem Mittelalter für die Entwicklung Spaniens eine bestimmende Rolle gespielt. Die »Krone von Aragón« dominierte in Union mit der Grafschaft Katalonien das westliche Mittelmeer, ihr Herrschaftsgebiet erstreckte sich auf dem Festland vom heute französischen Roussillon bis nach Alicante, dazu kamen die Balearen, Sizilien, Sardinien und Süditalien einschließlich Neapel. Die Vereinigung mit dem Königreich von Kastilien (1469) legte dann zwar den Grundstock zur Entstehung der spanischen Weltmacht, reduzierte aber andererseits die politische und wirtschaftliche Bedeutung Aragóns erheblich – eine Situation, die sich bis heute nicht mehr geändert hat.

Windiger Herbst

Das Klima ist ausgeprägt kontinental, mit heißen, trockenen Sommern und kalten Wintern. Da auch die kargen Böden in weiten Teilen nur extensive Weidewirtschaft erlauben, ist das Ebrotal das einzige Gebiet, das weitläufig für vielfältige landwirtschaftliche Produkte genützt werden kann. Nur die zentral gelegene Hauptstadt Zaragoza, die fünftgrößte Stadt Spaniens, ist ein auch wirtschaftlich bedeutendes Zentrum. Darüber hinaus verbindet die einstige Römergründung, Maurenmetropole, Erzbistum und Königsresidenz zahlreiche kunstgeschichtlich bedeutende Bauwerke und Denkmäler mit dem Flair einer modernen Großstadt, in der es sich in unzähligen Tapaskneipen, extravaganten Studentencafés oder feinen Restaurants gut leben lässt – nicht zuletzt auch hervorragend essen und trinken!

Innovative Betriebe

Die Weinregion Aragón praktiziert gegenwärtig den Spagat zwischen Tradition und Fortschritt. Ihre insgesamt vier D.O.-Bereiche entwerfen ein verwirrendes Vexierbild von Aufbruch und Verharren. Da ist einer-

ARAGÓN

seits die D.O. **Somontano**, im Pyrenäenvorland um die Kleinstadt Barbastro in der Provinz Huesca gelegen. Mit ca. 2000 Hektar Rebfläche ist Somontano Aragóns kleinste D.O. (seit 1985 mit diesem Status), aber zugleich auch deren innovativste. Angebaut werden vor allem Tempranillo, Cabernet Sauvignon, Moristel, Macabeo, Merlot und Chardonnay. Drei Großkellereien – Enate, Viñas del Vero und Pirineos – dominieren mengen- und qualitätsmäßig die Szene. Modernste Kellereitechnik, teilweise in avantgardistischer Architektur verpackt, lässt beim Besucher zwar keine anheimelnde Kellerromantik aufkommen. Dafür nehmen aber die Weinfreunde mit Erstaunen zur Kenntnis, dass Weine aus Somontano in den letzten Jahren bestechende Qualitäten erreichen können. Da zudem auch die Preise noch generell sehr korrekt kalkuliert sind, gehört diese nördliche D.O. zu den interessantesten ganz Spaniens.

Kräftige Aragoneser

Inbegriff aragonesischer Weine waren und sind seit jeher diejenigen aus **Cariñena**, südwestlich von Zaragoza gelegen. Mit einer Rebfläche von annähernd 20 000 Hektar ist die D.O. Cariñena die größte in Aragón. Bei den Rebsorten gibt bei weitem die rote Garnacha den Ton an, daneben behaupten sich noch Tempranillo und die weiße Macabeo, viele andere Sorten wachsen nur in kleineren Mengen, unter ihnen paradoxerweise auch die von hier stammende Cariñena. Die Weine sind auch heute noch weitgehend so, wie sie in Spanien einst begehrt und beliebt waren: kräftig, körperreich, alkoholstark. Gewiss wird es hier im Sommer brütend heiß, doch ist bei vielen Betrieben der Weinausbau durchaus noch verbesserungsfähig – einige fortschrittliche Betriebe ausgenommen. Eine süße Spezialität ist der konzentrierte »vino añejo«, im kleinen Holzfass ausgebaut und bisweilen recht lecker.

Kühles Klima – harmonischer Wein

Das Anbaugebiet um das Städtchen Borja (Heimat einiger unter dem Namen »Borgia« anderswo zu zweifelhafter Berühmtheit gelangter historischer Persönlichkeiten) umfasst etwas mehr als 6000 Hektar und erlangte als **»Campo de Borja«** 1980 den D.O.-Status. Obwohl das Gebiet nordwestlich von Cariñena liegt und einen ähnlichen Rebsortenspiegel aufweist, sind die Weine aus Campo de Borja nicht einfach denen aus Cariñena gleichzusetzen, sondern geben sich häufig noch körperreicher. Allerdings hat man den Eindruck, dass einige Erzeuger auf dem Weg sind, verstärkt schlankere, fruchtbetontere Weine im internationalen Stil zu produzieren.

Etwas mehr Rebfläche als Campo de Borja hat die jüngste D.O. von Aragón, **Calatayud**, produziert aber nur halb so viel Wein. Dieser westlich an Cariñena anschließende Bereich ist bergiger und kühler, was die Produktion fruchtigerer und harmonischerer Weine als im Osten begünstigen würde. So mancher Betrieb versucht, mit individuelleren Weinen aus diesem auch innerhalb Spaniens noch weitgehend unbekannten Gebiet für Beachtung zu sorgen. Auf dem deutschen Markt allerdings sind solche Weine bislang nur sporadisch zu finden.

ARAGÓN

1996 Viña Ainzón Crianza
D.O. Campo de Borja

Crianzas y Viñedos Santo Cristo

Ctra. Tabuenca s/n – 50570 Ainzón (Zaragoza)
Tel. (976) 868096 – Fax (976) 868097

Das ist bekömmlich: Ein ordentlicher Wein ohne Belastung für den Geldbeutel! Gefällige Farbe mit transparentem Rubin um einen Purpurkern. Ansprechende Nase von knackiger Kirsche und einem süßen Kick Brombeer, feines Vanille und etwas frische Kräuter. Anregender Geschmack durch den kirschfruchtbetonten Charakter, der von weichem Tannin und stimmiger Säure flankiert wird. Eine elegante Holznote sowie ein Hauch dunkler Aromen wie Lakritz und Teer runden ab. Und sogar eine kleine Portion Schokoschmelz schwingt hier noch mit. Für den eher zierlichen Körper ein recht passabler Nachhall, der von Kirsche in Vanille und Bittermandeln geprägt ist.

Erzeuger: Mit ca. 2000 Hektar Rebfläche deckt die Genossenschaftskellerei allein schon fast ein Drittel der gesamten Fläche der D.O. Campo de Borja ab, 667 Mitglieder zählt die 1956 gegründete Winzergemeinschaft gegenwärtig. Mit enormem finanziellen Aufwand wurden die Kellereien in den letzten Jahren auf den neuesten technischen Stand gebracht, um bei aller Quantität (über zehn Millionen Liter Lagerfähigkeit!) auch Qualität zu produzieren. Und die Qualitäten der aktuellen Weine können sich sehen lassen.

Last but not least: Von diesem Quell lässt sich bedenkenlos schlürfen – schadlos für Kopf, Magen und auch Geldbeutel. Zur Not sogar mal ohne Brot.

Weitere Produkte: Moscatel Ainzón ZZZZ, Viña Collado (weiß und rosé) ZZZ, Viña Ainzón Reserva ZZZ, Cava Brut »Reinante« ZZZ.

Preisgruppe: unter 10 DM

Bezugsquelle: 25, 34, 57

Trinkreif

ARAGÓN

1996 Corona de Aragón
D.O. Cariñena

Sociedad Cooperativa Vitícola San José

Ctra. Calatayud-Cariñena, s/n – 50408 Aguarón (Zaragoza)
Tel. (976) 620460 – Fax (976) 620155

Der König von Aragón wird andere Gewächse bevorzugt haben – wir einfachen Trinker nichtblauen Geblüts finden an diesem Wein durchaus Gefallen. Mit leuchtendem Purpur funkelt er im Pokal. Reife Kirschen und etwas Heidelbeer definieren ein fruchtbetontes Bukett, in dem zusätzlich ein feiner Holzton und eine leicht laktische Note gefallen. Viel Frucht auch am Gaumen, weiche Tannine und eine angenehme Säure verleihen Geschmeidigkeit. Ansätze von Schoko, Schmelz und Vanille unterstreichen den Gesamteindruck von unprätentiöser Harmonie. Einfacher Körper, schneller Abgang – und dennoch ein nettes Trinkvergnügen.

Erzeuger: Die Kooperative im Dorf Aguarón, das in der Ebene westlich von Cariñena am Fuße der Berge liegt, existiert seit fast 50 Jahren und verfügt heute über ansehnliche 1600 Hektar Rebflächen. Die großen Kellereigebäude sind auf eine Gesamtkapazität von neun Millionen Liter ausgelegt. Man verfügt zudem über 1100 Barriques. Dementsprechend umfangreich ist auch die Palette der verschiedenen Weine, die hier in jeweils sechsstelligen Mengen erzeugt werden. Durchwegs dem unteren Preisbereich zugehörig, erreichen die Qualitäten im Allgemeinen keine Spitzenplätze, aber immerhin teilweise ordentliches bis gutes Niveau.

Last but not least: Mit seiner klaren Frucht und feiner Vanillenote ein unkomplizierter Wein für alle Tage.

Weitere Produkte: Monasterio de las Viñas Reserva ♛♛♛♛, Monasterio de las Viñas Cabernet Sauvignon ♛♛♛, Valdeflor ♛♛♛.

Preisgruppe: unter 10 DM

Bezugsquelle: 14

Trinkreif

ARAGÓN

1998 Viña Urbezo
D.O. Cariñena

Bodegas Solar de Urbezo

San Valero, 14 – 50400 Cariñena (Zaragoza)
Tel. und Fax (976) 621968

Mit dieser Cabernet/Tempranillo/Merlot-Coupage präsentiert sich ein süffiger Tropfen zu einem geschmackvollen Preis. Farblich recht konzentriert mit kompaktem, jungem Purpurviolett. Der Duft nimmt für sich ein durch die Kombination aus Frucht und laktischen Komponenten: Kirsch/Heidelbeer-Joghurt mit einer Prise Vanille. Dazu ein schmelziger Kick. Absolut rund und weich auch auf der Zunge, Tannine und Säure sind sehr gekonnt als leckeres Fundament für eine schöne Fruchtentfaltung gelegt. Eine wohl dosierte Holznote komplettiert die feinen dunklen Aromen. Bei aller Frucht dennoch ein ansehnlicher Körper.

Erzeuger: Der Name »Solar de Urbezo« war bis vor kurzem nur intimen Kennern der aragonesischen Malerei ein gewisser Begriff. Seit jedoch Santiago Gracia, einstiger Präsident der Genossenschaftskellerei von San Valero, vor fünf Jahren seiner neu gegründeten Bodega den Namen des Cousins seiner Mutter gab, dürfte sich der Kennerkreis beträchtlich erweitert haben. Denn dieses kleine Weingut machte schnell mit vorzüglichen Weinen von sich reden. Man setzt neben Tempranillo bewusst auch auf internationale Reben wie Chardonnay, Cabernet, Merlot und Syrah. Da ist dann nur mehr wenig von alter Cariñena-Tradition im Glas zu spüren, aber muss das ein Nachteil sein? Wir meinen: nein!

Last but not least: Das ist die Zukunft der Cariñena-Weine – und Ihr treuer Begleiter von Wildgerichten oder herzhaftem Grillfleisch.

Weitere Produkte: Solar de Urbezo.

Preisgruppe: 10–15 DM

Bezugsquelle: 30, 33, 46

Trinkreif

ARAGÓN

1992 Señorio del Águila Reserva

D.O. Cariñena

Bodegas Virgen del Águila S. Coop.

Ctra. Valencia, km 53 – 50480 Paniza (Zaragoza)
Tel. (976) 622748 – Fax (976) 622958

Diese Reserva aus Cariñena vermittelt eine gute Vorstellung davon, was in der D.O. durchaus möglich wäre. Bedenkt man noch dazu ihren moderaten Preis, ist ohne zu zögern das »Schnäppchen«-Prädikat zu verleihen. Farblich präsentiert sich der Wein von mitteldichtem Purpur. In der Nase gefällt das komplexe Spektrum von reifen dunklen Früchten, eingehüllt in warme Aromen von Vanille, Rumtopf und mürber Süße.
Geschmacklich verbindet sich die stimmige Säure mit roten Früchten und Noten von Lakritze, Leder und etwas Minze. Sanfte Tannine, süßer Schmelz und ein solider Körper rahmen passend ein. Schließlich ein Ausklang mit harmonischem, andauerndem Nachhall.

Erzeuger: Die Genossenschaftskellerei von Paniza besteht seit fast 50 Jahren und gehört mit weit über 2000 Hektar zu den größeren Betrieben der D.O. Cariñena. In ihren Weinbergen stehen sowohl die traditionellen Reben des Anbaugebiets – in erster Linie weiße Macabeo, rote Garnacha und Tempranillo – als auch Cabernet Sauvignon in nicht unbeträchtlicher Menge. Aus diesen drei roten Sorten besteht auch die Reserva, mit deren 15 Monaten Ausbau im Barrique die Kooperative eine gekonnte Vinifikation abrundet.

Last but not least: Ein blitzsauberer Trunk mit klarer Frucht und schönem Holzeinsatz. Perfekt zu Pasta und Paella.

Weitere Produkte: Empfehlenswert ist der Señorio del Águila Tinto Crianza.

Preisgruppe: 10–15 DM

Bezugsquelle: 11, 15

Trinkreif

ARAGÓN

1997 Enate Tinto Cabernet Sauvignon-Merlot

D.O. Somontano

Viñedos y Crianzas del Alto Aragón

**Ctra. Barbastro-Naval, km 9,2 –
22314 Salas Bajas (Huesca)
Tel. (974) 302323 – Fax (974) 300046**

Frei übersetzte Verkostungsnotiz vom Etikett: Kirschfarbe mittlerer Intensität. Der Wein zeigt in der Nase Fruchttöne von Johannisbeeren und Brombeeren mit eleganten, blumigen Nuancen (Veilchen) und Andeutungen von Paprika, Vanille und blühenden Sträuchern. Am Gaumen entfaltet sich der Tropfen angenehm geschmeidig, gestützt von weichem Tannin. Der Abgang ist lang, mit köstlicher Frucht und feinen Röstaromen. Wir können uns mit Erstaunen der Meinung der Kellerei anschließen. Die eigene Beurteilung der Bodega ist treffend und fair.

Erzeuger: Die rein geometrischen Formen des gigantischen Neubaus beeindrucken mit ihrer schlichten Funktionalität. Die Investition von annähernd 50 Millionen D-Mark erscheint beim Anblick fast nebensächlich. Aber das äußere Erscheinungsbild trügt nicht, hier werden seit Anfang der neunziger Jahre mit Professionalität ausgezeichnete Weine hergestellt. Fast erstaunlich, denn die meisten neu angepflanzten Reben sind noch recht jung und werden erst in der Zukunft noch bessere Trauben tragen. Besonders gelungen ist der frische Barrique-Chardonnay 234. Ein Genuss im Vergleich zu vielen überladenen, breit wirkenden Chardonnays aus Übersee und teilweise auch Europa, die momentan so in Mode sind.

Last but not least: Nicht nur die Kunst auf dem Etikett überzeugt.

Weitere Produkte: Enate Cabernet Sauvignon Reserva 🍷🍷🍷🍷🍷, Enate Chardonnay 234 🍷🍷🍷🍷, Enate Cabernet Sauvignon 🍷🍷🍷🍷.

Preisgruppe: 10–15 DM

Bezugsquelle: 2, 3, 15, 16, 18, 31

Trinkreif

ARAGÓN

1996 Montesierra Crianza

D.O. Somontano

Bodega Pirineos

Ctra. Barbastro-Naval, km 3,5 – 22300 Barbastro (Huesca)
Tel. (974) 311289 – Fax (974) 306688

B ei diesem Wein aus dem hohen Norden geht noble Schlankheit vor Opulenz. Mit mitteldichtem Purpur steht er im Glas, nur verhalten offenbart sich ein feines, fruchtiges Bukett von Kirschen in einer weichen, zart-süßen Rum-Schoko-Umgebung. Am Gaumen bestimmen zunächst feste, junge Tannine sowie rassige Säure das Geschehen. Später dominieren dann Sauerkirsche und Schlehe. Bittermandel sowie frisches Holz klingen mit an und leiten schließlich über in einen flotten Abgang.

Erzeuger: Mit mehr als 1000 Hektar Rebfläche war und ist die heutige Bodega Pirineos die mit Abstand größte Kellerei in der Somontano-Zone. Seit sich die einstige Genossenschaftskellerei (»Cooperativa Somontano de Sobrarbe«) vor einer Dekade komplett umstrukturiert hat, befindet sich die Palette der verschiedenen Weintypen in ständigem Wachstum: Standen früher vornehmlich lokale Sorten wie Macabeo, Moristel und Parellada im Vordergrund, setzt man heute ganz entschieden auf Modernes wie Chardonnay, Cabernet, Merlot und Tempranillo – ohne freilich die alten Spezialitäten ganz vergessen zu haben. Das ist durchaus zu begrüßen, denn noch scheint nicht alles ganz ausgegoren, was im Eifer der Innovation angepackt wurde.

Last but not least: Mit seiner feinfruchtigen Geradlinigkeit ohne Schnörkelei ein optimaler Begleiter von pikanten Vorspeisen.

Weitere Produkte: Merlot Cabernet ♀♀♀♀, Montesierra Moristel ♀♀♀♀, Señorío de Lazán ♀♀♀.

Preisgruppe: 10–15 DM

Bezugsquelle: 57

Trinkreif

A R A G Ó N

1997 Viñas del Vero Merlot

D.O. Somontano

Viñas del Vero

**Ctra. Barbastro-Naval, km 3,7 – 22300 Barbastro (Huesca)
Tel. (974) 302216 – Fax (974) 302098**

Das Faszinierende an diesem dichten purpurvioletten Wein ist seine Harmonie und Weichheit, geschliffen ohne Ecken und Kanten. Trotzdem hat er seine eigene Persönlichkeit und hebt sich aus dem großen Kreis der uniformen Weine heraus. Im intensiven Bukett ist weiches Barrique und intensive Frucht nach dunklen Beeren, vereint mit Würznoten und Gemüse. Sehr gut eingebundenes Holz gibt dem kompakten Körper Struktur. Vielfältige Aromen nach Bitterschokolade, Kakao, Kirsche und Preiselbeere enden in einer schmelzigen Süße mit guter Länge.

Erzeuger: Die Dimensionen dieser Kellerei liegen in einer beachtlichen Größenordnung. Vor gut zehn Jahren wurde der erste Wein abgefüllt, jetzt sind es annähernd sechs Millionen Flaschen bei etwa 550 Hektar eigener Weinberge. Der Rebsortenspiegel ist deutlich französisch angehaucht, und der vorgestellte Merlot lag ein halbes Jahr in Barriques der gleichen Herkunft. Neben dem ausgezeichneten Cabernet Sauvignon begeistert auch der Viñas del Vero Gran Vos Reserva, ein Mischsatz aus Cabernet, Merlot und Pinot Noir. Nicht zu vergessen der Preishit Viñas del Vero Tempranillo. Diesen Wein sollten Sie nicht im Regal stehen lassen.

Last but not least: Unaufdringliches Merlot-Muskelpaket mit Schmelz.

Weitere Produkte: Zu empfehlen sind Viñas del Vero Cabernet Sauvignon ⍓⍓⍓⍓⍓ Viñas del Vero Gran Vos Reserva ⍓⍓⍓⍓⍓, Viñas del Vero Chardonnay ⍓⍓⍓, Viñas del Vero Tempranillo ⍓⍓⍓.

Preisgruppe: 15–20 DM

Bezugsquelle: 11, 45, 56

Trinken ab 2001

ARAGÓN

1995 Castillo de Maluenda Tinto Crianza

D.O. Calatayud

Coop. del Campo San Isidro

Avda. José Antonio, 61 – 50340 Maluenda (Zaragoza)
Tel. und Fax (976) 893027

Ein beachtenswerter Wein aus einem ziemlich unbekannten Gebiet ist diese im Barrique ausgebaute Crianza, eine Assemblage aus 70 Prozent Tempranillo und 30 Prozent Garnacha. Sie ist von funkelnd rubinroter Farbe und vermählt im Bukett das zarte Eichenholzaroma mit einer frischen, lebendigen Kirschfrucht. Warme Töne von Rum und reifen dunklen Beeren fügen sich auf harmonische Weise hinzu. Geschmacklich gefallen die zwar expressiven, aber polierten Tannine im Einklang mit der klaren Frucht von knackiger Kirsche und etwas Pflaume. Die Säure ist eine Idee zu potent, dafür wirkt der Holzeinsatz sehr gekonnt. Der Körper des Weins ist sehnig mit stahligem Korsett, der Abgang gibt sich flott, aber fruchtbestimmt.

Erzeuger: In dem von Genossenschaften beherrschten Gebiet spielte die seit dem Jahr 1963 existierende Kooperative von Maluenda, im Süden des Hauptortes Calatayud in einer sanften Hügellandschaft gelegen, schon immer eine führende Rolle.
Mit der zunehmenden Pflege von Tempranillo-Reben in einer traditionell von Garnacha tinta dominierten Gegend und einem vermehrten Barriqueausbau setzt man bei der Kooperative San Isidro auf einen moderneren Weinstil. Und zweifelsfrei sind bereits erste Erfolge dieser Anstrengungen zu konstatieren.

Last but not least: Moderat dekantieren und zu Fleisch in kräftigen Saucen oder – noch besser – zu reifem Käse servieren.

Weitere Produkte: Viña Alarba Rosado.

Preisgruppe: 10–15 DM

Bezugsquelle: 31

Trinkreif

Das Anbaugebiet Extremadura liegt im Südwesten zwischen La Mancha und Portugal. Die Region hat eine sehr geringe Bevölkerungsdichte und liegt fern der touristischen Pfade. In Spanien sagt man fast ein wenig boshaft, in der Provinz Badajoz leben mehr Schafe als Menschen. Neben vielen landwirtschaftlichen Produkten kommt eine sehr bekannte spanische Delikatesse aus der Region: Jamón Ibérico. Dieser luftgetrocknete Schinken wird aus Pata-Negra-Schweinen hergestellt und hat sogar eine eigene Denominación de Origen.

Heiße Sommer

Die Voraussetzungen für den Weinbau sind auf der vegetationsarmen und kargen Hochebene sehr unterschiedlich. Heiße Sommermonate mit geringen Niederschlägen sind in einigen Gebieten problematisch. Einige Erzeuger haben jedoch unter Beweis gestellt, dass unter den gegebenen, auf den ersten Blick nicht eben positiven Bedingungen ausgezeichnete Weine produziert werden können.

D.O. Ribera del Guadiana

Die D.O. Ribera del Guadiana bekam erst 1997 den Status der D.O. Gebildet wurde sie aus sechs ehemaligen Vino-de-la-Tierra-Bereichen, und ein gewisser Anteil der Trauben darf aus den verschiedenen Bereichen verschnitten werden. Die größte Unterzone innerhalb der D.O. ist Tierra de Barros mit etwa 80 Prozent der Rebfläche. Die Winzer dieser Unterzone sind die treibende Kraft der D.O., und in der Weinbereitung und Vermarktung spielen sie die größte Rolle. Noch sind die Weine der wenigen Winzer auf dem deutschen Markt rar vertreten. Dies wird sich aber in Kürze ändern, und auch deutsche Importeure werden die Weine mit dem ausgezeichneten Preis-Leistungsverhältnis vermehrt in ihr Programm aufnehmen.

Weine und Rebsorten

In Ribera del Guadiana werden traditionell zu etwa 80 Prozent weiße Trauben angebaut, die wichtigsten Vertreter sind Alarije, Cayetana blanca, Viura und auch Chardonnay. Im roten Bereich dominieren Garnacha und Tempranillo, seit einigen Jahren kommen ebenso Cabernet Sauvignon und Merlot hinzu. In der Extremadura wurde schon immer der Grundwein für Brandy produziert, gleichermaßen Verschnittwein für die Regionen Jerez und Galicien. Die interessantesten Weine sind momentan barriquegereifte Crianzas und Reservas aus Tempranillo und/oder Cabernet Sauvignon sowie frische Weißweine aus der Rebsorte Cayetana blanca.

EXTREMADURA

1998 Viña Jara
Vino de la Tierra Extremadura

Explotaciones Agroindustriales Badajoz S.A.

**Ctra. Badajoz-Sevilla, km. 11,5 – 06009 Badajoz
Tel. und Fax (924) 235705**

Einen »ganzen Fächer von Sinneseindrücken« verspricht eine Bemerkung auf dem mit Rebzeilen und einem Streichinstrument künstlerisch gestalteten Etikett. Nur Musik und Lyrik für einen Landwein aus der Extremadura? Nein, unsere Verkostung bestätigt eine bemerkenswerte Qualität: Schon optisch ansprechend mit funkelndem, intensivem Purpur, schmeichelt der Wein mit einem ausgeprägt fruchtigen Duft von dunklen Waldbeeren, die harmonisch in Kräuter und einen feinen Röstton eingebettet sind. Im Mund geben vorerst noch kräftige Tannine den Ton an, die Säure ist animierend. Sehr schön und klar zeigt sich die Frucht von Kirsche, dazu erscheinen dunkle Aromen bei einer mollig-festen Struktur. Ein selbstbewusster Körper und ein langer Nachhall mit abermals viel Frucht runden ab.

Erzeuger: Schon über 100 Jahre existiert der Betrieb in der Provinzhauptstadt Badajoz, weit im Westen Spaniens an der Grenze zu Portugal. Die Weinherstellung war und ist dabei zwar nur ein kleiner Zweig der gesamten Aktivitäten. Doch mit der vorgestellten, preiswerten Coupage (Tempranillo und Cabernet zu je 40 Prozent, der Rest Merlot), die aus produktionstechnischen Gründen nicht als Wein aus der neuen D.O. Ribera del Guadiana klassifiziert wird, kann sich das Unternehmen fürwahr auch in der Weinszene sehen lassen.

Last but not least: Gut dekantieren! Besser: noch eine Zeit lang im Keller lassen. Später dann gern zu reifem, kräftigem Käse reichen.

Weitere Produkte: Nicht bekannt.

Preisgruppe: 10–15 DM

Bezugsquelle: 12, 29, 30, 32, 46

Trinken ab 2001

EXTREMADURA

1995 Lar de Barros Reserva
Vino de la Tierra Extremadura

Bodegas Inviosa

La Fuente, 8 – 06200 Almendralejo (Badajoz)
Tel. (924) 671235 – Fax (924) 665932

Zum Zeitpunkt der Abfüllung war der »Lar de Barros« laut Etikett noch nichts weiter als ein »Landwein« – seit 1998 gehören seine Nachfolger der neu geschaffenen D.O. Ribera del Guadiana an. Qualitativ aber hatte dieser hauptsächlich aus Tempranillo bestehende Wein mit zwölf Monaten Barriquelager seit jeher beachtliches Format. Unser Jahrgang präsentiert sich in der Nase noch etwas reduktiv, aber spürbar von reifer Pflaumenfrucht dominiert. Im Mund kräftiges, junges Tannin und eine zupackende Säure, aber auch hier wieder viel Frucht, dunkle Aromen von Humus und Leder sowie eine dicht gewebte Textur. Langer Nachhall, momentan noch vom Gerbstoff geprägt.

Erzeuger: Die Bodegas Inviosa wurden 1974 gegründet und gelten heute als erste Adresse des Weinbaus in der Extremadura. Ihre 400 Hektar Weinberge befinden sich im Herzen der Ebene »Tierra de Barros«, die zu einer der Kernzonen der neuen D.O. geworden ist.
Unermüdlich hat sich Marcelino Díaz für die Qualitätssteigerung der Weine aus der Extremadura stark gemacht und mit seinen eigenen Produkten über Jahre hinweg bewiesen, dass sich in den heimischen Gefilden um Almendralejo sowohl aus Tempranillo und Macabeo als auch aus Cabernet Sauvignon und Chardonnay vorzügliche Weine machen lassen.

Last but not least: Hat viel Potenzial, braucht aber noch etwas Kellerruhe; meistert opulente Wildgerichte.

Weitere Produkte: Lar de Lares ????, Lar de Oro ???, Lar de Barros Rosado ???.

Preisgruppe: 10–15 DM

Bezugsquelle: 14, 15, 23, 29, 31, 35, 41, 51

Trinken ab 2001

EXTREMADURA

1992 Corte Real Reserva
Vino de la Tierra Extremadura

Viña Extremeña

**Ctra. Alange, s/n – 06200 Almendralejo (Badajoz)
Tel. (924) 670158 – Fax (924) 670159**

Ein Wein von leuchtend rubinroter Farbe und mittlerer Intensität. Er öffnet sich recht schnell und bietet ein herzhaftes Bukett mit mürben Tönen und Aromen von Kräutern, Holz, Schokolade und Brühwürfeln. Nach und nach kommen weitere Düfte zum Vorschein – bei unserer Verkostung waren dies zarte Sauerkirsche, Tabak und Vanille. Spürbar säurebetont am Gaumen, mit weichen Tanninen und fleischiger Frucht, zeigt er sich komplex und ausgeglichen. Zartbitteres Finale mit Röst- und Schokotönen.

Erzeuger: Viña Extremeña steht seit Jahren für edle Rote aus dem südspanischen Distrikt »Tierra de Barros«. Eingebettet in die Region Extremadura, bieten die fruchtbaren Lehmböden rund um Almendralejo beste Voraussetzungen. Man setzt bewusst auf Rückschnitt und kleine Erträge und lässt die Weine in Barriques aus französischer und amerikanischer Eiche reifen. Die Kellerei ist Teil des von Alfonso Iglesias vor drei Generationen gegründeten Familienunternehmens und nennt mehr als 1100 Hektar Rebfläche und 10 000 Barriques ihr Eigen. Der kürzlich erteilte D.O.-Status »Ribera de la Guadiana« wird nicht angestrebt – alle Weine sollen als Tafelweine vermarktet werden.

Last but not least: Komplexer Stoff, an dem man die 30 Monate, die er im Barrique verbracht hat, ausschließlich positiv registriert.

Weitere Produkte: Valdegema Reserva ♛♛♛♛, Castillo de Valdestrada Reserva ♛♛♛♛, Monasterio Tentudia Reserva ♛♛♛, Palacio de Valdeinfante Reserva ♛♛♛, Vega Adriana Tinto ♛♛♛♛.

Preisgruppe: 15–20 DM

Bezugsquelle: 59

Trinkreif

Für den Pilger beginnt Galicien in O Cebreiro (der »Portus Montis Februari« des »Codex Calixtinus«), einem Örtchen nahe der spanischen Grenze, das auch heute noch teilweise aus strohgedeckten Rundhäusern besteht. Über Samos (sehenswerte Barockfassade der Klosterkirche), Palas de Rei (nicht den Ort verlassen, ohne die Kirche Santiago de Vilar de Donas zu besichtigen!) und Arzúa (der beliebteste galicische Käse, der Tetilla, stammt von hier) führt der Weg nach Santiago de Compostela, dem weltbekannten Wallfahrtsort. Doch der heutige Pilger ist nicht mehr der arme Wanderer, dem einst im »Hospital Real« hilfreich beigestanden wurde. Er ist, wie zahlreiche Touristen, an einer guten Mahlzeit ebenso interessiert wie an einem anständigen Schluck Wein. Man begnügt sich nicht mehr mit irgendeinem Trunk aus der typischen Steinguttasse – ein schmackhaftes Glas Albariño, O Rosal oder Mencía sollte es schon sein.

Weinbau

Würde man Galicien, die äußerste Nordwestecke Spaniens, in zwei Teile schneiden, wäre es klar die untere Hälfte, auf die sich der Weinbau in erster Linie konzentriert. In den hier gelegenen Provinzen Ourense und Pontevedra finden wir die D.O. Ribeiro, die im Westen an die bis ans Meer reichende D.O. Rías Baixas angrenzt, sowie die kleinen bis winzigen D.O.s Monterrei (zurzeit existieren vier Bodegas), Ribeira Sacra (»heiliges Hügelland«) und Valdeorras (»goldenes Tal«). Derzeit bewirtschaften ca. 255 Kellereien knapp 10 000 Hektar Rebfläche, aus denen rund 70 000 Hektoliter Wein gewonnen werden. Schwergewicht dieses Verbundes ist die D.O. Rías Baixas, die mit 55 000 Hektolitern fast 80 Prozent der Produktion beisteuert.

Rías Baixas über alles?

In diesem Gebiet entstehen aus der würzig-frischen Albariño-Traube die interessantesten Weißweine Galiciens, stroh- bis goldgelbe, manchmal auch grünlich schimmernde, fruchtige und blumige Gewächse, deren gut balancierte Säure als besondere Tugend angesehen wird. Während in den siebziger Jahren die Rebsorte fast aus den Weinbergen verschwunden wäre, gibt es heute kaum ein spanisches Restaurant, das nicht mindestens einen oder zwei Albariños auf der Karte hat. Auch deutsche Händler haben im Rahmen dieser Renaissance den Albariño wieder entdeckt – immerhin stellt er in punkto hochwertiger spanischer Weißwein die einzige ernst zu nehmende Alternative zu Gewächsen aus Rueda oder Penedès dar – ob er sich bei Preisen durchwegs über 20 D-Mark durchsetzen kann, ist allerdings fraglich.

GALICIEN

1997 As Laxas Albariño
D.O. Rías Baixas

Bodega As Laxas

As Laxas, 16 – 36430 Arbo (Pontevedra)
Tel. (986) 665444 – Fax (986) 665554

Frisch ausgeschenkt liegt der Albariño von As Laxas hell zitronengelb bis grün im Glas und verströmt einen recht fruchtigen, intensiven Duft. Auf angenehm süß grundierter Basis gefallen Blütentöne, Akzente exotischer Früchte (Passionsfrucht) und die feine Pfirsichnote. Bereits der erste Schluck zeigt deutlich, dass wir es hier mit einem sehr ausgewogenen Tropfen zu tun haben, der perfekt mit der momentan favorisierten leichten Küche Spaniens harmonisiert. Nuancen von Holunder- und Lindenblüte sind sehr ansprechend – im Mund gefällt zudem die reife Pfirsichfrucht und vor allem die leckere, knackige Säure. Sehr harmonisch und stoffig präsentiert sich der Wein am Gaumen, mit süßlicher Betonung und feinem Zedernholztouch. Gut gebaut, mit Biss und Körper bleibt er angenehm präsent und endet mit fruchtigem Nachhall.

Erzeuger: 18 Hektar umfassen die Weinberge dieser 1860 gegründeten, modern wirtschaftenden Bodega im Südwesten Galiciens, deren Keller jährlich rund 200 000 Flaschen gut gemachte Weißweine verlassen. Leider werden nur ein paar Prozent der produzierten Menge exportiert – dementsprechend schwer ist der leckere Wein hierzulande aufzutreiben.

Last but not least: Frischer und fruchtiger Albariño mit ausgeglichener Eleganz. Ausgezeichneter Begleiter zu Fisch und Meeresfrüchten, der aber genauso gut zu Kalbsbraten, Truthahn oder zu Reisgerichten passt.

Weitere Produkte: Bagoa do Miño Blanco Albariño ♥♥♥♥, D. Bernardo Blanco ♥♥♥.

Preisgruppe: 20–25 DM

Bezugsquelle: 11

Trinkreif

GALICIEN

1997 Lagar de Cervera Albariño

D.O. Rías Baixas

Lagar de Fornelos

**Barrio de Cuces, Fornelos – 36778 O Rosal (Pontevedra)
Tel. (986) 625875 – Fax (986) 625011**

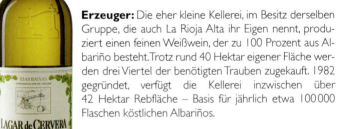

Goldgelber Albariño mit zarten grünen Reflexen, der mit seinem feinen, aromatischen Duft voll und ganz überzeugen kann. Wir notieren viele würzige Töne sowie Blumen- und Blütendüfte. War da nicht ein Hauch von frischem Holz? Neben präsenter Frucht von reifen Äpfeln und Birnen entwickeln sich langsam auch Aromen von Zitronen, Bananen, Karamell und Honig.

Dicht und kräftig, von guter Statur ist er im Geschmack – er hat und braucht ein gerütteltes Maß an Säure, um nicht breit zu wirken. Sonst setzen sich die Empfindungen aus der Nase stimmig fort, wobei am Gaumen Holz und Honig deutlicher zum Vorschein kommen. Bleibt lange präsent und verabschiedet sich mit einem zarten grasigen Ton.

Erzeuger: Die eher kleine Kellerei, im Besitz derselben Gruppe, die auch La Rioja Alta ihr Eigen nennt, produziert einen feinen Weißwein, der zu 100 Prozent aus Albariño besteht. Trotz rund 40 Hektar eigener Fläche werden drei Viertel der benötigten Trauben zugekauft. 1982 gegründet, verfügt die Kellerei inzwischen über 42 Hektar Rebfläche – Basis für jährlich etwa 100 000 Flaschen köstlichen Albariños.

Last but not least: Eigenwilliger, sehr aromatischer Tropfen, der bevorzugt zu Salzwasserfisch (Schellfisch!) getrunken werden sollte. Der Wein muss vor dem Trinken gut gekühlt werden!

Weitere Produkte: Es wird in der Kellerei Lagar de Fornelos nur ein einziger Wein hergestellt: der Lagar de Cervera.

Preisgruppe: 15–20 DM

Bezugsquelle: 32, 39

Trinkreif

GALICIEN

1997 Terras Gauda »O Rosal«
D.O. Rías Baixas

Bodegas das Eiras – Terras Gauda

Ctra. de Tuy a Guarda, km 46 –
36760 As Eiras–O Rosal (Pontevedra)
Tel. (986) 621001 – Fax (986) 621084

Feiner Weißer, der im Duft nicht so sehr durch Intensität, sondern durch Komplexität überzeugt. Neben vielen süßen Noten und floralen Akzenten (Rosen) gefällt die Duftigkeit und der zarte Birnen-Papaya-Melonen-Ton. Dazu kommen würzige Zitrustöne, etwas Humus und Küchenkräuter. Im Mund ist der tief goldgelbe Mischsatz aus Albariño, Loureira und Caiño Blanco füllig und wuchtig. Die Säure ist sehr verhalten, die Frucht vollmundig – zu Beginn vollreife exotische Noten wie Karambole, dann etwas Mandarine und auch Grapefruit. Ein feiner Anflug von Muskat und Honig lässt an Muskateller denken. Sehr schmackhafter, stilvoller Wein mit reichlich Körper, Schmelz und Fülle, der in einen langen und fruchtbestimmten Abgang mündet.

Erzeuger: Die Bodegas das Eiras, besser bekannt unter ihren Markennamen »Abadía de San Campio« und vor allem »Terras Gauda«, befindet sich in O Rosal, einem kleinen Ort der gleichnamigen Zone der D.O. Rías Baixas. Beginnend an der südwestlichsten Ecke der D.O. – von Portugal nur durch den Fluss Miño getrennt –, gedeihen in feuchtfröhlichem Klima Albariño- und Loureira-Trauben besonders gut. Über 70 Hektar verfügt die erst 1990 gegründete Kellerei, deren Weißweine zu den besten der D.O. gehören.

Last but not least: Köstlicher, magenfreundlicher Weißwein, der gut zu asiatischer Küche passen würde.

Weitere Produkte: Empfehlenswert sind Terras Gauda Blanco (fermentado en barrica) und Abadía de San Campio Blanco.

Preisgruppe: 20–25 DM

Bezugsquelle: 49

Trinkreif

GALICIEN

1998 Viña Meín

D.O. Ribeiro

Casal de Meín

**Lugar de Meín, San Clodio – 32420 Leiro (Ourense)
Tel. und Fax (988) 488400**

Weine aus der D.O. Ribeiro haben auf dem deutschen Markt noch Seltenheitswert – doch an mangelnder Qualität kann dies garantiert nicht liegen. Denn was z. B. der hier vorgestellte Viña Meín bietet, eine Coupage aus sechs autochthonen galicischen Rebsorten, verdient alle Aufmerksamkeit.

Sehr gehaltvoll schon das Bukett, das von Aprikosen, exotischen Früchten, Kräutern und einem delikaten Honigton geprägt ist. Vollends überzeugend dann der mollige Geschmack des Weins, der mit seiner animierenden Säure und dem vollen Aroma einer satten, reifen Pfirsichfrucht glänzt. Dichte Textur und ein anhaltender Nachklang runden perfekt ab.

Erzeuger: Innerhalb von wenig mehr als einer Dekade hat sich dieses kleine Weingut mit einer Rebfläche von zwölf Hektar auf einem der vordersten Plätze in Ribeiro etabliert. Die vergangenen Jahre waren in der bergigen Gegend an den Ufern des Miño von beträchtlichen Ertragseinbußen aufgrund von Hagel und langen Regenperioden überschattet.

Der Qualität der Weine von Casal de Meín, das übrigens auch einen beachtlichen Rotwein aus ebenfalls regionaltypischen Reben produziert, hat das aber ganz offensichtlich keinen Abbruch getan.

Last but not least: Wir setzen auf die Zukunft dieses ungewöhnlichen Weißweins, der Meeresfrüchten ein ideales Ambiente bietet. Gut gekühlt – also bei etwa 7 bis 8 °C – servieren!

Weitere Produkte: Viña Meín Tinto Classico.

Preisgruppe: 20–25 DM

Bezugsquelle: 11, 12

Trinken ab 2001

GALICIEN

1998 Guitián Godello
D.O. Valdeorras

Bodegas La Tapada

**Finca La Tapada – 32310 Rubiá (Ourense)
Tel. und Fax (988) 324197**

Mit formidablen Weinen präsentiert sich in La Tapada ein weiteres Spitzenweingut aus Galicien, das der hierzulande noch weitgehend unbekannten D.O. Valdeorras angehört. Der ausschließlich aus der Godello-Traube hergestellte Wein besitzt Charakter und Komplexität, überzeugt in der Nase durch seine feine Frucht, schöne Kräuteraromen, in der vor allem Kamille hervortritt, und einer zarten Note von Rosenblüte. Im Mund noch etwas jung, mit markanter Säure, aber dennoch geschmeidig, dicht und von exotischen Früchten geprägt. Im nachhaltigen Abgang schwingt ein feiner Bittermandelton mit.

Erzeuger: Das Gut La Tapada, erst 1993 von den Geschwistern Guitián gegründet, wagte es, mit der Konzentration auf Godello voll auf eine autochthone galicische Rebsorte zu setzen, die in den siebziger Jahren schon beinahe ausgestorben war. Nur den Anstrengungen des großen spanischen Önologen Luis Hidalgo verdankte die Godello eine Renaissance in Valdeorras, die sich aber sicher nicht so eindrucksvoll gestaltet hätte ohne die meisterhafte Vinifikation auf La Tapada. Mittlerweile ist dieser Betrieb mit seinen neun Hektar Rebflächen als Topweingut in Valdeorras anzusehen und muss sich mit seinen Weißweinen – vor allem mit dem im Barrique vergorenen Godello – selbst auf der Bühne der internationalen Hochgewächse keineswegs verstecken, im Gegenteil!

Last but not least: Passt wunderbar zu Seefisch oder zu herzhaften Nudelgerichten.

Weitere Produkte: Guitián Godello Barrica.

Preisgruppe: 20–25 DM

Bezugsquelle: 11, 23, 31

Trinkreif

astilien – La Mancha

»En un lugar de la Mancha de cuyo nombre no quiero acordarme...« (»In einem Ort in La Mancha, an dessen Namen ich mich nicht erinnern möchte...«), lautet der Anfang von Miguel de Cervantes' Roman »Don Quijote de la Mancha«. Es ist ohne Zweifel der berühmteste Satz in der spanischen Literatur, ebenso bekannt wie das südlich von Madrid gelegene Land. Hier zeigt sich die Iberische Halbinsel von ihrer klassischen Seite: Windmühlen, mittelalterliche Burgen, Weinberge und kleine Dörfer prägen das dürre Landschaftsbild. Das Aufregendste an der kastilischen Hochebene, der »Meseta«, ist die Metropole Madrid, geistiges und kulturelles Zentrum Spaniens. Auf ihrem heißen Pflaster wandeln jährlich unzählige Touristen. Die meisten bleiben allerdings gerade lange genug, um die Schätze des »Museo Nacional del Prado« zu bewundern; dabei hätte die Hauptstadt einiges zu bieten, man müsste ihr nur ein wenig Zeit geben. Dass Madrid hier nur ganz am Rande erwähnt wird, liegt einfach daran, dass die interessanteren Weine nicht aus der unmittelbaren Umgebung kommen, obwohl es seit kurzem einen eigenen D.O-Bereich »Vinos de Madrid« mit etwa einem halben Dutzend guter Erzeuger gibt. Noch viel unbedeutender sind die »Verschnittwein-D.O.'s« Méntrida und Almansa, so dass nur zwei interessante Bereiche übrig bleiben: D.O. La Mancha und D.O. Valdepeñas.

Die größte Anbaufläche der Welt
Die letzte wirkliche Neuerung, die La Mancha erfahren hat, war die Ernennung eines »consejo regulador« für diese D.O. – und das ist immerhin schon 25 Jahre her. Seitdem werden Jahr für Jahr Unmengen an Trauben geerntet und zu Wein verarbeitet, destilliert oder als Verschnittwein in andere Regionen verkauft. Mit der Provinz Ciudad Real und Bereichen der Provinzen Albacete, Cuenca und Toledo umfasst die Anbaufläche gewaltige 188 000 Hektar. Sie ist damit nicht nur innerhalb Spaniens, sondern sogar weltweit das größte Weinbaugebiet.

Süffiger, madrilenischer Haustrunk
Große und kleine Bodegas, Familienunternehmen und Ableger riesiger Getränkekonsortien – alle sind in der D.O. Valdepeñas vertreten. Und alle vermarkten sie ihre Weine unter einem Markennamen, der – griffig formuliert und einprägsam – helfen soll, Linien hervorzuheben und Weine wiedererkennbar zu machen. Neben schlichten Weiß- und Roséweinen sind es hier in erster Linie süffige rote Crianzas und Reservas, die – bei meist sehr moderaten Preisen – viel Freude bereiten.

KASTILIEN – LA MANCHA

1994 Allozo Tempranillo Crianza

D.O. La Mancha

Bodegas Centro Españolas

Ctra. de Alcázar, km 1 – 13700 Tomelloso (Ciudad Real)
Tel. (926) 505653 – Fax (926) 505652

Die Gemeinde Tomelloso, aus deren Gebiet dieser Wein stammt, liegt auf der »meseta«, der Hochebene in der Mancha, die im Sommer von sengender Hitze heimgesucht wird. Etwas von dieser Glut im Zentrum Spaniens hat der Allozo, ein barriquegereifter Tempranillo, eingefangen: Schon optisch von tiefdunkler Farbe, ist er in der Nase mit Dörrpflaumen, Marzipan und mürben, warmen Tönen ausgestattet. Kräftiges Tannin wetteifert im Mund mit strammer Säure, dazu schmiegen sich Aromen von Pflaumenkompott, Zigarren und Humus. Der Körper dieses Roten weist eine ordentliche Statur auf, im Nachhall ringen noch einmal Frucht und Säure um Dominanz.

Erzeuger: Als eine Gruppe von jungen Unternehmern vor knapp zehn Jahren in Tomelloso die Bodegas Centro Españolas gründete, hatten sie von Anfang an eine klare Vorstellung von ihrer Vermarktungsstrategie: Die Weine sollten in ihrer Stilistik präzise auf den internationalen Markt zugeschnitten sein.
Mittlerweile ist der Exporterfolg der Produkte dieser Bodega so groß, dass die eigenen 220 Hektar mit Airén, Tempranillo und Cabernet Sauvignon den Traubenbedarf nur noch zur Hälfte decken können und der Rest zugekauft werden muss.

Last but not least: Der Allozo möchte noch etwas ruhen, um dann einem Wildschweinbraten den letzten Schliff zu geben.

Weitere Produkte: Allozo Reserva ♛♛♛♛, Rama Corta Tinto ♛♛♛.

Preisgruppe: unter 10 DM

Bezugsquelle: 3, 11, 22

Trinken ab 2001

KASTILIEN – LA MANCHA

1993 Yuntero Reserva
Cencibel y Cabernet Sauvignon
D.O. La Mancha

Coop. Nuestro Padre Jesús del Perdón

**Pol. Industrial – Ctra. de Alcázar, s/n –
13200 Manzanares (Ciudad Real)
Tel. (926) 610309 – Fax (926) 610516**

Ohne Geruchs- und Geschmacksdetails vernachlässigen zu wollen, muss zuallererst gesagt werden, dass es sich bei dem aus Cencibel und Cabernet Sauvignon zusammengesetzten Wein um einen Tropfen mit sensationell gutem Preis-Leistungsverhältnis handelt. Für knapp über zehn D-Mark kommt man in den Genuss eines leuchtend rubinroten Trunkes, der im gereiften Duft viele dunkle Momente, verhaltenes Holz mit zartem Teerstich, etwas Pflaumenkompott, eine Spur Rum bzw. Armagnac, feine Würze von Wacholder und Lorbeer und viele mürbe Töne zu bieten hat. Im Mund recht tanninbetont, mit spürbarer Säure und grünem Grundton, schmeckt man eine angenehme Kirsch- und Pflaumenfrucht heraus. Auch jetzt wieder dunkle Töne, eine deutliche Teernote und dezent bittere Akzente. Straffer Körper, tanninbetontes Finish.

Erzeuger: 3500 Hektar Rebland, 1000 Barriques, 25 Millionen Liter Kellerkapazität, 2,5 Millionen Flaschen jährlich – schon die nackten Zahlen der 1954 gegründeten Genossenschaftskellerei sind beachtlich. Besonderes Lob verdient jedoch die Tatsache, dass alle Weine von einwandfreier Qualität sind. Meistens wird unter dem Label »Lazarillo« bzw. »Yuntero« abgefüllt.

Last but not least: Ein Drittel der Flasche als Wildbeize verwenden und zwei Drittel zum fertigen Braten genüsslich austrinken. Salud!

Weitere Produkte: Yuntero Crianza (Cencibel y Cabernet Sauvignon) , Yuntero Blanco (fermentado en barrica, 100 % Airén) .

Preisgruppe: 10–15 DM

Bezugsquelle: 3

Trinkreif

KASTILIEN – LA MANCHA

1992 Gran Oristan Gran Reserva

D.O. La Mancha

Bodegas Juan Ramón Lozano

Avda. Reyes Católicos, 156 – 02600 Villarrobledo (Albacete)
Tel. (967) 141907 – Fax (967) 145843

Die Nase des Weins verbindet Strenge mit Üppigkeit: Streng, weil würzige Aromen und Küchenkräuter die zarte Johannisbeer-Kirsch-Frucht deutlich überspielen, üppig, weil stets weitere Duftfacetten auftauchen. Da sind Teeranklänge, Spuren von Leder und Wacholder. Recht deutlich das »große Holzfass« – Töne von Holz, Vanille und Kaffee, begleitet von staubig-trockenen Akzenten. Im Mund prägt die herzhafte Kirsch-Johannisbeer-Frucht den granatroten Wein, begleitet von einem feinen Pfeffertouch. Geschmacklich ausgereift, überzeugt der vom Typ eher elegant-schlanke denn massiv-wuchtbrummige Tropfen vor allem durch den Schliff und die gut eingebundene Säure. Ohne Ecken und Kanten im Abgang endet dieser Rote mit feuriger Note.

Erzeuger: In der riesigen D.O. La Mancha einen überdurchschnittlich guten Wein zu entdecken, ist nicht ganz einfach, denn die großen Betriebe und Genossenschaften überschwemmen den Markt mit einfachsten Tropfen – auf Kundenbedürfnisse zugeschnitten und vor Ort kaum mehr als 300 Peseten teuer.
Umso erfreulicher, dass man in Preislisten deutscher Händler etlichen schönen Kreszenzen zu sehr anständig kalkulierten Preisen begegnet, wie etwa dem aus Cencibel und Cabernet Sauvignon von eigenen Weinbergen zusammengesetzten Gran Reserva.

Last but not least: Reifer Wein mit angenehm mürben Tönen – unkompliziert trotz hohen Anspruchs.

Weitere Produkte: Oristan Crianza, Delmio Tinto.

Preisgruppe: 10–15 DM

Bezugsquelle: 36, 49

Trinkreif

KASTILIEN – LA MANCHA

1996 Casa Gualda Crianza
D.O. La Mancha

Bodegas Nuestra Señora de la Cabeza

Tapias, 8 – 16708 Pozoamargo (Cuenca)
Tel. (969) 387173 – Fax (969) 387202

Dieser leckere, saftige Wein kommt aus dem Osten der Mancha, aus einem echten »rincón«, einem entlegenen Flecken, wo sich Fuchs und Hase »Gute Nacht« sagen. Doch der je zur Hälfte aus Tempranillo und Cabernet Sauvignon komponierte Verschnitt gibt sich alles andere als hinterwäldlerisch, sondern hat respektables Format.

Das Bukett dieses Roten gefällt mit viel Frucht von dunklen Beeren – darunter ein zarter Cassiseinschlag –, frischen Kräutern und einer leicht laktischen Note. Geschmacklich präsentiert sich eine saftige Brombeerfrucht, die gekonnt in weiches Tannin und eine schöne Säure eingebettet ist, ein feines Mokkaaroma und Vanille fügen sich stimmig dazu. Molliger Körper, harmonischer Nachhall.

Erzeuger: Die 40-jährige Genossenschaftskellerei konzentriert sich auf die Produktion von Rosé- und Rotweinen; auf den Weinbergen von insgesamt 850 Hektar werden neben den heimischen Sorten Garnacha und Cencibel auch Cabernet sowie Merlot angebaut und durch eine maßvolle Barriquepassage recht gekonnt miteinander kombiniert. Vor allem unter Berücksichtigung der insgesamt ziemlich moderaten Preise kann man bei den Weinen dieser Kooperative geradezu sorglos zugreifen.

Last but not least: Dieser Wein sorgt bei Grillfleisch oder gekochten, deftigen Würsten mit Sicherheit für gehobene Gaumenfreuden.

Weitere Produkte: Casa Gualda Cencibel Merlot ♛♛♛♛, Valtojo ♛♛♛.

Preisgruppe: 10–15 DM

Bezugsquelle: 4, 44

Trinkreif

KASTILIEN – LA MANCHA

1991 Don Fadrique Reserva
D.O. La Mancha

J. Santos S.L.

**Ctra. Madrid-Alicante, km 121,7 –
45800 Quintanar de la Orden (Toledo)
Tel. (925) 181964 – Fax (925) 195650**

Im Vordergrund steht hier die Frucht! Schon im Bukett gefallen säurebetonte, griffige Noten reifer, schwarzer Johannisbeeren und Brombeeren, begleitet von Vanille- und Kräuteraromen. Auf einem dezent süßlichen Fundament mildert der warme Eichenholzton die anfängliche Strenge. Für einen 1991er präsentiert sich der Wein noch erstaunlich jugendlich. Die knackige Säure geht Hand in Hand mit präsenten Gerbstoffen, feste Fruchtaromen von Sauerkirschen und Johannisbeeren sind mit deutlichen Bittertönen verbunden. Der ordentliche Körper ist eher muskulös denn finessenreich und endet in einem fruchtig-zartbitteren Ausklang.

Erzeuger: Das vor 100 Jahren gegründete Weingut gehört mit einer Kellerkapazität von 25 Millionen Litern zu den mittelgroßen Firmen der Region. Auf etwas über 300 Hektar Rebfläche wachsen mit Macabeo und Airén zwei weiße, mit Garnacha, Cencibel und Cabernet Sauvignon drei rote Sorten. Unter dem Label »Don Fadrique« werden ausgezeichnete weiße, roséfarbene und rote Jungweine abgefüllt, doch auch die Reserva- bzw. Gran-Reserva-Qualität kann überzeugen. Im Verhältnis zum Preis kann man sagen, dass es sich hier um ein echtes Schnäppchen handelt.

Last but not least: Rustikaler Tropfen für kernige Jungs. Sollten sich Damen daran vergreifen, empfehlen sich mit Speck umwickelte Datteln als Begleitung.

Weitere Produkte: Don Fadrique Blanco ////, Don Fadrique Cabernet Sauvignon Crianza ////, Julián Santos Crianza ////.

Preisgruppe: unter 10 DM

Bezugsquelle: 2

Trinkreif

KASTILIEN – LA MANCHA

1993 Vegaval Plata Reserva
D.O. Valdepeñas

Miguel Calatayud

**Postas, 20 – 13300 Valdepeñas (Ciudad Real)
Tel. (926) 322237 – Fax (926) 322150**

In mitteldichtes Rubinrot gehüllt, verströmt dieser leckere Tropfen einen weichen, gereiften Duft. Zwölf Monate Lagerung im Holzfass zeigen sich im Bukett auf angenehm dezente Weise. Auf einem Fundament mit süßen Tönen entwickelt sich das feine Fruchtaroma von Pflaumen und Süßkirschen, im Hintergrund spürbar sind außerdem Noten von Rum, Schokolade, Portwein und Holz. Im Mund gibt die prägnante Säure Kraft und Rückgrat, harmonisch gestützt von weichem Tannin und mürber Frucht (schwarze Johannisbeeren, Pflaumen, Kirschen). Feurig-würzige Töne verleihen dem Geschmack die nötige Prise Abwechslung. Gutes Volumen und ordentlicher Abgang, der allerdings etwas länger sein könnte.

Erzeuger: Die Kellerei Miguel Calatayud füllt ihre Weine in zwei Linien ab, die sich in ihrem Anspruch deutlich unterscheiden. Da ist zum einen die Standardklasse mit dem Namen »Vegaval«. In ihr findet man einfache Weiß- und Rotweine, die aus Airén bzw. Cencibel gekeltert sind, während die besseren (manchmal sogar hervorragenden) Flaschen unter der Bezeichnung »Vegaval Plata« zusammengefasst werden. Bester Wein ist die Gran Reserva (1989 war außergewöhnlich!), doch schon knapp dahinter kann sich die Reserva platzieren.

Last but not least: Gesellschaftsfähiger, unanstrengender Trunk für alle Tage.

Weitere Produkte: Vegaval Plata Gran Reserva ♛♛♛♛, Avalon Merlot Reserva ♛♛♛♛, Vegaval Plata Crianza ♛♛♛, Vegaval Plata Cencibel ♛♛♛, Vegaval Plata Blanco (Macabeo) ♛♛♛.

Preisgruppe: 10–15 DM

Bezugsquelle: 14, 26, 36, 44

Trinkreif

KASTILIEN – LA MANCHA

1995 Cencipeñas, Vino de Crianza

D.O. Valdepeñas

Bodegas Espinosa

Ctra. Madrid-Cádiz, Km 196 –
13300 Valdepeñas (Ciudad Real)
Tel. (926) 321854 – Fax (926) 322493

In helles Rubin mit zartem Granatschimmer gehüllt, verströmt der Wein einen angenehm weichen, recht intensiven Duft. Auf einer zartsüßen Basis entwickelt sich ein kompaktes Aroma mit Nuancen von Dörrpflaumen, Rosen, Heu, Tabak und Teer. Im Hintergrund lässt sich ein Hauch von Rumschokolade erschnuppern. Am Gaumen trocken mit festem Biss, dominieren auch hier zartsüße Akzente (Rumpflaumen), harmonisch abgestützt durch milde Tannine und angenehm zurückhaltende Säure. Würzige Töne verleihen dem Geschmack die nötige Prise Abwechslung. Schlanker Körper und einwandfreier Abgang beenden einen Wein, der eigentlich recht kurz und gar nicht mächtig ist, dafür aber erfreulich unkompliziert.

Erzeuger: Neben jeder Menge durchschnittlichem Massenwein werden von der riesigen Bodega mit der Windmühle als »Trademark« auch etliche sehr anständige Weine abgefüllt. Da sind zum einen die weißen und roten Jungweine, die unter den Bezeichnungen »Concejal« bzw. »Viña del Lugar« vermarktet werden, die hier vorgestellte Crianza namens »Cencipeñas« (reinsortig, 100 % Cencibel) sowie der dem zurzeit vorherrschenden Trend entsprechende Cabernet Sauvignon »Señorío de Valdepeñas«.

Last but not least: Preiswerter Tropfen, der nicht schon mit dem ersten Glas satt macht.

Weitere Produkte: Señorío de Valdepeñas Cabernet Sauvignon ???, Concejal Tinto ???, Concejal Blanco ???, Viña del Lugar Tinto ???, Viña del Lugar Blanco ???.

Preisgruppe: unter 10 DM

Bezugsquelle: 25

Trinkreif

KASTILIEN – LA MANCHA

1990 Señorío de los Llanos Gran Reserva

D.O. Valdepeñas

Bodegas Los Llanos

Ctra. N-IV, km 200 – 13300 Valdepeñas (Ciudad Real)
Tel. (926) 320300 – Fax (926) 322724

Nach der Verkostung von vielen jungen Weinen war diese Gran Reserva eine angenehme Abwechslung. Mitteldichtes Rubinrot mit leichten orangen Rändern. Intensive und harmonische Nase mit dem typischen Wohlgeruch eines gereiften Weines. Recht kräftige Holznoten mit deutlichen Gewürzaromen. Frucht nach Pflaume, unterlegt von leichter Süße mit Schmelz. Im Mund weiche Tannine mit gut platzierter Säure, die ihm Frische gibt. Wieder Pflaumenfrucht mit einem Touch Armagnac, dahinter etwas Lorbeer mit Wacholder. Unaufdringlicher Holzeinsatz. Mittelgewichtig mit sehr ausgeglichenem und langem Nachklang.

Erzeuger: Die Bodega ist zwar schon 125 Jahre alt, aber vor gut 25 Jahren gab es quasi eine Neugründung durch den Zusammenschluss von einem guten Dutzend Winzer. Mit 300 Hektar Rebfläche ist ein großer Betrieb gewachsen. Trotz der Dimension werden ausschließlich D.O.-Weine produziert und allesamt zu sehr moderaten Preisen.
Die beiden Gran Reserva-Weine werden nach langer Barrique- und Flaschenlagerung erst spät auf den Markt gebracht und sind dann trinkfertig, jedoch mit Potenzial für einige Jahre. Wo bekommt man noch diesen Weintyp in guter Qualität für etwas mehr als zehn D-Mark? Fast nur in Valdepeñas.

Last but not least: Für Freunde gereifter Weine ein guter Griff zu einem günstigen Preis.

Weitere Produkte: Loma de la Gloria Cabernet Sauvignon ♀♀♀♀, Pata Negra Gran Reserva ♀♀♀♀, Señorío de los Llanos Crianza ♀♀♀.

Preisgruppe: 10–15 DM

Bezugsquelle: 20, 57

Trinkreif

KASTILIEN – LA MANCHA

1996 Corcovo Crianza
D.O. Valdepeñas

Bodegas J. A. Megía e Hijos

Ctra. Magdalena, 33 – 13300 Valdepeñas (Ciudad Real)
Tel. und Fax (926) 313008

Es konnte einem roten Cencibel – so heißt in Valdepeñas die Tempranillo-Rebe – nur gut tun, wenn er nicht mit der weißen Airén verschnitten wurde, wie es oft in der Gegend der Fall war. Der Corcovo ist ein »Hundertprozentiger«, mit dichtem Rubin im Glas und einem ausladenden Fruchtaroma von dunklen Waldbeeren in der Nase. Im Bukett sind auch noch Kräutertöne und ein Tick Vanille vom amerikanischen Barrique spürbar. Gerbstoff und Säure verstecken sich nicht, doch werden sie von der saftigen Kirschfrucht gut gezähmt. Anklänge an Teer und ein zarter Mokkaton geben Finesse, auf den kraftvollen Körper gründet sich ein respektabler, fruchtvoller Abgang. Gutes Potenzial!

Erzeuger: Die erst im Jahre 1994 gegründete Bodega mit Sitz in Valdepeñas ist nicht zu verwechseln mit der viel älteren, ebenfalls im Ort liegenden renommierten Kellerei von Luis Megía.
Doch mit Weinen wie dem Corcovo, von dem es leider nur 50 000 Flaschen für die ganze Welt gibt, hat sich auch Domingo Megía binnen kürzester Zeit einen guten Namen gemacht – erste Auszeichnungen und gute Kritiken in der Fachpresse existieren bereits. Doch noch kann der Corcovo Crianza als Geheimtipp gelten – das sollte man zu reichlicher Bevorratung nutzen!

Last but not least: Mit seinem frischen, ausgewogenen Charakter gleichermaßen passend zu deftigen Fleischgerichten wie zu Käse.

Weitere Produkte: Corcovo Cencibel ♛♛♛♛, Corcovo Blanco ♛♛♛, Corcovo Rosado ♛♛♛.

Preisgruppe: 10–15 DM

Bezugsquelle: 23

Trinkreif

KASTILIEN – LA MANCHA

1989 Don Luis Megía
Gran Reserva

D.O. Valdepeñas

Luis Megía

Salida del Peral, 1 – 13300 Valdepeñas (Ciudad Real)
Tel. (926) 320600 – Fax (926) 325356

Die Mancha ist von der Weinanbaufläche her die mit weitem Abstand größte D.O. Spaniens. Nach wie vor beherrscht hier die weiße Airén den Rebsortenspiegel, obwohl Tempranillo (bzw. Cencibel) inzwischen deutlich aufgeholt hat. Dass bei gekonnter Vinifikation auch ältere Tempranillos aus Valdepeñas noch nicht auf Krücken daherkommen, zeigt diese Gran Reserva des Jahrgangs '89.

Das helle Rubin ist noch randlos, das Bukett schon etwas mürbe, doch immer noch überwiegt die Frucht, die von allerlei würzigen Noten umgeben ist. Tannin und Säure sind noch frisch und prägnant, ebenso die Kirschfrucht. Der Körper des Weins ist ziemlich schlank, im zügigen Abgang werden dunkle Töne deutlich.

Erzeuger: Die traditionsreiche Kellerei von respektablen Dimensionen ist in Valdepeñas schon lange eine echte Institution: Seit mehreren Dekaden gehört Luis Megía zu den Vorzeigebetrieben des Anbaugebiets, es wurde viel Pionierarbeit geleistet.

So gehörte die Kellerei Luis Megía zu den ersten Bodegas, die Barriques eingeführt haben. Manchmal lässt sich Erfahrung schmecken – bei Weinen dieser vorbildlichen Bodega sogar ganz bestimmt.

Last but not least: Diese zuverlässige Gran Reserva begleitet einen gereiften Manchego-Käse (der ebenfalls in Valdepeñas zu Hause ist) so gut wie Sancho Pansa seinen Meister.

Weitere Produkte: Marqués de Gastañaga Tinto , Don Luis Megía Reserva .

Preisgruppe: 10–15 DM

Bezugsquelle: 25

Trinkreif

KASTILIEN – LA MANCHA

1991 Diego de Almagro Gran Reserva

D.O. Valdepeñas

Bodegas Félix Solís

Autovía Madrid-Andalucía, km 199 –
13300 Valdepeñas (Ciudad Real)
Tel. (926) 322400 – Fax (926) 322417

Ein beispielhafter Vertreter eines rundherum gelungenen, harmonischen Weins für wenig Geld! Das tiefe Rubinrot leuchtet im Glas, dem ein intensives, gereiftes Bukett entströmt. Dunkle, würzige Komponenten treten in den Vordergrund, Kräuternuancen runden ab. Neben Nuancen von Zimt und Muskat lassen sich Spuren von Vanille erschnuppern – dazu gibt's eine Prise Holz und verhaltene Kirscharomen. Am Gaumen präsentiert sich diese Gran Reserva mild, Tannine und Säure sind spürbar – wenn auch gering dosiert. Trotzdem wirkt der Wein keinesfalls flach, die kernigherzhafte Kirschfrucht, der gute Extrakt und der stramme Körper geben ihm Biss und Rückgrat. Bei schöner Länge des Abgangs klingen dezent süße Töne gut nach.

Erzeuger: Seit mehr als einem halben Jahrhundert existiert das Familienunternehmen Félix Solís, das mit Los Llanos und Luís Megía die preiswertesten Reservas und Gran Reservas in ganz Kastilien–La Mancha erzeugt – ohne dass an der Qualität irgendetwas zu bemängeln wäre. Die Trauben für viele Millionen Flaschen jährlicher Produktion werden großteils zugekauft, da der Ertrag eigener Weinberge bei weitem nicht ausreicht.

Last but not least: Knackige Gran Reserva, die am besten in der 6er-Original-Holzkiste eingekauft wird. Dann ist ein halbes Dutzend Mal Trinkspaß garantiert.

Weitere Produkte: Viña Albali Crianza (Cabernet Sauvignon) ????, Viña Albali Gran Reserva ????, Viña Albali Reserva ????, Viña Albali Rosado ????, Viña Albali Blanco ???, Los Molinos Crianza ???.

Preisgruppe: 15–20 DM

Bezugsquelle: 25

Trinkreif

KASTILIEN – LA MANCHA

1998 Viña Luz
D.O. Valdepeñas

Bodegas Real

**Ctra. Cózar, km 12,8 – 13300 Valdepeñas (Ciudad Real)
Tel. und Fax (926) 338001**

Richtig temperiert serviert kann man sich über einen hell zitronengelben Weißwein (zu 100 % aus der Rebsorte Airén gekeltert) freuen, der in seinem erfrischenden Duftspektrum Nuancen von Äpfeln, Pfirsichen, Zitrusfrüchten und Feuerstein vereint. Am Gaumen ist er spritzig – mit ordentlicher Struktur und gut dosierter Säure.

Die Frucht beschränkt sich auf einen Hauch Apfel und etwas Zitrus, begleitet von mineralisch-stahligen Tönen. Sauber gemachter, angenehm unanstrengender Tropfen mit fruchtbetontem Nachhall.

Erzeuger: Exklusiv von der Finca Marisánchez, wo die Reben wachsen, im Südosten des Weinanbaugebiets Valdepeñas, kommt der frische Weißwein namens Viña Luz der Bodegas Real, die zu den ganz jungen Betrieben der Region gehört (gegründet im Jahre 1989). Die Kellerei ist technisch ausgesprochen gut ausgestattet, verfügt über beachtliche 350 Hektar Rebfläche, 500 Barriques und eine Lagerkapazität von rund drei Millionen Litern.

Die Weine entsprechen der örtlichen Tradition. Die Roten der Bodegas Real sind ausschließlich aus Cencibel (Kastilien-La-Mancha-Synonym für Tempranillo) gemacht, die Weißen sind reinsortige Airén-Weine.

Last but not least: Der Viña Luz ist ein vielseitiger, preiswerter Weißer, der sich gut gekühlt prima als Aperitif trinken lässt – er schmeckt aber ebenso gut zu Spargel oder auch zu Salaten.

Weitere Produkte: Palacio de Ibor Crianza ♛♛♛♛, Vega Ibor Crianza ♛♛♛, Vega Ibor Tinto ♛♛♛.

Preisgruppe: unter 10 DM

Bezugsquelle: 29

Trinkreif

KASTILIEN – LA MANCHA

1995 Dominio de Valdepusa Petit Verdot

Vino de Mesa

Marqués de Griñon

**Finca Casadevacas – 45692 Malpica de Tajo (Toledo)
Tel. (925) 877292 – Fax (925) 877111**

Er gilt nach Aussage der Kellerei als der einzige reinsortige Petit Verdot in Europa. Sei's drum, auf jeden Fall ist er hervorragend. Intensives Bukett mit dunklen Waldfrüchten und Brombeeren. Vanille und Röstaromen vom gut eingebundenen Barrique. Dazu jeweils ein Tick Schokolade, Kakao, Gemüse und Lakritze. Im Mund sehr weiche Tannine und eine akkurate Säure. Eine gute Mischung aus reifen Brombeeren, etwas Pflaume und Vanille. Mollig-dichter Körper von samtiger Struktur. Ein Hauch Teer, Leder und Humus. Sehr nuancierter und geschliffener Wein.

Erzeuger: Diese Kellerei ist nur eine von drei Betrieben unter dem Namen Marqués de Griñon. Die beiden anderen liegen in Rioja und Kastilien & León. Bereits in den siebziger Jahren wurden hier Cabernet-Reben mit Drahtrahmenerziehung angepflanzt. Das Anbaugebiet liegt nicht innerhalb einer D.O., daher waren die Versuche mit französischen Rebsorten ohne Einschränkungen unkompliziert. Die Pflanzen werden in der heißen Region bewässert und sind jetzt natürlich in einem sehr guten Alter für die Herstellung hochwertiger Weine.
Vor etwa zehn Jahren wurde das Weingut völlig renoviert, und alle Weine haben in Spanien einen ausgezeichneten Ruf. Der hervorragende Syrah war der erste reinsortige Wein aus dieser Rebsorte in Spanien.

Last but not least: Kann ein Rotwein weicher sein?

Weitere Produkte: Dominio de Valdepusa Cabernet Sauvignon, Dominio de Valdepusa Syrah, Dominio de Valdepusa Chardonnay.

Preisgruppe: 35–40 DM

Bezugsquelle: 3, 7, 8, 12, 34, 45

Trinken ab 2001

astilien und León

Die autonome Region Kastilien und León setzt sich aus den Provinzen Ávila, Burgos, Palencia, Segovia, Soria und Valladolid der früheren Grafschaft Kastilien sowie León, Salamanca und Zamora – Teile des einstigen Königreichs León – zusammen. Auf ca. 70 000 Hektar bewirtschaftetem Weinland entstehen jährlich 700 000 Hektoliter Wein – nur in sehr ergiebigen Jahren wird die Marke von einer Million Hektoliter erreicht. Nicht gerade viel, wenn man sich vor Augen hält, dass z. B. in Katalonien auf annähernd gleicher Fläche in den letzten Jahren deutlich mehr als drei Millionen Hektoliter produziert wurden. Flächenmäßig nimmt die Region gut ein Fünftel Spaniens ein.

Wein und Landschaft
Während die großen Städte mit imposanten Kathedralen, wuchtigen Stadtmauern und römischen Reminiszenzen aufwarten können, ist eine Fahrt übers Land eher eintönig, denn mehr als zwei Drittel der Region bestehen aus hügeligem Hochland ohne besondere Vorkommnisse. Trotzdem gibt es auch hier landschaftlich reizvolle Abschnitte, die – welch Glück! – meistens mit den interessantesten Weinzonen zusammenfallen. Als kleine, wunderschöne Tour empfiehlt sich beispielsweise eine Fahrt durch die D.O. Ribera del Duero, wo besonders bei Peñafiel Landschaft und Weine deutlich an Reiz gewinnen.

Kultivierte Rotweine – köstliche Weißweine
Die wichtigsten Anbaugebiete für Rot- und Weißwein sind die fünf D.O.s Bierzo, Cigales, Ribera del Duero, Rueda und Toro. Hier entstehen nicht nur kultivierte Rotweine – teils weit über die Grenzen Spaniens hinaus gesucht und dementsprechend teuer, teils leichter im Stil, unkompliziert und süffig –, sondern auch köstlich frische, himmlisch fruchtige Weißweine. Während bei den Rotweintrinkern die Ribera-del-Duero-Weine im Trend liegen – scheinbar wurde auf Anhieb der internationale Geschmack derart gut getroffen, dass dieses Gebiet eine Vorrangstellung unter den Anbaugebieten Spaniens einnimmt –, stellt die D.O. Rueda die Weißweine mit dem höchsten Qualitätspotenzial.

Ribera del Duero: Von Vega Sicilia zu Alejándro Fernández
Bekannt wurde das Gebiet in erster Linie durch das legendäre Weingut Vega Sicilia, das jahrzehntelang der einzige bedeutsame Erzeuger der Zone war. Erst Anfang der siebziger Jahre wagte es ein bis dahin völlig

KASTILIEN UND LEÓN

unbekannter junger Mann, sein ganzes Geld in den Bau einer eigenen Bodega zu stecken, um aus ausschließlich einheimischen Trauben einen mindestens ebenso guten Wein wie Vega Sicilia zu erzeugen. Bereits mit seinem ersten Jahrgang, dem 1975er, gelang ihm ein großer Wurf, und im Lauf der folgenden 20 Jahre verbesserten sich seine Weine dermaßen rasant, dass sogar »Weinpapst« Robert Parker sie in seiner Zeitschrift lobte. Sein Name: Alejándro Fernández.

Durch seinen Erfolg ermutigt, wagten es viele neue Kellereien, die Potenzial und Reserven der Region erkannt hatten, sich den Herausforderungen (Hitze, Trockenheit, Frost, Hagel etc.) zu stellen – sei es mit ebenso reinsortigen Tinto-Fino-Weinen (die Sorte ist wohl mit Tempranillo identisch, manchmal heißt sie auch Tinta del país) oder mit Kompositionen aus Tempranillo und Cabernet Sauvignon etc. Es entstanden Kellereien wie Protos, Teófilo Reyes, Emina, Arzuaga oder Pago de Carraovejas, um nur ein paar Highlights zu nennen. Heute steht die D.O. Ribera del Duero für komplexe, fruchtbetonte Weine mit gutem Reifungspotenzial, die allmählich mit den Topprodukten Italiens oder Frankreichs mithalten können. Die schnell wachsende Region hat allerdings ebenso schnell gelernt, sich preislich der Konkurrenz anzupassen.

Rueda

Südöstlich von Valladolid erstreckt sich der 1980 zugelassene D.O.-Bereich Rueda, dessen Mittelpunkt die frühere Königsresidenz Medina del Campo darstellt. Auf knapp 6000 Hektar werden hier – ein paar einfachere rote »vinos de mesa« ausgenommen – ausschließlich Weißweine erzeugt. Zu großer Anerkennung hat es dabei die Verdejo-Rebe gebracht, deren Potenzial lange Zeit nicht erschlossen werden konnte. Erst modernste Ernte- und Kellertechnik – Stickstoff schützt die Trauben bei der Lese vor zu viel Berührung mit Sauerstoff, die Gärung findet in temperaturgesteuerten Edelstahltanks statt etc. – ermöglichte es, die gewünschten frischen und zartfruchtigen Weine zu gewinnen. Heute muss ein Wein, der den D.O.-Status Rueda anstrebt, wenigstens 25 Prozent Verdejo enthalten, und soll der Name Verdejo auf dem Etikett erscheinen, sind sogar 85 Prozent vorgeschrieben. Daneben profiliert sich in der Zone seit einigen Jahren ein alter Bekannter: der Sauvignon Blanc. Böden und Klima sind für den Anbau hervorragend geeignet und ergeben kräftige Weine mit viel Frucht und Frische, die dank ihrer kräftigen Struktur vermehrt auch in Barriques vergoren werden.

Zusammen mit feinen Albariños aus der D.O. Rías Baixas und kraftvollen Sauvignons und Chardonnays aus der D.O. Penedès gilt die D.O. Rueda inzwischen als Topadresse für spanische Weißweine.

Toro, Bierzo, Cigales

Die jungen D.O.-Zonen Toro, Bierzo und Cigales sind aufgrund ihrer klimatischen Bedingungen für die Weinerzeugung zwar sehr gut geeignet, doch bisher machen nur wenige Kellereien mit überdurchschnittlichen Erzeugnissen auf sich aufmerksam. Besonders empfehlenswert: Fariña (Toro), Pérez Carames (Bierzo), Frutos Villar (Cigales).

KASTILIEN UND LEÓN

1996 Valsotillo Tinto Crianza
D.O. Ribera del Duero

Bodegas Ismael Arroyo

Los Lagares, 71 – 09441 Sotillo de la Ribera (Burgos)
Tel. (947) 532309 – Fax (947) 532487

Tiefes Purpurviolett. Momentan benötigt der Valsotillo mindestens eine Stunde Karaffe, bis er sich öffnet. Konzentrierte Fruchtaromen nach Heidelbeere und Cassis mit einer leichten Fruchtsüße. Angenehmer Barriqueton mit einem Touch Vanille. Vielseitig nuanciert mit etwas Leder, Waldboden, Bitterschokolade und einem Tick Gemüse. Sehr kräftige, aber weiche Tannine und ausgezeichnet platzierte Säure. Deutliche Frucht nach dunklen Beeren, daneben dunkle Aromen nach Teer und Leder sowie kräftiger Holzeinsatz. Der dichte Wein endet mit hervorragender Länge.

Erzeuger: Die Bodega Arroyo ist ein reiner Familienbetrieb: Vater Ismael, Tochter Marisa und die beiden Söhne Miguel Angel und Ramón. Die Eltern können sich glücklich schätzen, dass ihre Kinder mit sehr großem Engagement und Erfolg den Betrieb führen. Mit 14 Hektar Rebfläche und einer Produktion von etwa 300 000 Flaschen ist das Weingut auch ausreichend groß für die Familie. Die bereits 1979 gegründete Bodega ist ein Topstar der Region, was sich leider auch in den Preisen bemerkbar macht. Die Weinbereitung ist eher traditionell, aus hervorragendem Lesegut werden mit relativ langer Holzfasslagerung ausgezeichnete Weine hergestellt, die sehr viel Stil und Kontur aufweisen.

Last but not least: Grandioser Wein. Aber Vorsicht, momentan ist er noch nicht leicht zu verstehen!

Weitere Produkte: Valsotillo Tinto Gran Reserva ▼▼▼▼▼▼, Valsotillo Tinto Reserva ▼▼▼▼▼▼, Mesoneros de Castilla Rosado und Tinto ▼▼▼.

Preisgruppe: über 40 DM

Bezugsquelle: 14, 16, 54, 56

Trinken ab 2002

KASTILIEN UND LEÓN

1996 Arzuaga Crianza
D.O. Ribera del Duero

Bodegas Arzuaga Navarro

Ctra. N-122, km 325 –
47350 Quintanilla de Onésimo (Valladolid)
Tel. (983) 681146 – Fax (983) 681147

Mit einem mitteldichten Rubinrot steht diese Crianza satt im Glas und weckt Erwartungen, die nach dem ersten Schnuppern gleich erfüllt werden. Die intensive Nase mit einer deutlichen Frucht nach Waldbeeren und schwarzen Kirschen wird von einem ausdrucksstarken Holzeinsatz begleitet. Anklänge von Schokolade runden das Bukett sanft und cremig ab.
Im Mund sind die recht kräftigen Tannine geschliffen weich. Neben der polierten Kirschfrucht erscheinen vielfältige Töne nach Teer, Leder, etwas rauchige Zigarrenkiste und Gewürzen aus einer Wildmarinade. Der runde Wein endet weich – fast samtig – und ist mit einer guten Länge ausgestattet.

Erzeuger: Arzuaga gehört zu der großen Zahl noch recht junger Weingüter (1993 gegründet) im Ribera-Gebiet. Neben der sehr guten Qualität der Weine erfreut bei dieser Bodega die vernünftige Preispolitik, vor allem bei der vorgestellten Crianza und dem Tinto. Letzterer ist eine so genannte Semicrianza mit fünf Monaten Barriquefasslager und deutlicher Fruchtprägung. Die selbst angepflanzten Reben sind jung und werden für die einfacheren Weine verwendet. Für die höheren Qualitäten werden neben den eigenen noch Trauben zugekauft. Neben der raren Reserva wird es ab dem Jahr 2000 auch eine Gran Reserva geben.

Last but not least: Nach einer Stunde in der Karaffe ein idealer Begleiter zu geschmorten Wildgerichten.

Weitere Produkte: Arzuaga Reserva ♛♛♛♛♛, Arzuaga Tinto ♛♛♛♛.

Preisgruppe: 25–30 DM

Bezugsquelle: 13, 16, 19, 21, 44

Trinken ab 2000

KASTILIEN UND LEÓN

1995 Balbas Crianza
D.O. Ribera del Duero

Bodegas Balbas

La Majada, s/n – 09442 La Horra (Burgos)
Tel. (947) 542111 – Fax (947) 542112

Der Balbas erscheint in einem tiefen Purpurviolett. Im Bukett kräftige Frucht nach dunklen Beeren und Schwarzkirsche. Deutlicher Barriqueton mit Röstaromen und einem Hauch Vanille. Daneben dunkle Aromen nach Leder und Teer sowie Gewürznuancen.

Im Mund präsente, aber weiche Tannine und gute Säurebalance. Spontane Frucht nach Johannisbeeren und Kirsche. Wieder deutlicher Barriqueeinfluss und auch dunkle Aromen. Dichter Körper und langes Finale mit einer sehr guten Verbindung aus Frucht und Röstnoten. Macht jetzt schon Spaß, sollte aber noch etwas lagern.

Erzeuger: Die 1987 gegründete Bodega Balbas verfügt über 60 Hektar eigene Weinberge mit Rebstöcken, die jetzt im richtigen Alter für die Erzeugung von guten Weinen sind. Erstaunlich ist der sehr große Exportanteil von etwa 60 Prozent. Im Vergleich zur direkten Konkurrenz in Ribera del Duero ist die Preisgestaltung der Bodega Balbas sehr vernünftig, die Preise sind bis auf die Gran Reserva deutlich geringer. Die drei Rotweine Tinto, Crianza und Reserva haben neben der Rebsorte Tempranillo einen zehnprozentigen Anteil an Cabernet Sauvignon. Dieser Zusatz ist eine gute Ergänzung und gibt den Weinen einen letzten Schliff.

Last but not least: Weiche und fruchtbetonte Crianza mit Lagerungspotenzial zum attraktiven Preis.

Weitere Produkte: Zu empfehlen sind Balbas Reserva ♕♕♕♕♕, Balbas Gran Reserva ♕♕♕♕♕, Balbas Tinto ♕♕♕, Balbas Rosado ♕♕♕.

Preisgruppe: 20–25 DM

Bezugsquelle: 13, 52

Trinken ab 2001

KASTILIEN UND LEÓN

1996 Cillar de Silos Crianza
D.O. Ribera del Duero

Bodegas Cillar de Silos

Paraje »El Soto«, s/n –
09443 Quintanilla del Pidio (Burgos)
Tel. (947) 545126 – Fax (947) 545126

Mit etwa 35 D-Mark ist der Cillar de Silos einer der teuersten Weine in diesem Buch. Aber Preise sind relativ, und für das Anbaugebiet Ribera del Duero ist diese Crianza preiswert. Das intensive Bukett ist von einer dichten Frucht nach Cassis und roten Beeren sowie gut eingebundenem Barrique geprägt. Etwas Kakao und ein Hauch von dunklen Aromen nach Teer und Leder ergänzen sich gut. Im Geschmack fallen die weichen Tannine und die relativ milde Säure besonders positiv auf. Der Holzeinsatz ist gekonnt mit angenehmen Röstaromen. Die intensive Frucht durchzieht den gut strukturierten Wein bis ins lang ausklingende Finale. Sehr harmonisch und rund mit guter Zukunft.

Erzeuger: Die Gesamtanzahl der Betriebe mit Flaschenabfüllung in Ribera del Duero hat mittlerweile die Zahl 100 überschritten. Vor zehn Jahren wäre diese Zahl noch unvorstellbar gewesen. Cillar de Silos ist im Gründungsjahr 1994 hinzugekommen und gehört somit nicht mehr zu den ganz neuen Erzeugern.
Von den 50 Hektar Rebfläche, ausschließlich mit Tempranillo bepflanzt, werden momentan etwa 100 000 Flaschen produziert. Die Rebstöcke sind noch jung, in den nächsten Jahren wird sich die Anzahl der abgefüllten Flaschen erhöhen. Momentan wird in der Bodega der preisgünstige Tinto und die Crianza hergestellt, eine Reserva wird aber bald folgen.

Last but not least: Ausgezeichnete Crianza mit Potenzial aus einem starken Jahrgang.

Weitere Produkte: Cillar de Silos Tinto.

Preisgruppe: 35–40 DM

Bezugsquelle: 12, 14, 33

Trinken ab 2001

KASTILIEN UND LEÓN

1996 Emina Crianza
D.O. Ribera del Duero

Bodegas Emina

**Ctra. Qintanilla, s/n – 47350 Olivares del Duero
Tel. und Fax (983) 485004**

Das recht dichte Purpurviolett erweckt Hoffnung auf einen guten Wein, und das intensive Bukett mit einem Ansatz von Schmelz bestärkt dies noch. Dichte Frucht nach dunklen Beeren mit viel Brombeere und Johannisbeere. Weicher Barriquetouch mit angenehmen Röstnoten. Dahinter dunkle Aromen und Gewürze mit einem Tick Süße. Die Tannine sind kräftig und jung, aber weich. Die intensive Beerenfrucht wird von einer gut platzierten Säure und einem ausdrucksstarken Holzeinsatz begleitet. Die Gewürze und dunkle Aromen ergänzen gut. Der körperreiche Wein endet lang mit einer guten Mischung aus Frucht und Holz. Trotz der Jugend macht diese Crianza nach einer Stunde Karaffe jetzt schon Spaß.

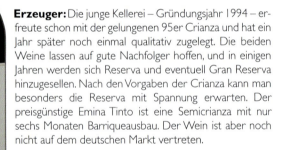

Erzeuger: Die junge Kellerei – Gründungsjahr 1994 – erfreute schon mit der gelungenen 95er Crianza und hat ein Jahr später noch einmal qualitativ zugelegt. Die beiden Weine lassen auf gute Nachfolger hoffen, und in einigen Jahren werden sich Reserva und eventuell Gran Reserva hinzugesellen. Nach den Vorgaben der Crianza kann man besonders die Reserva mit Spannung erwarten. Der preisgünstige Emina Tinto ist eine Semicrianza mit nur sechs Monaten Barriqueausbau. Der Wein ist aber noch nicht auf dem deutschen Markt vertreten.

Last but not least: Zu einem Chuletón – dickes Rippenstück vom Rind – ein wahrer Genuss. Die besten Rassen in Kastilien sind Morucha de Salamanca und Avileña Negra.

Weitere Produkte: Emina Tinto.

Preisgruppe: 35–40 DM

Bezugsquelle: 12

Trinken ab 2001

KASTILIEN UND LEÓN

1996 Tinto Pesquera Crianza
D.O. Ribera del Duero

Alejandro Fernández Tinto Pesquera
Real, 2 – 47315 Pesquera del Duero (Valladolid)
Tel. (983) 870037 – Fax (983) 870088

Ein Tempranillo aus dem Bilderbuch! Farblich mit dichtem Purpurviolett noch recht konventionell, begeistert das Bukett mit einem großartigen Spektrum: Fruchtig-schmelzig (Schwerpunkt: Amarenakirschen) mit deutlichem Barriquefundament, einem Tick Rosen, etwas Vanille und Schokolade (Vollmilch) besticht die – für Weine von Alejándro Fernández charakteristische – Ausgeglichenheit.

Der am Gaumen ölig-viskose Stoff benötigt Luft zum Atmen. Freuen Sie sich auf ein großes Vergnügen, aber geben Sie dem Wein Zeit (am besten in der Karaffe!). Sie werden mit einem grandiosen Wein belohnt: Reichlich weiche Barriquetannine harmonieren mit frischer Kirschfrucht, Röstaromen erinnern an frisch gemahlenen Mokka. Der Körper ist muskulös, der Extrakt gewaltig. Im sehr langen Abgang kommen nochmals Momente von Teer und Leder zum Vorschein, das Finale ist geprägt durch einen dezenten Bittermandelton.

Erzeuger: Zu dieser Bodega muss man eigentlich nicht mehr viel erzählen, sie genießt inzwischen beinahe legendären Ruf. Im Jahr 1972 gegründet, steht sie heute für Qualität in höchstem Maße. Ohne Zweifel haben die komplexen, fruchtigen Weine durch die Einführung von Edelstahltanks und neuen Eichenfässern nochmals gewonnen. Der Gründer, Alejándro Fernández, wird inzwischen mit Gaja und Sassicaia in einem Atemzug genannt.

Last but not least: Grandioser Stoff vom Tempranillo-Meister.

Weitere Produkte: Tinto Pesquera Reserva, Tinto Pesquera Gran Reserva Janus.

Preisgruppe: 35–40 DM

Bezugsquelle: 1, 3, 7, 9, 11, 12, 13, 14, 16, 31, 33, 34, 41, 45, 47, 54

Trinken ab 2001/2002

KASTILIEN UND LEÓN

1996 Fuentespina Crianza
D.O. Ribera del Duero

Bodegas Fuentespina

Camino Cascajo, s/n – 09470 Fuentespina (Burgos)
Tel. (921) 596902 – Fax (921) 596035

Wie viel Cabernet-Anteil ein Tempranillo-Wein braucht oder verträgt oder ob er eine Assemblage überhaupt nötig hat, das ist mehr oder weniger Geschmackssache. Diese Crianza ist ein überzeugendes Plädoyer für einen sortenreinen Ausbau der Tinto Fino (so der Gebietsname für Tempranillo). Ein schmelziges Bukett mit viel Waldfruchtaromen, Humus und einer feinen Röstnote verhilft diesem Wein zu einem guten Auftritt. Am Gaumen gefallen sowohl die geschliffenen Tannine wie auch die präzise Säure; neben einer knackigen Kirschfrucht behaupten sich dunkle Töne und ein gekonnter Holzeinsatz. Der kräftige Körper sorgt für einen langen, ausgewogenen Nachhall.

Erzeuger: Das Weingut gehört zur Avelino-Vegas-Gruppe, die überdies mit Cerrosol auch in der D.O. Rueda über einen renommierten Betrieb verfügt. Die Weinstöcke auf den 385 Hektar haben ein durchschnittliches Alter von 40 Jahren – eine gute Voraussetzung für extraktvolles Lesegut. Mit 1400 Barriques aus amerikanischer und französischer Eiche und einer Jahresproduktion von 1,4 Millionen Flaschen situiert sich Fuentespina mengenmäßig unter die großen Erzeuger des Gebiets. Mit der Güte seiner Produkte rangiert es jedoch auch in der Qualitätshierarchie im oberen Bereich.

Last but not least: Eine Crianza von ähnlicher Frucht und Eleganz finden Sie für diesen Preis nicht alle Tage. Genießen Sie ihn zu Wildgeflügel oder Rinderbraten.

Weitere Produkte: Fuentespina Reserva 🍷🍷🍷🍷🍷, Fuentespina Tinto Fino 🍷🍷🍷🍷.

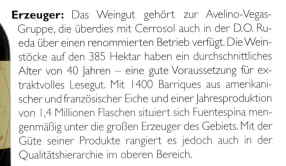

Preisgruppe: 15–20 DM

Bezugsquelle: 15, 21

Trinken ab 2001

KASTILIEN UND LEÓN

1994 Matarromera Reserva
D.O. Ribera del Duero

Matarromera – Viñedos y Bodegas

**Ctra. Renedo-Pesquera, km 30 –
47359 Valbuena del Duero (Valladolid)
Tel. (983) 485024 – Fax (983) 485004**

Geschmeidige, granatrote Reserva mit opulentem, warmem Duft (klassischer »Mon-Chérie-Touch« mit Kirschen, Rum und Schokolade), verfeinert durch süße Holznoten, polierte Tannine, Röstaromen und einen Hauch von Tannennadeln. Im Mund erste Eindrücke von fleischiger Frucht, gestützt von kernigem Gerbstoff und optimal platzierter Säure. Komplexer, dicht gewobener, typischer Ribera-del-Duero-Vertreter mit großem Potenzial. Rollt recht fruchtbetont (Kirschen, Brombeeren) über die Zunge und protzt mit seinem muskulösen Körper. Langer Abgang, brillanter Nachhall mit Charme und Feuer. Bereits trinkreif!

Erzeuger: Das Weingut Viñedos y Bodegas alias Matarromera ist eine der vielversprechendsten Neugründungen des Ribera-del-Duero-Gebietes. Carlos Moro legte zusammen mit der Familie Sáiz aus dem nicht weit entfernt gelegenen Sardón de Duero das Fundament. Er ist hauptverantwortlicher Leiter des Weingutes. Angesichts 42 Hektar eigener Weinberge bei Valbuena und ständig steigender Nachfrage kann er den nächsten Jahren gelassen entgegensehen. Neben der Reserva, für die nur allerbestes Traubenmaterial verwendet wird und die 14 Monate in Barriques reift, werden ein Tinto und eine erstklassige Crianza abgefüllt. Seit 1999 gibt es die erste Gran Reserva.

Last but not least: Greifen Sie schnell zu. Die Matarromera-Weine sind rar und sehr gesucht.

Weitere Produkte: Matarromera Crianza, Melior Crianza, Matarromera Tinto, Melior Tinto.

Preisgruppe: über 40 DM

Bezugsquelle: 10, 33

Trinkreif

KASTILIEN UND LEÓN

1997 Finca Resalso
D.O. Ribera del Duero

Bodegas Emilio Moro

Ctra. Peñafiel-Dueñas, s/n –
47315 Pesquera de Duero (Valladolid)
Tel. und Fax (983) 472852

Der vorliegende reinsortige Tempranillo von Emilio Moro – der »kleinste« Wein des Betriebes – ist der erste, der in Barriques aus rumänischer Eiche ausgebaut wurde. Doch zunächst ist weniger Holz oder Frucht, sondern vor allem eine starke reduktive Note zu bemerken. Sobald diese verflogen ist, entfaltet der tief purpurviolette Wein ein mächtiges Bukett, das von dunklen Beeren, Gewürzen und merklicher Eiche dominiert wird. Ein feines Röstaroma, Leder und Tabak schwingen mit. Am Gaumen zunächst noch sehr jung, von kraftvollem Tannin und einer animierenden Säure bestimmt. Dennoch schlägt sich die konzentrierte Frucht eine Schneise, dunkle Noten wie Teer und Mokka sowie Anklänge an Gemüse treten dazu. Der korpulente Körper bereitet einen sehr langen Abgang vor.

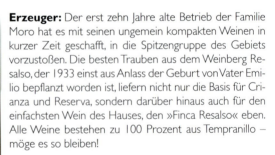

Erzeuger: Der erst zehn Jahre alte Betrieb der Familie Moro hat es mit seinen ungemein kompakten Weinen in kurzer Zeit geschafft, in die Spitzengruppe des Gebiets vorzustoßen. Die besten Trauben aus dem Weinberg Resalso, der 1933 einst aus Anlass der Geburt von Vater Emilio bepflanzt worden ist, liefern nicht nur die Basis für Crianza und Reserva, sondern darüber hinaus auch für den einfachsten Wein des Hauses, den »Finca Resalso« eben. Alle Weine bestehen zu 100 Prozent aus Tempranillo – möge es so bleiben!

Last but not least: Zunächst noch lange lagern, dann gut lüften und schließlich frohen Herzens genießen.

Weitere Produkte: Emilio Moro Crianza 𝄞𝄞𝄞𝄞𝄞𝄞, Emilio Moro Reserva 𝄞𝄞𝄞𝄞𝄞.

Preisgruppe: 30–35 DM

Bezugsquelle: 8, 16, 23

Trinken ab 2002

KASTILIEN UND LEÓN

1996 Pago de Carraovejas Crianza

D.O. Ribera del Duero

Pago de Carraovejas

Camino de Carraovejas, s/n –
47300 Peñafiel (Valladolid)
Tel. (983) 484008 – Fax (983) 484028

W ie viel Spaß eine Crianza aus Ribera del Duero machen kann, beweist dieses Prachtexemplar. Das dichte, dunkle, fast undurchsichtige Purpur erstaunt das Auge, die fürstliche Nase begeistert mit zartem Schmelz, kernig-süßer Frucht (schwarze Kirschen, Brombeeren, Pflaumen, Holunder), feinstem Kräutergartenaroma und leichten Leder- Tabak-Nuancen. Geschmacklich setzt sich der Spaß fort – extraktvoll, mit optimal dosierter Säure und üppiger Frucht schwarzer Johannisbeeren. Beeindruckend die reifen Gerbstoffe und die, für den recht hohen Cabernet-Anteil, in keiner Weise »grüne« Art. Der Körper hat reichlich Substanz, im famosen Nachhall notieren wir Süßholz und Teer.

Erzeuger: An den sanften Hängen eines weiten Tales, von ausgiebiger Sonnenbestrahlung verwöhnt und von Frösten vergleichsweise verschont, wachsen die Reben, die von Tómas Postigo, Önologe und mit Ramiro Carbajo Eigentümer der Bodega, vinifiziert werden. Er genießt den Ruf, die duftigsten Weine der Region zu machen. Je nach Sorte (die Crianza besteht zu 75 % aus Tinta del País und zu 25 % aus Cabernet Sauvignon) wird getrennt in Barriques aus französischer bzw. amerikanischer Eiche ausgebaut, erst im Frühjahr werden die Blends kreiert (Crianza und Reserva).

Last but not least: Aufsehen erregende Gewächse, die schon jung getrunken werden können, im Lauf der Jahre aber immer besser werden.

Weitere Produkte: Hervorragend: Pago de Carraovejas Reserva.

Preisgruppe: 25–30 DM

Bezugsquelle: 11, 12, 13, 30, 31, 46

Trinken ab 2001

KASTILIEN UND LEÓN

1997 Tionio
D.O. Ribera del Duero

Bodegas Parxet

Ctra. Valoria, km 7 –
47315 Pesquera de Duero (Valladolid)
Tel. und Fax (983) 870185

Ein feiner Wein mit Schliff und Finesse. Dunkel rubinrot liegt er im Glas und verströmt einen komplexen Duft, in dem Frucht- und Würztöne die Hauptrolle spielen (süße Pflaumen, Kirschen, Himbeeren, Vanille, Wacholder, Zedernholz, Rösttöne). Ebenso vielschichtig ist er im Mund, hier wechseln sich dunkle Beeren mit Leder und zartbitterer Schokolade ab. Die Tannine sind spürbar, aber poliert und weich, die präsente Säure gibt dem Wein einen belebenden Touch. Langer Abgang mit elegantem Finish.

Erzeuger: Ohne Zweifel ist das Ribera-del-Duero-Gebiet ein teures Pflaster. Durch namhafte Erzeuger aufgewertet, sind es in erster Linie die wirklich großen Gesellschaften, die hier noch Grund erwerben und neue Kellereien errichten. Umso erstaunlicher, dass ein kleiner Cava- und Chardonnay-Produzent aus der D.O. Alella nördlich von Barcelona die Stirn hat, sich an einem der heikelsten Punkte der Zone, nämlich in Pesquera de Duero, der Konkurrenz zu stellen. 1995 erwarb man die Finca »Pago de Casar«, zwölf Hektar groß und mit Tinto Fino bepflanzt. Dazu eine kleine Bodega mit 400 Barriques aus französischer und amerikanischer Eiche. Man konzentrierte sich auf einen einzigen Wein, den nach Thyone, Mutter des Odysseus, benannten Tionio, eine Semicrianza mit zehn Monaten Barriqueausbau.

Last but not least: Der 1996er war schon super, der 1997er ist spitze. Noch ein Geheimtipp!

Weitere Produkte: Parxet Brut Nature Chardonnay ♠♠♠♠, Parxet Brut Nature ♠♠♠♠.

Preisgruppe: 25–30 DM

Bezugsquelle: 12, 14, 23

Trinken ab 2001

KASTILIEN UND LEÓN

1996 Viña Pedrosa Crianza
D.O. Ribera del Duero

Bodegas Hermanos Pérez Pascuas

Ctra. Pedrosa a Roa, s/n –
09314 Pedrosa de Duero (Burgos)
Tel. (947) 530100 – Fax (947) 530002

Dichtes und junges Purpurviolett. Auch ohne Belüftung ein sehr konzentriertes Bukett. Sehr intensive Fruchtaromen nach Cassis und Brombeere, die fast konfitürenartig mit leichter Süße erscheinen. Gut eingebundenes Barrique mit Röstaromen und Vanille. Weiche und schmelzige Nase. Im Mund präsentieren sich kräftige, aber weiche Tannine in Verbindung mit gut platzierter Säure. Die dominante Frucht wiederholt sich und wird von deutlichen Rösttönen begleitet. Etwas Teer und Leder sowie Gewürze. Der dichte Körper endet in einem langen Nachklang mit einer harmonischen Mischung aus Frucht und dunklen Aromen.

Erzeuger: Die vor rund 20 Jahren gegründete Bodega gehört im Anbaugebiet zu den arrivierten Erzeugern und ist ein reiner Familienbetrieb. Pascuas verfügt über hoch gelegene Toplagen mit alten Reben, teilweise im Durchschnitt über 50 Jahre alt. Alle Weine haben eine ungemein dichte Frucht und sind in jungen Jahren tanninbetont mit kräftigen Röstaromen von amerikanischer Eiche. Die recht hohe Säure unterstützt die lange Lagerfähigkeit der Weine. Die beiden Gran Reservas sind absolute Highlights des Anbaugebietes, liegen aber auch im Preisniveau weit jenseits von 100 D-Mark.

Last but not least: Hochwertige Crianza mit charaktervollem Stil. Der Wein ordnet sich nicht in die internationale Uniformität ein.

Weitere Produkte: Viña Pedrosa Gran Reserva Gran Selección ♛♛♛♛♛, Viña Pedrosa Gran Reserva ♛♛♛♛♛, Viña Pedrosa Reserva ♛♛♛♛♛.

Preisgruppe: über 30 DM

Bezugsquelle: 11, 16, 23, 27, 47

Trinken ab 2001

KASTILIEN UND LEÓN

1995 Torremilanos Crianza
D.O. Ribera del Duero

Bodegas Peñalba López

Finca Torremilanos – 09400 Aranda de Duero (Burgos)
Tel. (947) 501381 – Fax (947) 508044

Erfreulicherweise müssen stilvolle Weine aus der D.O. Ribera del Duero nicht zwangsläufig teuer bezahlt werden. Hier ist ein gelungenes Beispiel für einen reinsortigen Tempranillo mit 18-monatigem Ausbau in amerikanischen und französischen Barriques. Farblich gefällt das dichte Rubinrot, im intensiven, nur anfangs leicht reduktiven Bukett ergänzen sich die Frucht von roten Beeren und eine feine Holznote. Ein zarter Röstton, etwas Mokka und Gewürzaromen (vor allem Lorbeer) begleiten angenehm. Tannine und Säure zeigen sich momentan noch potent, doch die gekonnte Kombination aus Kirsche und Vanille spricht für gutes Potenzial. Ausgesprochen fruchtiger Nachhall von guter Ausdauer.

Erzeuger: Mit einer fast 100 Jahre langen Tradition ist der Betrieb von Pablo Peñalba und seiner Frau Pilar Albéniz eine feste Größe im Weinbau im östlichen Teil der Ribera del Duero.
Der Name »Torremilanos« hatte schon in einer fernen Zeit einen guten Klang, als die Sterne von Vega Sicilia und Pesquera erst noch aufgehen mussten. Doch auch heute kann sich Torremilanos mit seinen wunderbar charaktervollen Weinen durchaus profilieren; ohne jede »modische« Cabernet-Beigabe setzt man bei den Spitzenqualitäten noch zu 100 Prozent auf Tempranillo.

Last but not least: Zum gegenwärtigen Zeitpunkt noch zu jung, wird der Wein in ein bis zwei Jahren Wildgeflügel zu Höhenflügen verhelfen.

Weitere Produkte: Torremilanos Gran Reserva ♛♛♛♛♛, Monte Castrillo Rosado ♛♛♛.

Preisgruppe: 20–25 DM

Bezugsquelle: 37, 49, 54

Trinken ab 2001

KASTILIEN UND LEÓN

1996 Protos Crianza
D.O. Ribera del Duero

Bodegas Protos

Camino del Cementerio, 24–28 –
47300 Peñafiel (Valladolid)
Tel. (983) 878011 – Fax (983) 878012

Der purpurviolette Wein beeindruckt durch seinen recht kräftigen Duft. Frisch, fruchtbetont und von guter Intensität, gefällt die Nase mit dunklen Kräutertönen, Akzenten von Pflaumen, Holunder und Kirschkonfitüre sowie etwas Vanille. Die würzige Süße deutet auf einen vollen, leicht schmelzigen Geschmack hin. Im Mund bestätigen sich die Eindrücke der Nase, denn dies ist in der Tat ein wunderschöner, exzellent gemachter Tropfen voller Harmonie und Klasse. Fruchtig-intensiv mit leckerem, schmelzig-süßem Ton. Etwas pfeffrig, vielleicht ein Hauch von grünen Paprikaschoten (13,5 %). Sehr extraktvoll, voluminös und lang anhaltend, im Finale sirupartig fruchtig und lange nachklingend. Dekantieren kann nicht schaden!

Erzeuger: Das Herz der Region Ribera del Duero ist das Städtchen Peñafiel, das von einer pittoresk auf einem Hügel sitzenden, mächtigen Burg aus maurischen Zeiten beherrscht wird. Am Fuße der historischen Burg residiert mit Bodegas Protos einer der renommiertesten Erzeuger der Region. Bis zu 1200 Meter tief reichen die in den Hügel gegrabenen Keller, in denen heute die besten Protos-Weine in aller Ruhe heranreifen.
Die ehemalige Genossenschaftskellerei hat eine Lagerkapazität von 12.000 Hektolitern sowie 2300 Fässer aus amerikanischer Eiche zur Verfügung.

Last but not least: Perfekter Trunk zu gegrilltem Lamm, Steaks oder Rotwild.

Weitere Produkte: Protos Gran Reserva ▼▼▼▼▼, Protos Reserva ▼▼▼▼▼, Protos Tinto ▼▼▼▼.

Preisgruppe: 35–40 DM

Bezugsquelle: 8, 48, 53

Trinkreif

KASTILIEN UND LEÓN

1996 Teófilo Reyes Crianza
D.O. Ribera del Duero

Bodegas Reyes, S.L.

Ctra. Valladolid – 47300 Peñafiel
Tel. (983) 873015 – Fax (983) 873017

Ein großer Wein von saftigem Rubinrot mit violettem Kern. Begeistert hat uns das fruchtbetonte, intensive Bukett mit herrlichem Spektrum: dunkle Beeren, rote Früchte, weiches Barrique, Liebstöckel, Teer- und Tabakaromen. Im Mund offenbart er einen muskulösen Körper, üppige Frucht und den trockenen Gerbstoff amerikanischer Eiche. Das perfekte Säurespiel harmonisiert ausgezeichnet mit feinsten Röstaromen und Mokkanoten – ein festes Rückgrat ist selbstverständlich. Kraftvoller, ausgeglichener Verlauf mit explosivem Nachhall. Lange bleiben Holz, Frucht, dunkle Aromen von Teer, Leder und Zigarrenkiste am Gaumen.

Erzeuger: Meister Teófilo (der sich selbst als »lebende Mumie« bezeichnet), ist ein sympathischer, älterer Herr so um die 70 (?) und höchstens 155 Zentimeter groß. Wer mit ihm über Wein sprechen will, sollte des Spanischen mächtig sein und sich ebenso gut mit anderen (unter Männern gern diskutierten) Annehmlichkeiten des Lebens auskennen (Frauen, Autos etc.). Teófilo Reyes hat wie kein Zweiter die Entwicklung des Weinbaus im Ribera-del-Duero-Gebiet mitbestimmt. Nach der 20 Jahre dauernden Zusammenarbeit mit Alejandro Fernández füllte er 1994 seinen ersten eigenen Wein ab. Heute führen seine beiden Söhne das Weingut, das seine Reservas ausschließlich in Magnumflaschen verkauft.

Last but not least: Das Zeichen auf dem Etikett ist das Schloss aus dem 15. Jahrhundert. Wer es auf seinen eigenen Flaschen sehen will, sollte schnellstens zugreifen.

Weitere Produkte: Teófilo Reyes Reserva.

Preisgruppe: über 40 DM

Bezugsquelle: 10, 14, 16, 23, 31, 32, 47, 53, 54

Trinken ab 2001

KASTILIEN UND LEÓN

1998 Mantel Blanco Rueda Superior

D.O. Rueda

Alvarez y Diez

**Juan Antonio Carmona, 16 –
47500 Nava del Rey (Valladolid)
Tel. (983) 850136 – Fax (983) 850761**

Diese Cuvée aus Verdejo (85 %) und Viura schimmert hell zitronengelb im Glas. Der Duft gibt sich intensiv fruchtbetont, mit Pfirsicharomen, süßen Blütentönen von Akazien sowie Zitrusnoten und einem Schuss Fenchel. Im Mund wird die Süße gut gestützt durch eine rassige Säure, wieder exponiert eine leckere Pfirsichfrucht. Mit Zitruskomponenten und einer recht dichten Textur bleibt dieser Wein angenehm am Gaumen, im Finish überraschen ein pikanter Touch von Paprika und etwas Bittermandel.

Erzeuger: Mitte der achtziger Jahre sagte Enrique de Benito der Madrider Börse »adiós«. Im Dorf Nava del Rey, südwestlich von Rueda, fand er einige seit Jahrzehnten vor sich hin schlummernde Kellereien, die er nach seinen Vorstellungen neu organisierte. Mit knapp einer Million Flaschen durchschnittlicher Jahresproduktion stehen Enrique und Sohn Juan nach Jahren des Experimentierens mittlerweile nicht nur mengenmäßig weit oben in der Zone. Aus dem komplett zugekauften Lesegut werden unter der Fachberatung von Eulogio Calleja bei niedrigsten Temperaturen charaktervolle Weine vergoren, die mit Frische und Frucht ebenso aufwarten wie mit einem ausladenden Bukett. Für die Zukunft denkt man übrigens auch an die Erzeugung von Rotweinen.

Last but not least: Dieser Wein ist die ultimative Sauvignon-Alternative zum Spargel, der gern auch ein grüner aus Spanien sein darf.

Weitere Produkte: Zu empfehlen: Sauvignon Blanc ????, Escriño ???.

Preisgruppe: 10–15 DM

Bezugsquelle: 32, 33

Trinkreif

KASTILIEN UND LEÓN

1998 Viña Mocén Superior
D.O. Rueda

Bodegas Antaño

Arribas, 7–9 – 47490 Rueda (Valladolid)
Tel. (983) 868533 – Fax (983) 868514

Der Viña Mocén Superior wird reinsortig aus der Rebsorte Verdejo im Stahltank vinifiziert und gehört zweifelsohne zu den besten seiner Art im Anbaugebiet. Mitteldichtes Zitronengelb mit leicht grünem Schimmer. Das intensive frische Bukett wird von Fruchtaromen nach Zitrus, Ananas und Pfirsich geprägt und ist nach vielen uniformen Chardonnays eine Wohltat. Die Frucht durchzieht auch den Geschmack bis zum langen Nachklang und wird von einer gut abgestimmten Säure gestützt. Im Finale eine feine, jedoch nicht störende Bitternote. Der Wein bietet ein ausgezeichnetes Preis-Leistungsverhältnis.

Erzeuger: Die Bodega Antaño hat sich in den wenigen Jahren seit ihrer Gründung zu einem Topbetrieb im Gebiet Rueda entwickelt. Mit etwa 130 Hektar Rebfläche hat die Kellerei ein großes Potenzial, die Trauben für die verschiedenen Weine gezielt qualitativ auszuwählen. Neben dem preisgünstigen Rosado beeindruckt in erster Linie der rote Viña Cobranza aus den Rebsorten Tempranillo und Cabernet Sauvignon. Diesen Wein wird es in Zukunft auch als Reserva geben. Bei einem Besuch beeindrucken die langen Kellergänge aus dem Mittelalter, die typisch für die Stadt Rueda sind.

Last but not least: Nach der Verkostung ist dieser Superior ein ausgezeichneter Begleiter zu einer Lachssahnesauce.

Weitere Produkte: Viña Cobranza Crianza (ohne D.O.) ♛♛♛♛, Viña Mocén Sauvignon Blanc ♛♛♛♛, Viña Mocén Blanco ♛♛♛, Vega Bravía Rosado und Tinto ♛♛♛.

Preisgruppe: unter 10 DM

Bezugsquelle: 48

Trinkreif

KASTILIEN UND LEÓN

1998 Marqués de Riscal
D.O. Rueda

Vinos Blancos de Castilla

**Ctra. N-VI, km 172,6 – 47490 Rueda (Valladolid)
Tel. (983) 868083 – Fax (983) 868563**

Auch diese gekonnt gemachte Cuvée aus Verdejo mit einem kleinen Anteil Viura dokumentiert überzeugend, wie frisch und fruchtig sich Weißweine aus Rueda geben können – und dies zu einem erfreulich niedrigen Preis. Ansprechend saftig präsentiert sich die Nase: Tropische Früchte mit einem Kick Buchsbaum und etwas Anis fügen sich zu einem verführerischen Bukett. Am Gaumen sorgt frische Säure für Leben, Pfirsich und dezente Kräuternoten begründen die aromatische Grundtendenz. Weich und gehaltvoll entfaltet sich der elegante Körper, die Frucht prägt den Nachhall, in dem ein feiner Bitterton mitschwingt.

Erzeuger: Die Geschichte des modernen Rueda-Weins wurde entscheidend geprägt durch diese Kellerei, die ursprünglich im Rioja-Gebiet beheimatet ist. Auf der Suche nach besseren Bedingungen für Weißwein, als sie im Rioja vorliegen, wurde man Anfang der siebziger Jahre in der Zone um Rueda fündig. Allerdings musste man den Stil der frischen, fruchtigen Weine erst kreieren, denn bis dato wurden hier nur schwere, alkoholstarke Weine erzeugt. Indem die Kellerei das Potenzial der Verdejo-Rebe, später auch der Sauvignon erkannt und konsequent gefördert hat, behauptet sie nunmehr über fast drei Jahrzehnte ihre Spitzenstellung mit Erfolg.

Last but not least: Eine gute Sauvignon-Alternative zu würzigen Vorspeisen, Fisch und vor allem in Olivenöl gedünstetem, dünnen grünen Spargel.

Weitere Produkte: Marqués de Riscal Sauvignon, Marqués de Riscal Reserva Limousin.

Preisgruppe: 10–15 DM

Bezugsquelle: 59

Trinkreif

KASTILIEN UND LEÓN

1998 Lorenzo Cachazo
D.O. Rueda

Cachazo, Bodegas Angel Lorenzo

Estación, 53 – 47220 Pozáldez (Valladolid)
Tel. (983) 822481 – Fax (983) 822012

Der preiswerte Wein besitzt eine hell strohgelbe Farbe mit grünen Reflexen. Gefallen hat uns der frische Duft mit zarten Zitrusaromen, grünen Gemüsenoten, Apfel-, Walnuss- und Blütentönen. Er ist harmonisch und ausgewogen. Im Mund setzen sich die Empfindungen treffend fort. Am Gaumen apfelfruchtig und leicht stahlig-mineralisch, gewinnt er vor allem dank der exakt dosierten Säure an Kontur. Bei eher schlankem Körper überrascht die durchaus gute Intensität. Im trockenen Finale wieder zarte grüne Apfeltöne. Der Tropfen sollte gut gekühlt getrunken werden.

Erzeuger: 1988 gegründet, verfügt die Bodega mittlerweile über rund 15 Hektar. Die auf einer Hochebene gelegenen Weinberge sind zu 40 Prozent mit Verdejo, zu 50 Prozent mit Viura und zu 10 Prozent mit Palomino bestockt (im exakt gleichen Verhältnis ist der hier vorgestellte Blanco komponiert, während der weiße Martivillí zu 100 Prozent aus Verdejo besteht). Önologe Javier Lorenzo Lopez hat rund 1100 Stöcke pro Hektar gesetzt, die er im Drahtrahmensystem erzieht. Neben den beiden Weißweinen werden ein ansprechender Rosé und ein feiner roter Joven angeboten.

Last but not least: Die Region hat viele leckere Gerichte zu bieten. Mit dem frischen, leichten und unkomplizierten Weißwein von Angel Lorenzo Cachazo spült man am besten Forellen hinunter, die man mit Zwiebeln und Zitrone im Weißweinsud gegart hat.

Weitere Produkte: Rueda Superior Martivillí Blanco ♆♆♆♆, Carmín Tinto ♆♆♆♆, Carmín Rosado ♆♆♆.

Preisgruppe: unter 10 DM

Bezugsquelle: 12, 23

Trinkreif

KASTILIEN UND LEÓN

1998 Basa
D.O. Rueda

Telmo Rodriguez c/o Castilla La Vieja

**Ctra. Madrid-La Coruña, km 170,6 –
47490 Rueda (Valladolid)
Tel. (983) 868116 – Fax (983) 868432**

So machen Weißweine Spaß. Der Basa imponiert mit seiner Qualität und seinem äußerst reellen Preis, was will man da noch mehr. Helles Zitronengelb mit grünem Schimmer im Glas und eine intensive Nase mit kräftiger Frucht nach Birne, Apfel und roter Johannisbeere. Sehr frisch mit mineralischen Tönen und etwas Brennnessel. Im Mund gibt ihm eine gut platzierte Säure die notwendige Frische. Erstaunlich dichter Körper mit präsenter Frucht nach Steinfrüchten und Birne. Dahinter etwas grüner Paprika und Pfeffer sowie ein Hauch Würzaromen. Fruchtbetonter und langer Nachklang. Die 13 Prozent Alkohol sind sehr gut eingebunden.

Erzeuger: Wie der Alma aus Navarra erscheint der Basa in keinem spanischen Weinführer und wird auch nicht in Spanien vermarktet. Mit diesem Wein stellt Telmo Rodriguez – der Weinmacher und Mitbesitzer der Bodega Remelluri in Rioja – unter Beweis, dass er auch ausgezeichnete Weißweine herstellen kann. Die Hauptrebsorte des Basa ist Verdejo, hinzu kommt etwas Viura und Sauvignon. Temperaturkontrolliert aus dem Stahltank zaubert Rodriguez einen hinreißenden Wein. Natürlich hat er sich mit Rueda ein klassisches Weißweingebiet ausgesucht und somit eine gute Grundlage gelegt. Wir sind schon gespannt, was der begabte und erfinderische Telmo Rodriguez in den nächsten Jahren für weitere gute Ideen hat.

Last but not least: Kein leichter Sommerwein. Der Basa hat Struktur und Charakter.

Weitere Produkte: Keine weiteren Produkte.

Preisgruppe: unter 10 DM

Bezugsquelle: 16, 56, 59

Trinkreif

KASTILIEN UND LEÓN

1998 Palacio de Bornos

D.O. Rueda

Bodegas de Crianza Castilla la Vieja

Ctra. Madrid-A Coruña, km 170,6 –
47490 Rueda (Valladolid)
Tel. (983) 868116 – Fax (983) 868432

Diese ausgesprochen gekonnt gemachte Assemblage aus Verdejo (90 %) und etwas Viura hat sowohl in der Nase wie im Mund große Ähnlichkeit mit einem Sauvignon. Und zwar mit einem von der besseren Art. Hellzitronengelb, mit einem fruchtgeprägten Bukett von Pfirsich und Mango unter Beigabe einer kräftigen Blütenration von Akazie und Holunder.

Am Gaumen beeindrucken die angemessene Säure, die klare Pfirsichfrucht und die zart-süßlichen Blütenaromen. Die gute Statur verhilft zu einem langen, fruchtgeprägten Abgang. Ausdrucksvoller, sehr harmonischer Weißwein, der die Möglichkeiten der Verdejo-Rebe augenfällig unter Beweis stellt.

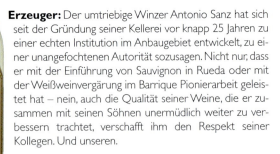

Erzeuger: Der umtriebige Winzer Antonio Sanz hat sich seit der Gründung seiner Kellerei vor knapp 25 Jahren zu einer echten Institution im Anbaugebiet entwickelt, zu einer unangefochtenen Autorität sozusagen. Nicht nur, dass er mit der Einführung von Sauvignon in Rueda oder mit der Weißweinvergärung im Barrique Pionierarbeit geleistet hat – nein, auch die Qualität seiner Weine, die er zusammen mit seinen Söhnen unermüdlich weiter zu verbessern trachtet, verschafft ihm den Respekt seiner Kollegen. Und unseren.

Last but not least: Wie bei einem guten Sauvignon favorisieren wir eine Spargelbegleitung. Jedoch ist der Palacio de Bornos auch zu Austern oder sogar »pur« ein wirklicher Genuss.

Weitere Produkte: Sauvignon blanc, Almirantzazgo de Castilla Tinto Reserva.

Preisgruppe: 10–15 DM

Bezugsquelle: 49

Trinkreif

KASTILIEN UND LEÓN

1998 Doña Beatriz Sauvignon Blanc

D.O. Rueda

Bodegas Cerrosol

Camino Villagonzalo, s/n –
40460 Santiuste de San Juan Bautista (Segovia)
Tel. (921) 596002 – Fax (921) 596035

Das ist einmal ein Leckerbissen für Sauvignon-Freunde! – auch wenn er sich hinter einem recht konventionellen Etikett verstecken mag. Aber wer widerstünde schon diesem intensiven, fruchtbetonten Bukett, wo sich Pfirsich, Cassis, Mango, Ananas, Brennnessel und Akazienblüten ein verführerisches Stelldichein geben.
Auch am Gaumen stellt sich wahre Freude ein, mit lebendiger Säure, Pfirsich- und Stachelbeerfrucht und einem sehnigen Körper. Frisch, mit schöner Länge, im Finish macht sich ein Hauch von feinen Eisbonbons bemerkbar.

Erzeuger: Die Kellerei Cerrosol existiert seit 1985 und gehört als Rueda-Weingut zur Gruppe Bodegas Avelino Vegas und Fuentespina (im Ribera del Duero). Von den Rebsorten Verdejo, Sauvignon und Viura werden auf Cerrosol jährlich ca. zwei Millionen Flaschen produziert, wobei man generell temperaturkontrollierte Vergärung in Edelstahltanks und – für einen besonders hochwertigen, spät gelesenen Verdejo – auch einen Ausbau in Barriques betreibt. Die Sauvignon-Trauben werden in der Nacht gelesen, um Frische und Fruchtigkeit weitgehend zu erhalten – eine ziemlich aufwändige und nicht alltägliche Maßnahme, die jedoch durch schmeckbaren Erfolg belohnt wird.

Last but not least: Dieser Wein ist ein Bilderbuchbegleiter zum Spargelfest, aber auch verführerisch gut zu asiatischer Küche.

Weitere Produkte: Doña Beatriz Verdejo Barrica ♀♀♀♀, Doña Beatriz Verdejo ♀♀♀.

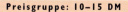

Preisgruppe: 10–15 DM

Bezugsquelle: 11, 15

Trinkreif

KASTILIEN UND LEÓN

1998 Puerto de Santos
D.O. Rueda

Jacques & François Lurton S.A.

Domaine de Poumeyrade – 33870 Vayres (France)
Tel. (557) 747073 – Fax (557) 747274

Aufgepasst, hier kommt ein toller Weißwein! Das konzentrierte Bukett hat neben Sauvignon-Attributen einen deutlichen Kick Vanille und saftige Fruchtaromen von Pfirsich und Aprikose. Trotz etwas Brennnessel und zarten Kräuternuancen ist er insgesamt blumig-fruchtig. Im Mund gut strukturiert mit griffiger, gemäßigter Säure, machen Frucht (Birne, Pfirsich) und Harmonie viel Spaß. Das Volumen ist beachtlich, der Abgang lang, das Finale fruchtig (mit einem Hauch Holz und Vanille). Bitte gut kühlen!

Erzeuger: Als Jacques Lurton, Sohn des legendären André Lurton (allen Freunden des allgegenwärtigen Weinabholmarktes mit seinem Château Bonnet bestens bekannt), sich vor einigen Jahren nach neuen Betätigungsfeldern umsah, fiel ihm die Geschichte von Emile Peynaud ein, der in den siebziger Jahren von einer einflussreichen Firma beauftragt wurde, in Spanien die Weißweinrebe mit dem besten Entwicklungspotenzial zu finden. Peynaud stieß nach Recherchen in Galicien, La Mancha und Penedès schließlich auf die in Rueda heimische Verdejo-Rebe, die überraschende Parallelen mit Sauvignon Blanc aufweist. Als Jacques Lurton in Rueda zu vinifizieren begann, lag es für ihn nahe, Verdejo und Sauvignon Blanc zu kombinieren. Der Erfolg gibt ihm Recht – sein Wein ist außerordentlich komplex und gut strukturiert.

Last but not least: Sonntagswein zum Alltagspreis. Grandioser Nachfolger von »Villa Anitan«.

Weitere Produkte: Viele gute Weine, allerdings nicht aus Spanien.

Preisgruppe: unter 10 DM

Bezugsquelle: 25

Trinkreif

KASTILIEN UND LEÓN

1993 Gran Colegiata Tinto Reserva

D.O. Toro

Bodegas Fariña

Camino del Palo, s/n – 49800 Toro (Zamora)
Tel. (980) 577673 – Fax (980) 577720

Olé – hier stürmt ein kapitaler Stier die Arena! Während die rubinrote Farbe mit leichten Rändern noch eher unscheinbar wirkt, imponieren in den Nüstern kräftige, dunkle Aromen: Rösttöne, Wacholder und Gewürznoten auf einem weichen, laktischen Fundament, reife Kirschfrucht ist schön in prägnantes Holz eingebunden. Ein kraftvoller Auftritt auch am Gaumen: Sauerkirsche – wieder mit viel Holz – und Waldfrucht entfalten sich ausgiebig, die Tannine sind weich und poliert, eine stramme Säure verleiht Rückgrat. Rund und geschliffen bei charaktervoller Intensität, mit respektablem Abgang. Trotz Trinkreife noch Zukunft.

Erzeuger: Es ist unbestritten das Verdienst von Don Manuel Fariña, dem Toro-Wein zu einem neuen Image verholfen zu haben: Aus dem einst traditionell wuchtigen, schweren Brocken der Region (bis zu 17 % Alkohol!) wurden unter seiner Ägide geschmeidige, aber dennoch ausdrucksstarke Weine, die in guten Jahrgängen sogar das Zeug zu großen Kreationen haben. Überdies hält man auf Fariña – den andernorts so modischen Cabernet-Trends zum Trotz – der Tinta-de-Toro-Rebe unverbrüchlich die Treue. Bei solchen Ergebnissen eine wirklich bestens legitimierte Philosophie!

Last but not least: Man muss gewiss kein Freund des Stierkampfs sein – doch diese Corrida sollten Sie sich nicht entgehen lassen!

Weitere Produkte: Gran Colegiata Tinto Gran Reserva ▼▼▼▼, Gran Colegiata Tinto Crianza ▼▼▼, Colegiata Rosado ▼▼▼.

Preisgruppe: 20–25 DM

Bezugsquelle: 3, 4, 9, 14, 18, 20, 23, 29, 30, 31, 37, 39, 44, 46, 54, 57

Trinkreif

KASTILIEN UND LEÓN

1996 Vega Sauco Crianza
D.O. Toro

Bodegas Vega Sauco

**Las Bodegas, s/n – 49810 Morales de Toro (Zamora)
Tel. (980) 698294 – Fax (980) 522813**

Das sehr dichte Purpurviolett mit dem fast schwarzen Kern erinnert fast an dunkelblaue Tinte. Aus dem Glas strömen opulente Fruchtaromen nach dunklen Beeren und Kirsche in Verbindung mit kräftigen Röstaromen vom Barrique. Ein Hauch Veilchen und Lakritze binden sich gut ein. Auch im Mund dominiert eine konzentrierte, fast konfitürenartige Frucht mit schmelziger Süße. Die kräftigen Tannine sind erstaunlich weich, die Säure gut eingebunden. Prägnante Würz- und Röstnoten durchziehen den Geschmack bis zum langen Nachklang.

Erzeuger: Das Weingut der Familie Gil gehört seit einigen Jahren zu den Stars im Gebiet Toro. Auf lediglich zehn Hektar eigenen Weinbergen produzieren sie etwa 150 000 Flaschen Wein – und zwar ausschließlich Roten. Der erfahrene Önologe Wenceslao Gil beschränkt seine Produktpalette auf die drei Klassiker Tinto, Crianza und Reserva. Alle drei werden aus der Rebsorte Tinto de Toro, einer Variante des Tempranillo, hergestellt. Jeder Wein ist individuell und mit einer eigenen Persönlichkeit ausgestattet, und somit fiel uns die Auswahl nicht leicht. Eine besondere Empfehlung verdient der preiswerte Tinto. Fruchtbetont mit gut eingebundenem Holz ist er ein junger und unkomplizierter Trinkgenuss.

Last but not least: Eigenwilliger Tropfen mit animalischen Anklängen. Ein kräftig gewürztes Essen als Gegenpart bietet sich an.

Weitere Produkte: Vega Sauco Tinto ♛♛♛♛, Vega Sauco Reserva ♛♛♛♛.

Preisgruppe: 20–25 DM

Bezugsquelle: 8, 10, 13, 45, 48, 53

Trinkreif

KASTILIEN UND LEÓN

1998 Chamerlot
D.O. Toro

Bodegas Toresanas c/o Bodegas Crianza Castilla La Vieja

Ctra. Madrid-La Coruña, km 170,6 –
47490 Rueda (Valladolid)
Tel. (983) 868116 – Fax (983) 868432

Die fast tintenartige Farbe lässt schon die außergewöhnliche Qualität dieses Weines erahnen. Ein derartig konzentriertes und nuanciertes Bukett hat man nicht jeden Tag im Glas. Ausgeprägte Frucht nach dunklen Beeren und Kirschen stehen in gutem Einklang zu deutlichen Aromen nach Boden und Leder. Gut eingebundenes Barrique mit einem sanften Vanilleton. Fast schmelzige Powernase. Im Mund weiche Tannine, die ihren Ursprung im Barrique haben. Sehr gut platzierte Säure. Eine fleischige Kirschfrucht erinnert fast an konzentrierten Saft. Daneben viele Gewürze und dunkle Aromen nach Teer und Leder. Im langen Nachklang steht neben der Frucht ein leichter, aber nicht dominanter Bitterton.

Erzeuger: Beim Chamerlot ist der Name der Bodega nicht wichtig, denn hinter dem Wein steht der brillante Weinmacher Telmo Rodriguez, Önologe und Mitbesitzer der Bodega Remelluri in Rioja. Mit dem westlich von Ribera del Duero gelegenen Toro hat sich Rodriguez ein noch eher unbedeutendes Gebiet mit einem moderaten Preisniveau ausgesucht. In namhaften Regionen würde der reinsortige Tempranillo sicher das Doppelte kosten. Der fruchtbetonte, fast schmelzige Chamerlot passt nicht in das Bild der wilden und strengen Toro-Weine. Aber genau dies wollte Rodriguez erreichen. Der Preis von knapp 15 D-Mark wird sich in Kürze erhöhen.

Last but not least: Kraftvoller Tropfen mit viel fleischiger Frucht und einem herben und außergewöhnlichen Touch.

Weitere Produkte: Keine weiteren Produkte.

Preisgruppe: 10–15 DM

Bezugsquelle: 12, 14, 56

Trinken ab 2001

KASTILIEN UND LEÓN

1996 Gran Cermeño Tinto Crianza

D.O. Toro

Bodega Cooperativa Vino de Toro (COVITORO)

Ctra. Tordesillas, 13 – 49800 Toro (Zamora)
Tel. (980) 690347/693024 – Fax (980) 690143

Ein reinsortiger Tinto de Toro von dichtem, konzentriertem Purpur. Intensives, vom Barrique geprägtes Bukett mit reifer Pflaumenfrucht, Rumtopf, einer Spur Minze und Gemüsetönen.
Auch im Mund gibt das geschliffene Holz den Ton an. Viele feine Tannine und ein gut strukturierendes Säurefundament. Dazu viel Frucht von reifen roten Beeren und etwas Dörrpflaume, dunkle Aromen wie Goudron und Leder, eine Prise Tabak. Komplexer Körper von Kraft und Statur, der stattliche Alkoholanteil von 13,5 Prozent ist gut integriert. Der Abgang hat eine respektable Länge und klingt mit viel Vanille aus. Insgesamt viel Eiche um einen potenten Wein von dichter Textur.

Erzeuger: Obwohl die Kooperative schon 1974 gegründet wurde, dauerte es noch vier Jahre zur Inbetriebnahme, wobei zunächst nur Wein in Großgebinden verkauft wurde. Heute bringen es die 225 Mitglieder der Bodega Vino de Toro zusammen auf 850 Hektar, der Keller hat eine Kapazität von 750 000 Flaschen und 800 Barriques, 1,2 Millionen Flaschen D.O.-Weine gelangen jährlich in den Verkauf. Dennoch bleibt die Palette der von der Kooperative angebotenen Weine überschaubar, und sie präsentieren sich in überdurchschnittlicher bis bemerkenswert guter Qualität.

Last but not least: Dieser Tinto de Toro gibt opulenten Fleischgerichten mit kräftiger Sauce das richtige Gegengewicht.

Weitere Produkte: Marqués de la Villa Reserva, Cermeño Tinto Joven, Bardales Tinto Clarete.

Preisgruppe: 10–15 DM

Bezugsquelle: 44

Trinkreif

KASTILIEN UND LEÓN

1995 Alta Pavina Cabernet Sauvignon

Vino de la Tierra Castilla y León

Bodegas Alta Pavina

Camino Santibáñez, s/n – 47328 La Parrilla (Valladolid)
Tel. (983) 681521 – Fax (983) 339890

Einfach ein großer Wein, keine Frage! Festes, dichtes Rubin mit leichten Rändern. Intensiver Duft von kompakter Frucht, Cassissirup mit ausgeprägtem Vanillearoma. Dazu Noten von Gewürzgurken mit Zwiebeln, Kräutern (Fenchelgrün) und ein Tick Geflügelleber. Geschmacklich beeindruckt ein Mund voller Frucht und Holz (von elf Monaten amerikanischem Barrique), auf weiches Tannin gebettet bei perfekt integrierter Säure. Komplexe Fülle mit Nuancen von Holundersaft, dunklen Aromen wie Teer und Leder, eine Prise Oregano sowie ein zarter Bitterton von grünem Tee. Auch im Abgang mächtig, das Holz schwingt fein nach.

Erzeuger: Das unscheinbare Weingut, ganz abseits großer Straßen östlich von Valladolid gelegen, befindet sich außerhalb der D.O.-Zone von Ribera del Duero, seine Weine überflügeln aber – ähnlich wie bei Mauro und Retuerta – viele Konkurrenten bezüglich Ruf und Tradition. In Patricia Díez García, der Tochter des Besitzers, präsentiert sich einmal mehr eine junge spanische Önologin, die sich in Theorie und Praxis in Bordeaux und im Burgund kundig gemacht hat. Schon in wenigen Jahren hat sie nun mit mehreren beachtlichen Jahrgängen unter Beweis gestellt, wie trefflich sie zu arbeiten versteht: Zeigt schon der Cabernet großes Format, so ist der Pinot in seiner Dichte schlicht eine Wucht.

Last but not least: Ein ungemein dichter, kraftvoller Begleiter zu Wildgerichten und Fleisch, vor allem in kräftigen Saucen.

Weitere Produkte: Pinot Noir , Tinto Fino .

Preisgruppe: 30–35 DM

Bezugsquelle: 16, 56

Trinken ab 2001

KASTILIEN UND LEÓN

1992 Valdevegón
Vino de Mesa

Cistercienses Orden Cardeña

**Monasterio de San Pedro de Cardeña –
09193 Castrillo del Val (Burgos)
Tel. (947) 290033 – Fax (947) 290075**

Es ist bekannt, welche Verdienste sich Mönche um den Weinbau erworben haben. Und auch heute noch wird hinter manchen Klostermauern Rebensaft vergoren, nicht selten verlassen wunderschöne Weine die Klausur. Wie der Valdevegón, der mit seinen acht Jahren jetzt einen wunderschön gereiften Charakter aufweist. Ein warmer, voller Duft nach Dörrpflaumen und Likör, mit Mandeln und Vanille untermalt, entströmt dem Glas.

Am Gaumen noch recht festes Tannin, eine schöne Säure und wieder eine vollreife Pflaumenfrucht. Dunkle Aromen von Lakritze und Humus klingen mit an, ein nobler Holzton sorgt für ein sicheres Fundament. Straffer Körper, doch langer, von Reife und Harmonie getragener Nachhall.

Erzeuger: Die Zisterzienserabtei von San Pedro Cardeña, ca. zehn Kilometer südöstlich von Burgos im Herzen Altkastiliens gelegen, geht zurück bis ins 12. Jahrhundert. Doch während die Mönche einst ihre Weinberge im ausgedehnten Landbesitz noch selbst bewirtschafteten, liefern heute Bauern die Reben von ihrem eigenen Grund im Kloster an. Nach wie vor aber vinifizieren die Fradres in den romanischen Kellergewölben in alten Eichenholzfässern, und sie lassen ihrem Wein alle Zeit, in perfekter Stille zu stilvollen Gewächsen zu reifen.

Last but not least: Bei Gulasch, Wildgerichten oder kräftigem Käse legt dieser Wein nicht nur in Refektorien Ehre ein.

Weitere Produkte: In mönchischer Bescheidung wird einzig und allein der Valdevegón produziert.

Preisgruppe: 15–20 DM

Bezugsquelle: 17

Trinkreif

KASTILIEN UND LEÓN

1996 Vacceos Crianza
Vino de la Tierra Castilla y León

Agrícola Castellana

Ctra. Rodilana, s/n – 47491 La Seca (Valladolid)
Tel. (983) 816320 – Fax (983) 816562

Auf den ersten Blick mag ein Landwein zu diesem Preis überteuert erscheinen. Doch bei einer Verkostung gewinnt man sehr schnell den Eindruck, dass dieser reinsortige Tempranillo noch eher als preisgünstig anzusehen ist. Von kräftig purpurroter Farbe, überzeugt dieses Prachtstück auf Anhieb mit einem raffinierten Bukett von Mokka, intensiven Rösttönen, einer animierenden Frucht von dunklen Beeren sowie aromatischen Würznoten.
Am Gaumen verbindet sich die ausgesprochen saftige Frucht mit geschliffenen Tanninen, einer gut platzierten Säure und, nicht zuletzt, einem schönen Vanilleton. Schmelz, ein molliger Körper und der fruchtgeprägte Nachhall runden ein aufregendes Geschmackserlebnis ab.

Erzeuger: Etwa ein Drittel der ca. 2000 Hektar der Kooperative mit Sitz in La Seca liegt in der D.O. Rueda. Da aber das Statut hier nur weiße Rebsorten zulässt, muss der rote Vacceos als »vino de la tierra« aus Medina del Campo kommerzialisiert werden, ein Landwein eben. Aus den Trauben der 350 Mitglieder vinifiziert die Kellerei auch große Mengen einfachen Weins, der in Großbehältern verkauft wird. Doch das beste Material kommt in Barriques. Und heraus kommt dann nichts weiter als eben … ein Landwein.

Last but not least: Dieser saftige Wein verdient einen saftigen Braten – alternativ dazu auch schön gereiften (saftigen) Käse.

Weitere Produkte: Cuatro Rayas Blanco ♙♙♙♙, Vacceos Blanco ♙♙♙.

Preisgruppe: 15–20 DM

Bezugsquelle: 12

Trinkreif

KASTILIEN UND LEÓN

1997 Durius Tinto
Vino de Mesa

Marqués de Griñon

**Alfonso XI, 12-2a planta – 28014 Madrid
Tel. (91) 5310609 – Fax (91) 5310678**

Das mitteldichte Purpurviolett ist weitaus dunkler als die knallrote Kapsel der Flasche, wobei diese Farbe auch sehr unüblich für Rotwein wäre. Spontan intensive Nase mit spürbaren Röstaromen vom Holz. Demgegenüber steht eine frische Frucht nach Sauerkirsche. Noch präsente Tannine, die aber weich erscheinen und von einer griffigen Säure begleitet werden.

Auch im Mund harmoniert die Sauerkirsche mit dem Barrique. Leichte Würznoten und dunkle Aromen nach Teer und Leder. Der recht dichte Wein endet mit guter Länge. Gutes Preis-Leistungsverhältnis für einen Wein, der seit Jahren gleich bleibend gut ist.

Erzeuger: Diese Kellerei ist nur eine von drei Betrieben unter dem Namen Marqués de Griñon. Die beiden anderen liegen in Rioja und Kastilien – La Mancha. Der Durius Tinto ist ein reinsortiger Tempranillo, der zwölf Monate im Barrique lagert.

Der Durius Blanco ist ein Mischsatz aus den Rebsorten Verdejo, Sauvignon Blanc und Viura. Er liegt nicht im Barrique und ist ein sehr guter und frischer Sommerwein. Der Blanco ist fruchtbetont, und die Mischung der drei Rebsorten ist wirklich gelungen. Siehe auch Dominio de Valdepusa Petit Verdot von Marqués de Griñon im Teil Kastilien – La Mancha.

Last but not least: Der 97er Durius Tinto ist ein unkomplizierter Alltagsweinn, dem es jedoch nicht an Kraft und Struktur mangelt.

Weitere Produkte: Durius Blanco.

Preisgruppe: 10–15 DM

Bezugsquelle: 12, 20, 34, 45, 53, 55, 56

Trinkreif

KASTILIEN UND LEÓN

1996 Abadía Retuerta Primicia
Vino de mesa de Castilla y León

Abadía Santa María de Retuerta

Abadía Santa María de Retuerta s/n –
47340 Sardón de Duero (Valladolid)
Tel. (983) 680314 – Fax (983) 680286

Dieser feine Wein sammelt mit seiner leuchtend rubinroten Farbe erste Pluspunkte. Das Bukett ist nuanciert und bietet eine Menge Geruchserlebnisse. Wir erschnupperten feste Kirschfrucht, zarte Barriquenoten, Küchenkräuter wie Rosmarin und Lorbeer sowie dezent süße Töne. Geschmacklich überzeugen die gut eingebundene Säure und die weichen Barriquetannine. Neben einem Anflug von Teer und einer Süßholz-Lakritz-Mischung ist die Frucht nach schwarzen Kirschen vielleicht etwas zu verhalten. Gut gefallen hat uns die zarte Bittermandelnote. Der mittlere Körper endet in einem fruchtbetonten Abgang mit dunklen Tönen. Im Nachhall bleibt etwas Schwarztee am Gaumen spürbar.

Erzeuger: Das Weingut liegt etwa 15 Kilometer von Vega Sicilia entfernt. Die Ergebnisse der Neuanpflanzungen rund um die im Jahre 1143 gegründete Abtei bewegen die Weinwelt:
»Abadía Retuerta: Einer der größten Schätze, die ich entdeckt habe…« (Robert Parker). »Retuerta – neuer Stern am spanischen Weinhimmel« (Weinwisser).
»Hier ist es, Abadía Retuerta, das am sehnlichsten erwartete Ereignis in Spaniens Weinszene« (Decanter).
»Beeindruckend« (diVini).

Last but not least: Vielseitiger Wein, der ebenso gut zu gegrilltem Lamm wie zu gebratenem Fisch passt.

Weitere Produkte: Abadía Retuerta Tinto Cuvée El Campanario ??????, Abadía Retuerta Tinto Cuvée El Palomar ?????, Abadía Retuerta Tinto ????, Abadía Retuerta Tinto Rivola ????.

Preisgruppe: 15–20 DM

Bezugsquelle: 14, 16, 26, 27, 42, 56

Trinkreif

Katalonien

Die im Nordosten der Iberischen Halbinsel gelegene Region Katalonien mit den drei Provinzen Girona, Barcelona und Tarragona hat in Spanien seit jeher eine besondere Rolle gespielt. Das jegliche kulturelle und nationale Eigenständigkeit unterdrückende Franco-Regime hatte für ein paar Jahrzehnte versucht, die Katalanen von ihrer bis weit ins Mittelalter reichenden Geschichte brüsk abzuschneiden. Dass dies nur sehr oberflächlich gelungen ist, beweisen die vielfältigen Aktivitäten, die seit Ende der siebziger Jahre in Katalonien schnell wieder zum Leben erwacht sind.

Eigene Sprache

Diese Entwicklung ist sogar so rasant abgelaufen, dass sich manche »Spanier« (d.h. Nicht-Katalanen) heute in der katalonischen Hauptstadt Barcelona wie in der Hauptstadt eines fremden Landes vorkommen – und sei es nur aufgrund sprachlicher Unterschiede. Tatsächlich ist Katalanisch kein spanischer Dialekt, sondern – wie Portugiesisch oder Italienisch – eine eigenständige romanische Sprache, mit einer eigenen, reichhaltigen Literatur seit dem Mittelalter.

Die sprachlichen Unterschiede der katalanischen Sprache zum »Kastilischen« (wie das Spanische in Spanien offiziell heißt) sind teilweise nur minimal, teilweise aber erheblich: Im Bereich des Weinwortschatzes reicht z.B. die Spanne von »Priorat«/»Priorato« (eine D.O.) über »roure«/»roble« (Eichenholz) bis zu »Celler«/»Bodega« (Kellerei) oder »negre«/»tinto«.

Die ziemlich häufige Verwendung des Wortes »Mas« (Haus, Gehöft) in Weinnamen anstelle von »Casa« macht deutlich, dass Katalonien in vielen Dingen Südfrankreich tatsächlich näher steht als Kastilien; so kam das Roussillon, wo noch heute eine katalanische Mundart gepflegt wird, erst im 17. Jahrhundert zu Frankreich.

Erfolgreiche Katalanen

Aber auch ethnologisch, kulturell und wirtschaftlich ist Katalonien mehr als jede andere Region von Kastilien verschieden (das Baskenland einmal ausgenommen). So gelten die Katalanen in Spanien als besonders strebsam, fleißig und erfolgreich – einer gängigen kastilischen Redensart zufolge machen die Katalanen sogar noch aus Steinen Brot (»los catalanes de las piedras sacan panes«). Für Spaniens wirtschaftliche Lage spielt der Großraum Barcelona mit Unternehmen und Betrieben aus allen Zweigen eine eminent wichtige Rolle, wobei der Fremdenverkehr noch nicht einmal der wichtigste Sektor ist. Die weltoffene Metropole am Mittelmeer, die sich mit einer gehörigen Portion Stolz schon immer als Gegenpol zu Madrid definiert hat, ist längst wieder zu einem europäischen Zentrum der Modernität geworden, womit sich ein Kreis schließt, der im 19. Jahrhundert mit dem »Modernisme«, der katalanischen, sehr individuellen Version des Jugendstils, seinen Ausgang genommen hatte.

Viel Landwirtschaft

Doch Katalonien ist natürlich weit mehr als Barcelona – davon haben auch die Millionen Touristen an Costa Brava und Costa Daurada bestimmt eine vage Vorstellung. Auch in kleineren Städten florieren Industrie und Dienstleistungsgewerbe, die Landwirtschaft wird äußerst effizient praktiziert, wo immer in dieser von den Pyrenäen bis zur Levante reichenden Region es möglich ist.

Beispielhafte Qualität

Davon zeugt auch und gerade der Weinbau: Seit Jahren sind es in Spanien vor allem katalanische Betriebe und Winzer, die Mut und Risikobereitschaft zeigen, wenn es gilt, neue Wege zu gehen. Und der Erfolg gibt ihnen Recht, denn der Aufschwung im Weinbau Kataloniens hat so manchem Kollegen in anderen Regionen als Beispiel gedient. Zudem gehören Pioniere wie Torres, Freixenet oder Codorníu zu den klangvollsten Namen der spanischen Weinszene, deren Renommee die nationalen Grenzen seit vielen Jahren weit überschritten hat. Mit insgesamt neun D.O.-Zonen liegt Katalonien in Spanien an erster Stelle, während es von der Menge her die Nummer zwei ist (hinter Kastilien–La Mancha) und von der Anbaufläche sogar nur auf Rang fünf liegt. Darüber hinaus ist die Cava-Erzeugung in einem Ausmaß eine katalanische Angelegenheit, dass es plausible Gründe gäbe, das Kapitel »Cava« dieser Region unterzuordnen.

Neun D.O.-Zonen

Die neun katalanischen D.O.-Gebiete unterscheiden sich hinsichtlich Fläche, Ertrag und Präsenz auf dem deutschen Markt beträchtlich. Das winzige **Priorat** hat in den neunziger Jahren weltweit für Furore gesorgt, nachdem Pioniere wie Álvaro Palacios, René Barbier und Carlos Pastrana das gewaltige Potenzial der uralten Rebstöcke auf den kargen Schieferböden durch moderne Kellertechnologie ausgelotet haben.

Wie kaum sonst in Spanien wird hier, im Mikrokosmos einer landschaftlichen Enklave mit ihren vielen Parzellen, der Terroirgedanke durch sehr charaktervolle Clos-Weine umgesetzt. Der kometenhafte Aufstieg dieser Weine ließ sich rasch auch an ihrem Preis ablesen, die Stars aus dem Priorat spielen heutzutage in der obersten spanischen Preisliga mit. Demgegenüber steht das **Penedès**, die mit Abstand größte D.O. in Katalonien, streckenweise ein wahres Meer von Macabeo, Parelada und Xarel.lo, die die Basis zur Cava-Erzeugung sind. Die klare Dominanz dieser drei weißen Sorten sollte aber nicht darüber hinwegtäuschen, dass daneben sowohl andere weiße wie auch rote Sorten Akzente setzen und eine stattliche Anzahl von Betrieben daraus stilvolle Weine von hoher Qualität erzeugt.

Trend zur Qualität

Von zunehmender Bedeutung für die Produktion von Qualitätsweinen ist in den letzten Jahren die D.O. **Tarragona** geworden. Wurde früher der Wein hier fast ausschließlich massenhaft in Großbehältern vermarktet, setzen heute viele Erzeuger mit gutem Erfolg auf Qualität in Flaschen – und der Trend hält, vielleicht auch noch verstärkt durch die Entwicklung im benachbarten Priorat, unvermindert an. Ein gutes Beispiel für den Wandel von Quantität zu Qualität, der auch neue Betriebe und junge Erzeuger beflügelt, ist die ganz im Osten Kataloniens gelegene D.O. **Costers del Segre**.

Immer mehr neue Namen

Während früher lediglich den Experten Namen wie Raimat und Castell del Remei als gute Erzeuger geläufig waren, sind aufgrund weiterer Qualitätssteigerungen deren Namen mittlerweile nicht nur einem größeren Publikum vertraut, sondern es kommen jetzt laufend gute bis sehr gute neue Weine von anderen, bislang unbekannten Erzeugern auf den Markt.

Man kann daher mit ziemlicher Sicherheit prognostizieren, dass eine ähnliche Entwicklung auch in den anderen katalanischen D.O.s **Alella, Conca de Barberá, Empordà–Costa Brava, Pla de Bages** und **Terra Alta** stattfinden wird, die bislang auf dem deutschen Markt noch unterrepräsentiert sind.

Keine pauschale Jahrgangskritik

Was für viele Regionen zutrifft – für Katalonien gilt es in besonderem Maße: Die Beurteilung der einzelnen Jahrgänge muss nach den Anbaugebieten unterschieden werden. Am Meer und dem küstennahen Hinterland sind mit recht beständigem Klima auch die Schwankungen nicht sehr stark ausgeprägt. Doch in bergigen Gegenden wie z. B. dem Priorat oder Costers del Segre können längere Kälte- und Regenperioden – wie etwa 1995 – die Qualität beeinträchtigen. Dennoch haben gerade die Klassewinzer aus dem Priorat bewiesen, dass korrekt arbeitende Betriebe allenfalls mittlere Qualitäten, aber keine ausgesprochen schlechten Weine abfüllen.

KATALONIEN

1998 Roura Merlot Rosado
D.O. Alella

Roura

**Vall de Rials, s/n – 08328 Alella (Barcelona)
Tel. (93) 3527456 – Fax (93) 3524339**

Nicht zu Unrecht rangiert dieser Wein spanienweit im Rosado-Bereich ganz weit oben. Intensives, leuchtendes Erdbeerrot deutet schon farblich die Konzentration an. In der Nase ebenfalls ausdrucksvoll und fruchtig, mit Sauerkirsche und Roter Johannisbeere. Am Gaumen geschmeidig und konzentriert zugleich, mit quicklebendiger Säure und einem apart-süßen Fundament. Auch jetzt gibt die Frucht den Ton an (Johannisbeere, Himbeere). Die 12,5 Prozent Alkohol sind in den gut strukturierten Körper bestens integriert, der frische Nachhall animiert zum Nachschenken.

Erzeuger: Bald 20 Jahre ist es her, dass Juan Antonio Pérez Roura seinen alten Job als Immobilienhändler in Barcelona an den Nagel hängte, nahe bei Alella eine Finca mit 30 Hektar Land erwarb und damit zum leidenschaftlichen Winzer konvertierte.
1985 konnte er dann erstmals vinifizieren, zwei Jahre später die ersten Flaschen kommerzialisieren. Mittlerweile ist er ein alter Hase, und sein Betrieb gehört fraglos zu den besten des Anbaugebiets, die Kellerei präsentiert sich hochmodern, und mit der Verpflichtung des renommierten katalanischen Önologen Joan Milá gelingen auf Can Roura durchwegs blitzsaubere, fruchtbetonte Weine. Unter ihnen ganz top: der Merlot – als klassischer Roter von ähnlich respektablem Format wie als Rosé.

Last but not least: Gut zu jeder Art von hellem Fleisch. Besser zu Geflügel. Unschlagbar zu Steinpilzen.

Weitere Produkte: Roura Merlot ????, Roura Sauvignon Blanc ???, Roura Tinto Crianza ???.

Preisgruppe: 10–15 DM

Bezugsquelle: 4

Trinkreif

KATALONIEN

1991 Rigau Ros Tinto Gran Reserva

D.O. Empordà – Costa Brava

Oliveda

**La Roca, 3 – 17750 Campmany (Girona)
Tel. (972) 549012 – Fax (972) 549106**

Ein heißblütiges Kraftbündel aus dem hohen Norden! Der Wein weist farblich durch seine Granatränder auf ein gewisses Alter hin. Doch sonst neigt er keineswegs zu mattem Seniorentum. Warm, rund, mit einer harmonischen Schoko-Rum-Kombination entfaltet sich das Bukett, etwas Lebkuchen und Weihnachtsgebäck mischen noch mit. Am Gaumen macht die reife Pflaume Freude, die schön in den deutlichen Barriqueton eingebunden ist. Weiches Tannin, Nuancen von Teer und Zedern. Ein langer, von feiner Reife dominierter Nachhall rundet diesen geschliffenen Typ ab.

Erzeuger: Die Weinberge und die Kellerei in Campmany liegen ganz im Norden von Kataloniens nördlichstem Anbaugebiet – mithin nur wenige Kilometer von der Grenze zu Frankreich. 1948 gründete die Familie Freixa den Betrieb, in dem heute José Freixa für die Arbeit im Weinberg, Señora Oliveda Rigau dafür im Keller verantwortlich ist. Seit 1982 sind für Vinifikation und Ausbau moderne Gebäude errichtet worden, womit der alte Keller frei wurde für ein kleines Museum des Weinbaus, wie er in dieser Region traditionell betrieben wurde. Der Spitzenwein des Hauses, die Gran Reserva, ist eine Cuvée aus 50 Prozent Cabernet Sauvignon sowie je 25 Prozent Cariñena und Garnacha.

Last but not least: Der Wein steht jetzt auf der Höhe seiner Leistungsfähigkeit, ergänzt sich prächtig mit Jamón Ibérico.

Weitere Produkte: Don José Tinto Crianza ♛, Rigau Ros Blanco ♛, Rigau Ros Rosado ♛.

Preisgruppe: 10–15 DM

Bezugsquelle: 34, 39

Trinkreif

KATALONIEN

1994 Tempranillo Reserva
D.O. Costers del Segre

Casa Pardet

**C/Bonaire 19 – 25340 Verdú (Lleida)
Tel. und Fax (973) 347023**

Ein Korb voller Früchte präsentiert sich in trinkbarer Form! Tief purpurviolett in der Farbe, mit einem intensiven Bukett von schwarzen Johannisbeeren und dunklen Waldbeeren. Würzige Röstaromen, Tabak und Leder sowie eine feine Vanillenote ergänzen die Nase. Auch geschmacklich eine üppige Fruchtfülle, die die Geruchseindrücke perfekt fortführt. Viel griffiges Tannin und eine bravourös ausbalancierte Säure stimulieren weiter. Schönes Holz und wieder diese verführerischen dunklen Töne aus der Nase. Dichte Textur, langer fruchtiger Nachhall mit leichter Mokkaspitze – einfach hervorragend!

Erzeuger: Die Casa Pardet gehört – aber wie lange noch? – zu den Geheimtipps unter den Erzeugern in Costers del Segre, der westlichsten Anbauzone Kataloniens. Seit drei Generationen wird hier Wein erzeugt, Großvater Josep Torres Boncompteva brachte einst aus Frankreich die Rebsorten Petit Manseng und Malbec mit, Wein wurde zunächst nur zum Eigenverbrauch und lokalen Verkauf erzeugt. Heute aber, da der emsige Enkel Josep Torres Vilamajó das Sagen hat und streng nach ökologischen Gesichtspunkten wirtschaftet, stehen Chardonnay, Cabernet Sauvignon und Tempranillo im Vordergrund – die Qualität sämtlicher Produkte ist schlicht beeindruckend.

Last but not least: Für dieses Geld ein echter »best buy«. Schön zu kräftigem Schinken, zu Braten in Sauce – oder auch einfach »nur« so.

Weitere Produkte: Cabernet Sauvignon ▮▮▮▮, Chardonnay ▮▮▮▮, Tempranillo ▮▮▮.

Preisgruppe: 20–25 DM

Bezugsquelle: 28

Trinken ab 2001

KATALONIEN

1997 Cérvoles
D.O. Costers del Segre

Celler de Cantonella

**Ctra. Tárrega-Balaguer, s/n – 25332 La Fuliola (Lleida)
Tel. (973) 570089 – Fax (973) 570511**

Mit dem Cérvoles präsentiert sich eine beeindruckende Komposition, ein Superwein des Weinguts Celler de Cantonella, das zur Gruppe Camerlot (Castell del Remei) gehört. Die Cuvée aus 40 Prozent Tempranillo sowie je 30 Prozent Cabernet Sauvignon und Garnacha hat ein Jahr Barriqueausbau (französische und amerikanische Eiche) hinter sich und wurde ohne Filtration geschönt. Tiefdunkles Purpurviolett kündigt die Fülle an, im Bukett verdichten sich Frucht von dunklen Waldbeeren, Röst- und Mokkaaromen, Teer und Lakritze sowie Schmelz zu einem mächtigen Konzentrat. Im Mund setzt sich die dichte Textur fort mit üppiger Kirsch- und Cassisfrucht, einer guten Portion geschmeidigen Tannins und einer perfekt platzierten Säure. Dunkle Töne, Vanille, schmelzige Süße und ein andauernder Nachklang runden diese kraftvolle Harmonie ab.

Erzeuger: Auf den 32 Hektar Weinbergen im Bergland der Serra la Lena, ganz im Süden der D.O. Costers del Segre in der Nähe des »Hirsch-Schlosses« (Castell de Cérvoles), stehen in 700 Meter Höhe sehr alte Garnacha-Reben. Bislang wird hier unter der Leitung des Önologen Sergio Balfagon Albaladejo, der auch für die Remei-Weine verantwortlich ist, als einziger Wein der Cérvoles erzeugt, doch was auch immer nachfolgen mag – die Erwartungen sind nun immens.

Last but not least: Ein Wein zum Meditieren. Momentan noch viel zu jung, aber mit einem fürwahr großen Potenzial.

Weitere Produkte: Bislang noch keine.

Preisgruppe: 35–40 DM

Bezugsquelle: 23

Trinken ab 2001

KATALONIEN

1994 Castell del Remei Merlot
D.O. Costers del Segre

Castell del Remei

Ctra. Tárrega-Balaguer, s/n – 25332 La Fuliola (Lleida)
Tel. (973) 580200 – Fax (973) 570511

Weich und zugleich kompakt-intensiv kommt der in ein dichtes Rubinrot mit zarten Granaträndern gehüllte Wein daher. Es entfaltet sich eine feine Frucht nach Heidelbeeren und Kirschen mit vielen dunklen Tönen, dazu etwas Rum, Marzipan und Backgewürze. Am Gaumen noch jung, mit angenehmen Tanninen und deutlicher Kirschfrucht, zeigt er sich deutlich holzbetont. Der Körper verfügt über eine präsente Säure, begleitet von Röstaromen und leichtem Teer-Lakritz-Touch. Im Finale pfeffrig mit sehr dezenten Bittertönen (die alkoholische Note nimmt etwas die Weichheit).

Erzeuger: Die katalanische Weinbauregion Costers del Segre ist vor allem durch die riesigen Investitionen des Cava-Giganten Codorníu in das Gut »Raimat« bekannt geworden. Aber die tatsächliche Tradition der Region geht zurück auf einen Industriellen namens Ignacio Girona, der 1870 das Weingut »Castell del Remei« erwarb, welches bereits kurze Zeit später zu den wenigen spanischen Kellereien gehörte, die auf internationalen Messen und Ausstellungen höchste Preise gewannen. 1982 erwarb die Familie Cusiné das Gut, modernisierte die Keller und pflanzte Cabernet Sauvignon, Merlot, Chardonnay und Sauvignon Blanc an.

Last but not least: Männlicher, etwas kantiger Typ mit Charakter. Harmoniert perfekt mit einem Omelette, gefüllt mit kräftiger katalanischer Wurst.

Weitere Produkte: Castell del Remei Crianza ????? , Castell del Remei Cabernet Sauvignon ???? , Gotim Bru Reserva ???? , Castell del Remei Chardonnay ???? .

Preisgruppe: 20–25 DM

Bezugsquelle: 12, 16, 23, 31, 53

Trinkreif

KATALONIEN

1998 Baldomà Rosado

D.O. Costers del Segre

Vall de Baldomar

**Ctra. Alos de Balaguer, s/n –
25737 Artesa de Segre (Lleida)
Tel. (973) 402200 – Fax (93) 3231959**

Ein von der Nase bis zum Abgang durchkomponierter Rosé. Schön im Sommer zu kalten (und warmen) Vorspeisen.
An Himbeersirup erinnert die leuchtende Farbe, die von rubinroten und erdbeerroten Reflexen durchzogen ist. Das Bukett ist überraschend intensiv, neben dem kräftigen, vordergründigen Grapefruitton entfalten sich Nuancen anderer Zitrusfrüchte, ein Hauch Banane und Duftimpressionen einer sommerlichen Blumenwiese. Am Gaumen schön trocken, gefallen der ordentliche Körper, die saftige Länge und die pikante Säure. Und auch im Nachhall empfindet man diesen gut gemachten Rosé als einen belebenden, leichten, unanstrengenden Tropfen voller Harmonie. Eines ist jedoch Grundvoraussetzung: Unbedingt auf gute Kühlung achten!

Erzeuger: Auf 20 Hektar Rebfläche wachsen die Trauben für die Weine von Vall de Baldomar. 1989 gegründet (einer der drei Herren, die die Kellerei ins Leben riefen, ist Joan Milá Mallofré, der bis heute als Önologe für die Bodega arbeitet), wurden auf dem Gut von Beginn an große Summen in Neupflanzungen investiert, um die beabsichtigten Mengen an Weiß-, Rot- und Roséwein produzieren zu können.
Jährlich werden ca. 80 000 Flaschen abgefüllt und z. T. bis nach Japan exportiert. Gut gelungen sind außer dem Rosé die knackigen Weißweine und der süffige Tinto.

Last but not least: Knackiger Spaß im Glas!

Weitere Produkte: Cristiari Blanco ♟♟♟♟, Baldomà Blanco ♟♟♟, Baldomà Tinto ♟♟♟.

Preisgruppe: unter 10 DM

Bezugsquelle: 30, 46

Trinkreif

KATALONIEN

1997 Syrah Col·lecció
D.O. Penedès

Albet i Noya

Can Vendrell, s/n – 08739 Subirats (Barcelona)
Tel. (93) 8994056 – Fax (93) 8994015

Ein energisches, tiefes, fast undurchsichtiges Purpurviolett schmückt den Syrah aus dem Haus Albet i Noya. Der sehr eindrucksvolle Duft, ausgewogen und in sich stimmig, mit klarer Frucht von süßen schwarzen Brombeeren und feiner Eukalyptusnote lässt einen kräftigen, fleischigen Tropfen erwarten.
In der Tat: Ein Wein zum Beißen und Kauen. Am Gaumen dicht, extraktvoll und ausgezeichnet strukturiert, kommt er elegant-kräftig daher, ohne zu wuchtig zu sein. Die explosive Frucht mit feinem, süßem Grundton verbindet sich sehr gut mit schmelzigen Ansätzen und der perfekt eingebundenen Säure. Lang am Gaumen mit viel Frucht im Finish.

Erzeuger: Can Vendrell, das ökologisch wirtschaftende Weingut der Brüder Antoni und Josep Albet i Noya, liegt im Herzen der D.O. Penedès und ist schon seit 1903 in Familienbesitz. Neben jungen Weinen und flaschenvergorenen Cavas produzieren sie mit unglaublicher Experimentierfreude außerordentliche Barriqueweine. Diese werden, dem Charakter der Rebsorte entsprechend, unterschiedlich lange in verschieden stark getoasteten, neuen Eichenholzfässern ausgebaut.

Last but not least: Formvollendet produziert ist nicht nur der Inhalt der Flaschen; das Auge genießt mit.

Weitere Produkte: Albet i Noya Reserva Martí, Albet i Noya Cabernet-Sauvignon Col·lecció, Albet i Noya Tempranillo Col·lecció, Albet i Noya Macabeu Col·lecció (fermentado en barrica) Albet i Noya Chardonnay Col·lecció.

Preisgruppe: 25–30 DM

Bezugsquelle: 40, 50

Trinken ab 2001

KATALONIEN

1996 Petit Caus
D.O. Penedès

Can Ràfols dels Caus

**08793 Avinyonet del Penedès (Barcelona)
Tel. (93) 8970013 – Fax (93) 8970370**

Der kleine Bruder zweier mächtiger Geschwister muss keineswegs ein Schwächling sein. Im direkten Vergleich hat der »kleine« Caus nicht deren Power, aber dafür glänzt er mit Eleganz. Das Bukett des intensiv purpurfarbenen Burschen schmeichelt mit einer zarten Cassisnote, die von Kirsche und Lakritze umspielt wird. Kräuteraromen, Veilchen und Orangenschale bieten weitere Bukettfacetten. Im Geschmack überwiegt die fleischige Frucht von schwarzen Johannisbeeren, dazu kommen Röstaromen, Tabak, Wildleder und eine Portion weiches Holz. Schmelz und eine dichte Textur machen den Abgang lang.

Erzeuger: Als Carlos Esteva Ende der siebziger Jahre das über 350 Jahre alte Familienerbe übernahm, betrieb er eine komplette Umstrukturierung der auf viele kleine Parzellen verteilten Weinberge. Nach intensiven Bodenanalysen wurden jeweils nur optimal geeignete Rebsorten gepflanzt – insgesamt 15 verschiedene.
Trotzdem gehört Estevas Passion dem Merlot, der auf zwölf von insgesamt 45 Hektar auch mengenmäßig an der Spitze steht. Und absolut top sind seit Jahren auch die Weine mit Merlot-Anteil – allen voran Caus Lubís und Rosat (100 % Merlot) sowie Gran und Petit Caus (jeweils ca. 30 %).

Last but not least: Wer nicht warten will, möge kräftig dekantieren. Passt ausgezeichnet zu Wildgerichten. Oder als Prolog zu den beiden größeren Brüdern.

Weitere Produkte: Caus Lubís ҮҮҮҮҮҮ, Gran Caus ҮҮҮҮҮ, Gran Caus Rosat ҮҮҮҮҮ.

Preisgruppe: 15–20 DM

Bezugsquelle: 11, 12, 15, 16, 23

Trinken ab 2001

KATALONIEN

1995 Loxarel Reserva Cabernet Sauvignon

D.O. Penedès

Masia Can Mayol

**08735 Vilobí del Penedès (Barcelona)
Tel. (93) 8978031 – Fax (93) 8978001**

Ein gutes Beispiel für einen noch jungen Cabernet mit Zukunft, und das zum erfreulich ordentlichen Preis. Bei festem Purpur schlägt schon die Nase deutlich nach roten Johannisbeeren, unterlegt von einem deutlichen Barriqueton. Etwas Humus und Teer schwingen angenehm mit. Am Gaumen schaukeln sich die nervösen Tannine noch etwas auf, die Säure ist kräftig, aber korrekt. Intensive Cassisfrucht auf einem stabilen Barriquefundament und dunkle Töne von Tabak und Leder gebieten Respekt. Potenter Körper, viel Nachhall, gutes Potenzial.

Erzeuger: Vorbei – Gottseidank! – die Zeiten, da die alten Gewölbe der Kellerei vor den Toren des Provinzstädtchens Vilafranca als Zufluchtsstätte herhalten mussten. So wie letztmals im Bürgerkrieg. Nein, heute braucht sich keine der Wein- und Cavaflaschen oder der Barriques aus amerikanischer Eiche vor kritischen Blicken verstecken. Was hier aus den ca. 50 Hektar Weinbergen der Familie Mitjans, die seit drei Generationen im Besitz der Finca ist, zum Ausbau kommt, kann sich sehen (und trinken) lassen. Die weißen Lokalreben Xarel.lo, Macabeu und Parellada werden hauptsächlich zu Cava verarbeitet, von den roten gibt's einen braven Rosé aus Merlot und diesen stoffigen, reinsortigen Cabernet Sauvignon.

Last but not least: Man muss diesen Wein schon noch etliche Zeit im Keller lassen – dann aber her mit Steak, Braten oder wildem Getier!

Weitere Produkte: Loxarel Reserva Familiar Blanco ♆♆♆, Loxarel Brut Daurat ♆♆♆.

Preisgruppe: 10–15 DM

Bezugsquelle: 4

Trinken ab 2002

1998 Mas Codina Blanco

D.O. Penedès

Mas Codina

Algomer – 08797 Puigdalber (Barcelona)
Tel. und Fax (93) 8988166

Helles Strohgelb mit grünem Schimmer. Das intensive Bukett beeindruckt durch seine Frische und präsente Frucht nach Stachelbeeren, roten Johannisbeeren und grünem Apfel. Dazu Brennnessel und ein Touch Heu sowie leicht würzige Komponenten.

Im Mund weist der Mas Codina einen recht kräftigen Körper auf, der durch eine knackige Säure unterstützt wird. Die Fruchtnuancen der Nase wiederholen sich, hinzu kommen leichte Zitrustöne. Leicht würziger Nachklang mit etwas grüner Paprikaschote. Ein schmackhafter und rassiger Weißwein, der ein wenig an Sauvignon erinnert.

Erzeuger: Mas Codina ist ein kleiner, aber von der Qualität her beeindruckender Betrieb, der schon seit Generationen im Familienbesitz ist. Aus 40 Hektar Rebfläche werden pro Jahr lediglich etwa 100 000 Flaschen Wein und Cava hergestellt. Für diese selbst abgefüllten Flaschen wird nur das beste Lesegut verwendet, der Rest der Produktion wird als fertiger Wein an andere Kellereien verkauft. Der ausgezeichnete Blanco wird aus den Rebsorten Macabeo, Xarel.lo und Parellada gekeltert, der gehaltvolle Rosado aus Cabernet Sauvignon und Cariñena. Neben den Weinen imponieren auch die drei sehr guten Cavas, die alle nach dem Champagnerverfahren hergestellt werden.

Last but not least: Knackiger Fischwein zu einem tollen Preis.

Weitere Produkte: Empfehlenswert: Cava Mas Codina, Mas Codina Cabernet Sauvignon, Mas Codina Rosado.

Preisgruppe: unter 10 DM

Bezugsquelle: 14, 33

Trinkreif

KATALONIEN

1998 Mas Comtal Merlot Rosado

D.O. Penedès

Cellers Mas Comtal

Mas Comtal, I – 08798 Avinyonet del Penedès (Barcelona)
Tel. und Fax (93) 8970052

Für einen Rosé überrascht zuerst der recht intensive, ausgewogene Duft. Neben Fruchtaromen von Himbeeren und roten Johannisbeeren offeriert der transparent himbeerrote Wein zarte Nuancen von Mandeln und Zwiebelschalen. Am Gaumen gefällt die perfekt dosierte Säure, die dem Wein Rückgrat gibt. Von seiner Art her saftig und delikat, kommen wieder Fruchttöne roter Beeren (Himbeeren, Erdbeeren, rote Johannisbeeren) mit einem Hauch blühender Rosen zum Vorschein. Er ist gut strukturiert und wird durch eine Spur Restsüße so richtig süffig.

Erzeuger: Das 40 Hektar große, in Familienbesitz befindliche Weingut Mas Comtal liegt östlich von Vilafranca del Penedès auf einer mittleren Höhe von 200 Meter. Im Gegensatz zur flachen, heißen Küstenregion, in der hochwertige Weine nur mit erheblich höherem Aufwand produziert werden können, ist »Medio Penedès« durch eine Hügelkette vom Küstengürtel getrennt. Der lehmige Boden trägt alle Rebsorten gut, die in dem kühleren Klima auch wesentlich besser gedeihen. Der Praktiker Albert und sein Bruder Joan Milá Mallofré – Letzterer ist Professor an der Weinbauschule von Mercé Rosell – leiten das Gut, das sowohl Weißwein wie auch Rosé und Rotwein erzeugt – und alle gleichermaßen empfehlenswert.

Last but not least: Abschalten, Gambas grillen, Más Comtal Rosado trinken ...

Weitere Produkte: Mas Comtal Extra Brut, Más Comtal Tinto (Cabernet Sauvignon/Merlot), Mas Comtal Pomell de Blancs.

Preisgruppe: 10–15 DM

Bezugsquelle: 4

Trinkreif

KATALONIEN

1998 Duc de Foix Chardonnay

D.O. Penedès

Covides

Rbla. Nostra Senyora, 45-1 –
08720 Vilafranca del Penedès (Barcelona)
Tel. (93) 8911060 – Fax (93) 8171798

Man mag zum Barrique-Chardonnay im internationalen Geschmacksstil stehen, wie man will – dieser hier ist in jedem Fall ein gut gemachter Wein. Schon die hellgoldene Farbe deutet auf den Ausbau hin. Dann auch gleich das opulente Bukett: die typische Vanille, Banane und Ananas, etwas Haselnuss, buttrig, weich, ausladend. So einer wie der braucht ordentlich Säure, um im Mund nicht fett und feist zu wirken. Und tatsächlich – die Säure ist kräftig genug, bildet eine gute Stütze. Voluminös und viskos rollt der holzgeprägte Wein über die Zunge. Trotzdem versteckt sich die Frucht nicht, grüner Apfel, etwas Mandarine und ein Tick Zitrus treten hervor. Im respektablen Abgang hat unangefochten das Barrique das Sagen.

Erzeuger: Nur knapp 50 000 Flaschen erzeugt die Firma Covides pro Jahr von diesem im Barrique fermentierten und sechs Monate ausgebauten Chardonnay. Eine winzige Menge im Vergleich zur Gesamtproduktion, die an 30 Millionen (!) Liter heranreicht. Bei solchen Quantitäten ist daher auch kaum mit Ausnahmequalitäten zu rechnen; dass Covides aber auf durchweg ordentlich gemachte Weine verweisen kann – inklusive Cava –, ist unter diesen Umständen und besonders in Anbetracht der Preise respektabel genug.

Last but not least: Passt gut zu weißem Fleisch mit Rahmsauce, aber macht auch zu fernöstlicher Küche eine gute Figur.

Weitere Produkte: Duc de Foix Tinto Reserva, Cava Brut »Xènius«.

Preisgruppe: 10–15 DM

Bezugsquelle: 54, 55

Trinkreif

KATALONIEN

1997 Algendaret Tinto
D.O. Penedès

Bodegas Montcau

Can Castany – 08790 Gelida (Barcelona)
Tel. (93) 7790034

Obwohl der Name und das Bild auf dem Etikett der Flasche an eine kleine Finca auf Menorca erinnern, ist der Wein ein typischer Vertreter der neuen katalanischen Schule. In der intensiven, warmen Nase dominieren rote Waldbeeren auf einem feinen Holzpodest, dazu kommen Gewürze und etwas Blütentöne. Gerbstoffe und Säure geben sich straff, doch die ausgeprägte Frucht von Weichselkirschen und roten Johannisbeeren kann sich dagegen behaupten. Ein kleiner Touch Holz und eine laktische Note ergänzen sich gut dazu. Bei eher schlanker Statur ist der Abgang zwar flott, aber dafür schön fruchtbetont.

Erzeuger: Erst seit 1995 existiert Montcau, dessen 30 Hektar Rebflächen und dessen mit moderner Technologie ausgestattete Keller im nördlichen Bereich der D.O. Penedès liegen. Schon in dieser kurzen Zeit können der Winzer Ramón Coma und Luís Plaja als Önologe mehrere weiße und rote Weine vorweisen sowie einen Cava, die wir allerdings noch nicht verkostet haben. Neben dem für die Cava-Erzeugung typischen Rebentrio Macabeo-Xarel.lo-Parellada wachsen noch Chardonnay und Chenin blanc, dazu die roten Tempranillo, Cabernet und Merlot sowie etwas Syrah.

Last but not least: Ein unkomplizierter, sehr sauber gemachter Wein, von dem es nicht nur bei einfachen Mahlzeiten auch gern ein Glas mehr sein darf.

Weitere Produkte: Algendaret Blanco Joven ♥♥♥, Algendaret Cava Brut Nature ♥♥♥♥, Blanc d'Arquer Chardonnay Reserva ♥♥♥♥.

Preisgruppe: unter 10 DM

Bezugsquelle: 56

Trinkreif

KATALONIEN

1997 Parató
Pinot Noir Rosado

D.O. Penedès

Parató Vinícola

**Can Respall de Renardes –
08733 Pla del Penedès (Barcelona)
Tel. (93) 8988182 – Fax (93) 8988510**

In der Farbe ein helles Rubinrot mit Reflexen von Zwiebelschalen. Das intensive Bukett wird von einer kräftigen Kirschfrucht – unterlegt von leichter Süße – geprägt. Dazu kommen Rosentöne, ein Touch Leder und im Hintergrund feine Kräuteraromen. Im Mund gibt ihm eine griffige Säure die nötige Frische. Die Kirschfrucht wird von einer Himbeere und mineralischen Tönen ergänzt. Fruchtbetonter Nachklang mit einer Spur Bittermandel. Im Gesamteindruck trocken, aber trotzdem sehr süffig. Verfehlte eine höhere Bewertung nur ganz knapp.

Erzeuger: Dieser Rosado ist in deutschen Weinlisten schon fast eine Rarität, denn ein Rosé aus Pinot Noir ist nicht oft vertreten. Im Anbaugebiet Penedès wird der Spätburgunder jedoch oft als Rosado verarbeitet. Nur kommen diese Weine nur selten außer Landes, was angesichts des ausgesprochen günstigen Preises sehr schade ist.

Die Vinícola Parató hat mit knapp 100 Hektar eine beachtliche Größe, die Produktionsmengen der vorgestellten Weine sind jedoch recht klein, beim Rosado gut 10 000 Flaschen. Die Rebsorte Xarel.lo der beiden Weißweine ist in Katalonien beheimatet und wird in erster Linie zur Schaumweinherstellung verwendet. Beide Weine sind qualitativ mit dem Rosado gleichwertig und ebenso empfehlenswert.

Last but not least: Herrlich frischer Rosado mit attraktivem Preis. Gute Kühlung ist angesagt!

Weitere Produkte: Parató Xarel.lo Blanco ♛♛♛, Parató Xarel.lo Blanco Barrica ♛♛♛.

Preisgruppe: unter 10 DM

Bezugsquelle: 45

Trinkreif

KATALONIEN

1997 Augustus Chardonnay
D.O. Penedès

Cellers Puig i Roca

Ctra. Sant Vicenç, s/n, – 43700 El Vendrell (Tarragona)
Tel. (977) 666910 – Fax (977) 666590

Der Augustus erscheint in einem mitteldichten Goldgelb mit leuchtender Brillanz. Das intensive Bukett wird von ausgeprägten Barriqueeinflüssen und exotischen Früchten geprägt. Trotz des Holzes ist es frisch und wirkt nicht breit. Im Geschmack ist der Wein fast cremig mit einer durch die intensive Frucht und Vanille verursachten süßen Spitze. Der ausgeprägte Körper endet mit einer guten Länge. Im Nachklang rebsortentypische leichte Bitternoten. Ein mächtiger Chardonnay aus dem Barrique, der durch die Säure lebt. Das gute Potenzial reicht für einige Jahre Lagerung.

Erzeuger: Schon wieder ein junges – Gründungsjahr 1990 – Weingut, werden Sie denken. Richtig, aber neben dem sehr guten Chardonnay und anderen Weinen auch eines mit einer interessanten Geschichte. Die Besitzer José Puig und Joan Roca sind erstens vom Fach. Zweitens sehr erfinderisch – von José Puig stammt der »Puigpulls«-Korkenzieher. Drittens produzieren sie neben dem Wein auch einen der besten und bekanntesten Essige in Spanien. Jedes nicht für Wein geeignete Barrique wird mit Perfektion in Essig verwandelt und nicht gerade preiswert verkauft. Dies tut dem verbleibenden Wein – die Qualität wird verbessert – und dem Geschäft gut.

Last but not least: Aristokratischer Chardonnay mit Kraft und breiten Schultern. Wen wundert es bei der Namensgebung?

Weitere Produkte: Augustus Rosado Cabernet Sauvignon ♛♛♛, Augustus Tinto Crianza Cabernet Sauvignon ♛♛♛, Augustus Tinto Merlot ♛♛♛.

Preisgruppe: 20–25 DM

Bezugsquelle: 9

Trinkreif

KATALONIEN

1997 Heretat Vall-Ventós Sauvignon Blanc

D.O. Penedès

Joan Raventós Rosell

**Heretat Vall-Ventós – 08783 Masquefa (Barcelona)
Tel. (93) 7725251 – Fax (93) 7727191**

Sehr gut gelungener, strohgelb-grünlich schimmernder Sauvignon, der in der Nase mineralische Töne, eine delikate, sublime Blütennote sowie – rebsortentypisch – Aromen weißer und roter Johannisbeeren freigibt. Mehr elegant als wuchtig, macht schon das Bukett viel Freude. Von knackiger Säure belebt und mit Frucht von grünen Äpfeln und Zitronen ausgestattet, rollt der extraktvolle, körperreiche Tropfen angenehm über die Zunge. Der recht ordentliche Abgang endet, von einem Tick Zwiebelschalen begleitet, in einem fruchtig-zartbitteren Nachklang.

Erzeuger: Die Bodega Raventós Rosell, 1985 gegründet, ist eine Perle im Hochland des Penedès, unmittelbar am Fuß des Montserrat-Gebirges gelegen. Die abgefüllten Weine, die wie die Cavas stets von hoher Qualität sind, stammen nicht nur von eigenen Weingärten. Mit großer Sorgfalt werden Trauben zugekauft, um die angestrebten 200 000 Flaschen vermarkten zu können.

Last but not least: Man nehme Schalentiere und festes, weißes Fleisch und dünste dies in einer Weißweinsauce mit gelbem Ingwer, Petersilie, Knoblauch und Frühlingszwiebeln. Dieses vortreffliche Menue (»sarsuela de mariscos«) wird am besten mit einer Flasche Sauvignon Blanc hinuntergespült.

Weitere Produkte: Joan Raventos Rosell Brut Reserva ▼▼▼▼▼, Joan Raventos Rosell Brut natural Reserva ▼▼▼▼, Heretat Vall-Ventós Chardonnay ▼▼▼▼, Heretat Vall-Ventós Blanc Primer ▼▼▼▼, Heretat Vall-Ventós Merlot Rosado ▼▼▼▼, Heretat Vall-Ventós Merlot Crianza ▼▼▼▼.

Preisgruppe: 15–20 DM

Bezugsquelle: 15

Trinkreif

KATALONIEN

1998 Mas Tolentos Blanco Joven

D.O. Penedès

Mas Tolentos

**Finca Prunamala – 08770 Sant Sadurní d'Anoia (Barcelona)
Tel. (93) 8911056 – Fax (93) 8911698**

Das klassische Cava-Trio Macabeo+Parellada+Xarel.lo präsentiert sich hier als stilvolle Stillversion. Helles Zitronengelb mit leichtem grünen Schimmer setzt den Farbakzent. In der Nase präsentiert sich der Wein vornehmlich frisch und fruchtig, mit zartem mineralischen Ton vor einer feinen Frucht von Ananas und Melone. Dazu gesellen sich Anklänge an süßliche Blüten, vor allem Linde. Geschmacklich setzt sich der Eindruck aus der Nase fort, Frische und Frucht liegen vorn, eine spritzige Säure sorgt für Leben. Von eher schlanker Statur, mit einem rassigen Abgang.

Erzeuger: Mit ihren Weinbergen im Zentrum der D.O. Penedès gehört die Finca Mas Tolentos als eine unter vielen zur Covides-Gruppe. Diese Vereinigung verfügt mit ca. 3800 Hektar eigenen Weinbergen allein über mehr als ein Zehntel der mit Abstand größten D.O. Kataloniens, die Gesamtproduktion geht in die Millionen Liter. Da kann ein wenig Profilierung nicht im Geringsten schaden. Und so steht die Finca Mas Tolentos für eine neu kreierte Linie von jungen, attraktiven, früh trinkbaren Weinen. Ausnahmequalitäten entstehen unter solchen Umständen selbstverständlich nicht – aber die Richtung stimmt. Und das ist – vor allem bei der erfreulich moderaten Preispolitik – das Schlechteste nicht.

Last but not least: Sommer, Sonne, Terrasse … und kalte Vorspeisen oder kälbernes Fleisch. Und diesen Wein gegen den Durst.

Weitere Produkte: Mas Tolentos Rosado Cabernet Sauvignon ♛♛♛, Mas Tolentos Tinto ♛♛♛.

Preisgruppe: unter 10 DM

Bezugsquelle: 48

Trinkreif

KATALONIEN

1998 Fransola

D.O. Penedès

Miguel Torres

**Comercio, 22 – 08720 Villafranca del Penedès (Barcelona)
Tel. (93) 8177400 – Fax (93) 8177444**

Hochachtung! Viele Sauvignon-Weine von der Loire können in der Preisklasse da nicht mithalten. Sehr vielschichtiges Bukett mit prägnanter Frucht nach tropischen Früchten, in erster Linie Honigmelone. Spürbare Röstaromen und Vanille vom Barrique. Insgesamt ist die Nase fast schon ein wenig wuchtig. Im Mund gut eingebundenes Barrique, das nicht aufdringlich wirkt. Ausgezeichnete Harmonie zwischen passender Säure und reifer Frucht. Der Wein ist für spanische Verhältnisse ungemein frisch mit dichter Struktur und Alterungspotenzial. Langer und fruchtbetonter Nachklang.

Erzeuger: Das Unternehmen Torres war schon vor über 20 Jahren ein Wegbereiter für spanische Spitzenweine auf dem internationalen Markt. Die angesprochenen Weine sind reine Lagenweine, was für Spanien eher ungewöhnlich ist. Die Produktpalette ist bei über 20 Millionen Flaschen natürlich ungemein groß, wir haben nur die Topweine heraus gefiltert. Aber auch die preisgünstigen Produkte sind fast alle empfehlenswert. Der Fransola ist ein Mischsatz aus 85 Prozent Sauvignon und Parellada, der Milmanda ein reinsortiger Chardonnay. Beide im Barrique vergoren und ausgebaut. Mas la Plana ist ein Cabernet Sauvignon, beim Gran Coronas kommen etwa 15 Prozent Tempranillo hinzu.

Last but not least: Harmoniert hervorragend mit einer Paella Valenciana.

Weitere Produkte: Milmanda 🍷🍷🍷🍷🍷, Gran Coronas Mas la Plana 🍷🍷🍷🍷🍷, Grans Muralles 🍷🍷🍷🍷🍷, Gran Coronas 🍷🍷🍷🍷, Gran Viña Sol Blanco 🍷🍷🍷🍷.

Preisgruppe: 25–30 DM

Bezugsquelle: 31, 39

Trinkreif

KATALONIEN

1994 Vallformosa Reserva
D.O. Penedès

Masía Vallformosa

La Sala, 45 – 08735 Vilobí del Penedès
Tel. (93) 8978286 – Fax (93) 8978355

Ein Hauch Portwein scheint dem Glase zu entströmen ... schon die Farbe (mittleres Rubinrot mit orangefarbenen Reflexen) deutet darauf hin, dass wir es hier nicht unbedingt mit einem Youngster zu tun haben. Auch das recht intensive Bukett liegt mit seiner Kombination aus Rum, Holz, reifen Brombeeren und Johannisbeeren schwer in der Nase. Spürbar süße Nuancen deuten eine Fortsetzung des bisher Erschnupperten am Gaumen an, wo zuerst das stramme Säuregerüst und der spürbare Gerbstoff auffallen. Doch schon nach kurzer Zeit überwiegen wieder gereifte Eindrücke, die im Nachklang Spuren von Sherry und Port aufweisen.

Erzeuger: Seit mehr als 20 Jahren wird bei Masía Vallformosa die Anbaufläche stetig erweitert und somit immer mehr Wein abgefüllt.
Ende der achtziger Jahre erreichten die Verkaufszahlen neue Rekorde. Von mittlerweile 330 Hektar kommt das Traubenmaterial für weiße, rote, roséfarbene Weine und für Cavas. Obwohl diese nicht einmal die Hälfte der erzeugten Flaschen einnehmen, kennt man das Gut in erster Linie als guten Cava-Produzenten. Neben dem gelungenen Brut Nature überzeugt vor allem der famose Gran Reserva Brut.

Last but not least: Für Freunde ausgereifter Bordeaux-Weine genau das Richtige.

Weitere Produkte: Vallformosa Gran Reserva Brut ♛♛♛♛, Vallformosa Cabernet-Sauvignon Reserva ♛♛♛♛, Vallformosa Gran Reserva ♛♛♛♛, Vallformosa Chardonnay ♛♛♛♛, Marina de Vallformosa Blanco (Vino de aguja) ♛♛♛.

Preisgruppe: 10–15 DM

Bezugsquelle: 36

Trinkreif

KATALONIEN

1998 Barranc dels Closos Negre

D.O. Priorat

Mas Igneus

**Pl. Portal, s/n – 43376 Pobleda (Tarragona)
Tel. (93) 8993131 – Fax (93) 8994015**

Nach etwas Belüftung zeigt sich ein saftig kirschfruchtiger Wein mit Akzenten von Holz, Mandeln, Mokka, Cassis und Kräutern. Er ist kraftvoll und extraktreich am Gaumen, wobei besonders die präsente, lebhafte Säure und die kompakte Frucht (Preiselbeeren, Johannisbeeren) überzeugen können. Der kräftige Körper (feiner Schmelz) endet in einem fruchtigen Nachhall mit spürbarer Bitternote.

Erzeuger: Den Fans spanischer Weine ist das Priorat schon seit ein paar Jahren ein Begriff, denn die Region im Hinterland von Tarragona hat geradezu legendären Ruhm erlangt. Auf Böden aus purem Schiefer werden die Reben gezwungen, tief zu wurzeln, um an Wasser zu gelangen. Bedingungen, die die Erträge extrem niedrig halten – mancher Stock trägt nur ein halbes Kilogramm (umso konzentrierterer) Trauben.

An dieser Stelle noch einige Erklärungen zu den Weinnamen: Unter der Bezeichnung »Barranc dels Closos« wird ein frischer, junger Wein abgefüllt. Die Buchstaben und Zahlen der Serie »Mas Igneus« bergen Informationen zum Weinausbau. So bedeutet FA beispielsweise »French Alienor«, also französische Eichenholzfässer. Die erste Zahl gibt das Alter der Barriques in Jahren an, die beiden letzten die Anzahl der Monate, die der Wein in selbigen verbracht hat.

Last but not least: Junger Wein mit intensiver Frucht und beachtlicher Struktur.

Weitere Produkte: Mas Igneus FA 112 Negre ▯▯▯▯▯, Mas Igneus FA 206 Negre ▯▯▯▯, Mas Igneus FA 104 Blanc ▯▯▯▯.

Preisgruppe: 15–20 DM

Bezugsquelle: 49, 50

Trinken ab 2001

KATALONIEN

1996 Les Terrasses Crianza
D.O. Priorat

Álvaro Palacios
Parcela, 26 – 43737 Gratallops (Tarragona)
Tel. (977) 839195 – Fax (977) 839197

Ein wundervoller Tropfen! Dieser tief purpurviolette Wein duftet intensiv nach Brombeeren und schwarzen Heidelbeeren und offenbart sich in der Nase zart schmelzig mit gut eingebundenem Barrique und einem feinen Vanilletouch. Auf einem dunklen Fundament gefallen zudem Töne von Kakao und Schokolade. Rund und geschmeidig rollt er über die Zunge und hinterlässt im Mund eine erstaunliche Fülle von Geschmacksnuancen: dunkle Beeren, Teer, Leder, Röstaromen, Lakritze, Tabak, Vanille. Der opulente Wein hat enorme Reserven, präsentiert sich aber schon gut zugänglich. Im wuchtigen Nachhall verbinden sich Eleganz und Frucht (Orangenmarmelade) trefflich.

Erzeuger: Mittelpunkt des in den katalonischen Bergen gelegenen Weinanbaugebietes Priorat ist der kleine Ort Gratallops, bekannt für seine außergewöhnlichen Rotweine. Zur absoluten Spitze der dort ansässigen neuen Generation von Weinmachern zählt ohne Zweifel Álvaro Palacios. Der erst 35-Jährige sammelte Erfahrungen in Bordeaux und Kalifornien. Seine drei vorzüglichen Rotweine stammen von rund 70 Jahre alten Reben – sie sind kraftvoll und äußerst körperreich.

Last but not least: Die Rückbesinnung auf autarke Rebsorten (Garnacha Tinta, Cariñena) in Verbindung mit einem wirklichen Sonderpreis für außergewöhnliche Qualität machen den Les Terrasses zu einem Teil katalanischer Weinkultur.

Weitere Produkte: L'Ermita Crianza ??????, Finca Dofí Crianza ??????.

Preisgruppe: 35–40 DM

Bezugsquelle: 1, 2, 3, 7, 8, 9, 10, 11, 12, 15, 16, 31, 33, 34, 45, 53, 54, 56

Trinken ab 2001

KATALONIEN

1998 Ònix vi negre
D.O. Priorat

Vinícola del Priorat

**Calle Piró, s/n – 43737 Gratallops (Tarragona)
Tel. und Fax (977) 839167**

Der Ònix erscheint in einem dichten, sehr jungen Purpurviolett und erinnert an einen jungfräulichen Wein kurz nach der Maischegärung. Nach kurzer Belüftung springt aus dem Glas ein Korb voller roter Beeren, untermalt von angenehmen Barriquetönen. Weiche, angenehm laktische Töne erinnern in der Ferne an die Rebsorten Dolcetto oder Lagrein. Junges Tannin steht im Einklang mit spürbarer, aber passender Säure. Trotz der Jugend steht auch im Geschmack die stattliche Frucht im Vordergrund, der Holzeinsatz ist dezent. Der mittelgewichtige Wein endet in weicher Harmonie, die 13,5 Volumenprozent Alkohol sind sehr gut eingebunden.

Erzeuger: Die Vinícola del Priorat ist mengenmäßig der Platzhirsch im Priorat. Etwa 50 Prozent der Gesamtproduktion des Gebietes wandert aus ihren Kellern. Sehr erfreulich sind die moderaten Preise der Winzergenossenschaft. Noch haben sie sich nicht an die sehr hohen Preise der Konkurrenz angeglichen. Zwei Drittel Garnache und ein Drittel Cariñena sind die Rebsorten des Ònix. Der L'Arc Tinto ist ein Mischsatz auf Basis von Cabernet Sauvignon und Garnacha und lagert zwölf Monate im Barrique. Der hervorragende 96er sollte noch zwei Jahre lagern. Außergewöhnlich und gut sind die Dessertweine Cingle Dolç und Cingle Ranci, beide werden zu einem großen Teil aus der Rebsorte Garnacha Tinta hergestellt.

Last but not least: Knackig junger Spaß im Glas.

Weitere Produkte: L'Arc Tinto ?????, Cingle Dolç ????, Cingle Ranci ????, L'Arc Blanco ???.

Preisgruppe: 15–20 DM

Bezugsquelle: 1, 7, 11, 16, 35, 46, 56

Trinkreif

KATALONIEN

1995 Blanc Prior
D.O. Priorat

Cellers Scala Dei

Rambla de la Cartoixa, s/n – 43379 Scala Dei (Tarragona)
Tel. (977) 827027 – Fax (977) 827044

Es erscheint zweifelhaft, dass ausgerechnet der Wegbereiter der neuen großen Rotweine aus dem Priorat auch für Weiße noch einmal eine Vorreiterrolle wird spielen können. Dennoch beweist Don Manuel Peyra, dass er sich auch auf die Produktion stilvoller Weißweine versteht.

Sein barriquevergorener, reinsortiger Garnacha Blanca kommt selbstbewusst mit einer dichten Nase vollreifer Äpfel daher, die von malzigem Aroma und süßlicher Würze unterlegt sind. Am Gaumen wirkt die Frucht frischer, die beträchtlichen 13,5 Volumenprozent Alkohol werden von passender Säure gut abgepuffert. Der potente Körper und das Eichenholz definieren den molligen Auftritt im Mund ebenso wie den anhaltenden Abgang.

Erzeuger: Vor bald 30 Jahren übernahm Manuel Peyra das elterliche Anwesen. Bis zum Ende der achtziger Jahre, als mit einer neuen Weinmachergeneration auch ein frischer Wind ins Priorat wehte, war Peyra praktisch der Einzige, der den Qualitätsweinbau in dieser Enklave am Leben erhielt. Und der Aufschwung riss ihn, den »Pionier der Pioniere«, mit in eine grandiose Bewegung, in der er vor allem mit seinem gewaltigen »Cartoixa«, aber auch mit seinen Weißweinen immer noch eindrucksvolle Akzente zu setzen versteht.

Last but not least: Dieser kraftvolle Weiße erwartet kräftige Gemüse- oder Kräutercremesuppen zum stilvollen Rendezvous.

Weitere Produkte: Cartoixa d'Scala Dei, Scala Dei Negre Criança, Scala Dei Blanc.

Preisgruppe: 25–30 DM

Bezugsquelle: 11, 23

Trinkreif

KATALONIEN

1997 Fra Fulcó
D.O. Priorat

Cellers Vilella de la Cartoixa

Ereta, 10 – 43375 La Villela Alta (Tarragona)
Tel. (977) 839171 – Fax (977) 839426

Fast schwarze Brombeerfarbe im Glas, explosive Frucht in der Nase, ein dicker Brocken im Mund – bei diesem Wein spielen die Sinne verrückt. Das Bukett besticht durch kompakte Brombeeraromen (noch nicht ganz ausgereift), süße Rösttöne, Kräuternoten, Nuancen von Teer und einem Hauch Wacholder. Im Geschmack ebenso konzentriert, kleidet die dicke Frucht – wieder Brombeeren, gefolgt von Heidelbeeren, Johannisbeeren und Schlehen – den Mund ganz aus und bleibt minutenlang am Gaumen. Die stramme Säure ist zwar präsent, aber auch perfekt eingebunden, der muskelbepackte Körper hat Schliff und Eleganz, der Gerbstoff ist kernig. Kraftvoller, fruchtbetonter, voluminöser Nachhall.

Erzeuger: Toni Alcover, Önologe von C.V.C., gehört nach wenigen Jahren bereits zu den festen Größen der D.O. Priorat. Nach dem Abschluss der Weinbauschule Jaume Ciurana arbeitete er mit Álvaro Palacios, José Luis Pérez Verdú und René Barbier, die ihm in punkto Arbeit im Weinberg, Kellertechnik, Vermarktung usw. großartige Lehrer waren. 1994 machte er sich selbstständig. Als Standort wählte er das winzige La Villela Alta, wo man seine Bodega in einer der steilsten und engsten Gassen findet. Da er selbst keinen einzigen Weinberg besitzt, verarbeitet er die Trauben von fünf Winzern – alle Mitglieder der Cooperativa von Gratallops –, die über einige der ältesten Weinberge der Zone verfügen.

Last but not least: Nicht immer bürgt Preis auch für Qualität – hier schon.

Weitere Produkte: Fra Fulcó Selección Tinto.

Preisgruppe: über 40 DM

Bezugsquelle: 18

Trinken ab 2001

KATALONIEN

1998 Joan d'Anguera Tinto Joven

D.O. Tarragona

Josep Anguera Beyme

**Mayor, s/n – 43746 Darmós (Tarragona)
Tel. und Fax (977) 418302**

Fleischig, fruchtig, unprätenziös – so muss ein Spaßwein sein! In leuchtendem Purpur kommt dieser hier daher, ein Verschnitt aus 50 Prozent Syrah sowie restlichen Cabernet und Garnacha. Er präsentiert eine intensive Fruchtnase mit viel Kirsche, eine laktische Note sowie Nuancen von Rosen und frischen Kräutern. Im Mund weiches Tannin, eine ordentliche Portion Säure und wieder jede Menge Kirsche, knackig und frisch. Ein leicht buttriges Aroma fügt sich harmonisch dazu. Erstaunlich, wie gut integriert die immerhin 13 Volumenprozent Alkohol sind. Eine fleischige Textur mündet im fruchtgeprägten Abgang. Alles in allem ein junger, harmonischer, runder Typ – lecker!

Erzeuger: Für spanische Verhältnisse fast ein Unikum: Josep Anguera Beyme, Firmenchef und Önologe in Personalunion, erzeugt nur einen einzigen Wein. Auf seinen ca. 30 Hektar Land bei Darmós, ganz im Südwesten des Anbaugebiets Tarragona, stehen Cabernet Sauvignon, Garnacha, Cariñena und – auch das eine Seltenheit – Syrah. Auf gute Qualität bedacht, hält Don Anguera Beyme, dessen Familie seit 1820 dem Weinbau verpflichtet ist, die Erträge bewusst niedrig. Und trotzdem gibt er nur etwa die »bessere Hälfte« des jährlich erzeugten Weins in Flaschen zum Verkauf. Die andere Hälfte, die der Chef einer Flaschenabfüllung nicht für würdig hält, geht in offenen Gebinden in den Markt.

Last but not least: Pizza, Pasta und Co. sind mit diesem Burschen bestens bedient – da freuen sich Kehle und Geldbeutel. Es darf aber gern auch ein kräftiger Braten aus spanischen Landen sein.

Preisgruppe: 10–15 DM

Bezugsquelle: 11, 15, 28, 51

Trinkreif

KATALONIEN

1998 Mas Collet

D.O. Tarragona

Celler Cooperatiu de Capçanes

**Pau Casals, 33 – 43776 Capçanes (Tarragona)
Tel. (977) 178319 – Fax (977) 178153**

Einer unserer Favoriten für den schmalen Geldbeutel. Noch ist leuchtendes Rubin mit leichten Rändern farblich nichts Aufregendes. Doch dann nimmt auf Anhieb der fruchtgeprägte Duft von saftigen Kirschen für sich ein. Vollmilchschoko und Vanille schwingen mit, feine Süße und ein Kick Rosinen runden ab.

Auch am Gaumen absolut überzeugend: Säure und Tannine sind sehr ausgewogen, die Kirschfrucht ist weich und rund ins Holz eingebunden, Kakao verleiht feinen Schmelz. Die kompakte Textur harmoniert prächtig mit der ausgewogenen, gefälligen Art dieses Weins. Jetzt angenehm zu trinken bei Reserven für noch ein paar Jahre. Lecker!

Erzeuger: Die seit 1933 bestehende Genossenschaftskellerei gehört mit ihren 90 Mitgliedern heute zu den besten Betrieben der D.O. Tarragona. Auf den knapp 230 Hektar, die zum größten Teil im Gemeindegebiet von Capçanes liegen, sind die Weinstöcke im Schnitt mehr als 30 Jahre alt. Neben den Hauptrebsorten Garnacha (rot und weiß), Cariñena und Macabeo wurden in den letzten Jahren auch internationale Favoriten wie Cabernet, Merlot und Chardonnay angepflanzt und vinifiziert.

Der Weinkeller entspricht mit temperaturkontrollierter Vergärung und Barriques aus amerikanischer und französischer Eiche ebenfalls allen Anforderungen moderner Önologie.

Last but not least: Kaufen, trinken, staunen.

Weitere Produkte: Cabrida 🍷🍷🍷🍷🍷, Costers del Gravet tinto 🍷🍷🍷🍷, Flor de Maig Rosat 🍷🍷🍷.

Preisgruppe: 10–15 DM

Bezugsquelle: 12, 18, 30, 31, 44, 46, 51

Trinkreif

KATALONIEN

1996 Viña Solimar Tinto
D.O. Tarragona

De Muller

Camí Pedra Estela, 34 – 43205 Reus (Tarragona)
Tel. (977) 757473 – Fax (977) 770029

In der Farbe ein erfreuliches mitteldichtes Rubinrot. Die Nase öffnet sich spontan mit einer deutlichen Frucht nach dunklen Beeren und Kirsche. Daneben samtige Holzaromen vom Barrique in Verbindung mit diversen Gewürznuancen.
Im Mund spürbare, aber weiche Tannine und eine griffige Säure, die den Eindruck der Sauerkirsche unterstützt. Daneben leichte Röstnoten vom Holz und ein Touch dunkle Aromen nach Teer und Leder. Der mittelgewichtige Körper endet in einem fruchtbetonten Nachklang. Vielseitiger und unkomplizierter Essensbegleiter zu Fleischgerichten.

Erzeuger: Das traditionsreiche Unternehmen wurde bereits 1851 gegründet und ist bekannt für die Herstellung der typischen Messweine in der Region Tarragona. Diese Weine der Kirche werden seit Jahrhunderten nach ganz Europa ausgeliefert. Somit verwundert bei De Muller auch nicht der hohe Exportanteil von 60 Prozent. Die Bodega hat noch zwei weitere Betriebe im Priorat und Terra Alta, wo auch ein Großteil Süßweine hergestellt werden. Der vorgestellte Viña Solimar ist ein Mischsatz aus Cabernet Sauvignon und Merlot und bildet mit dem Blanco und Rosado eine gute Ergänzung der Produktpalette. Die drei Weine sind sauber vinifizierte Tropfen mit einem ausgezeichneten Preis-Leistungsverhältnis.

Last but not least: Weicher und trinkreifer Tinto ohne Ecken und Kanten.

Weitere Produkte: Viña Solimar Blanco ♀♀♀, Viña Solimar Rosado ♀♀♀, Añejo De Muller Dulce ♀♀♀.

Preisgruppe: unter 10 DM

Bezugsquelle: 57

Trinkreif

KATALONIEN

o.J. Blanc Pescador
Vino de la Tierra Cataluña

Castillo de Perelada

Plaça del Carme, 1 – 17471 Perelada (Girona)
Tel. (972) 538011 – Fax (972) 538277

Es muss gewiss nicht immer Prosecco sein, wenn es im Mund erfrischend-weinig perlen soll. Und dieser »vino de aguja« – die spanische Version von »frizzante/pétillant« – erfreut durch seine geradlinige, knochentrockene Art. In der Nase ein feinfruchtiger Duft mit Anklängen an Hefe und Brotrinde. Den ganzen Mund erfüllt ein sprudelnder Frischequell, die Säure ist angenehm zurückhaltend, dafür präsentiert sich eine schöne Frucht von knackigen grünen Äpfeln. Der fast grazile Körper lässt überhaupt keinen Eindruck von Schwere aufkommen. Nichts für Liebhaber der Tiefe, aber ein großes Vergnügen für die Freunde eines unbeschwerten, fröhlichen Umtrunks. Gut gekühlt servieren (ca. 6–8 °C)!

Erzeuger: Die Kellerei in Kataloniens Norden erzeugt seit drei Generationen sowohl Wein als auch Cava. Ausgangspunkte waren zunächst nur das Schloss von Perelada und eine kleine alte Kellerei von ehemaligen Mönchen. Heute ist eine große Unternehmensgruppe daraus geworden, mit mehreren Einzelbetrieben und modernen Produktionsstätten bis hinunter ins Penedès. Dementsprechend ausgedehnt ist die Palette der Produkte, was aber der Qualität keinen Abbruch tut.

Last but not least: Auch wenn der Hersteller seinen Wein zu Fisch und Meeresfrüchten empfiehlt – wir sind entschieden für prickelnden Trinkspaß als Apéritif – oder »einfach so« zwischendurch.

Weitere Produkte: Reserva ♀♀♀♀, Cabernet Sauvignon ♀♀♀♀, Chardonnay ♀♀♀, Cava Gran Claustro ♀♀♀♀, Cava Brut Nature ♀♀♀.

Preisgruppe: unter 10 DM

Bezugsquelle: 4, 39, 41

Trinkreif

SPECIAL

Top Ten

Die zehn interessantesten Weine nach ihrem Preis-Leistungsverhältnis

1998
Chamerlot

1995
Marqués de Vargas Reserva

1998
Mas Codina Blanco

1997
Mas Collet

1994
Monte Mira Reserva

1998
Puerto de Santos

1991
Solagüen Reserva

1998
Viña Luz

1998
Viña Mocén Superior

1997
Viñas del Vero Merlot

urcia

Murcia gehört zu den kleineren Regionen in Spanien, landschaftlich und kulturell nimmt sie eine Übergangsstellung zwischen der Levante im Norden, dem südlich gelegenen Andalusien und dem östlichen Kastilien ein. Das Klima ist im Winter mild, im Sommer ausgesprochen heiß und regenarm. Die Hauptstadt Murcia wurde 831 von den Mauren gegründet und war bis zur christlichen Wiedereroberung 1266 zeitweilig Zentrum eines vom Kalifat in Córdoba unabhängigen maurischen Königreichs. Als wertvollstes Erbe jener muslimischen Zeit gilt ein ausgeklügeltes Bewässerungssystem, das die Mauren zur Perfektion entwickelt haben. Es sichert bis heute die Existenz der berühmten »Huerta« mit ihren ausgedehnten Zitronen- und Obstbaumplantagen sowie Reisfeldern. In der von intensiver Landwirtschaft geprägten Region gedeihen auch Gemüse, Blumen, Datteln, Oliven und Mandeln.

Tiefdunkle Rotweine

Auch der Weinbau hat in Murcia eine lange Tradition, wenn auch die Erzeugung von in Flaschen abgefülltem Qualitätswein erst eine Entwicklung der jüngeren Zeit ist. Immerhin weist die vergleichsweise kleine Region drei D.O.-Bereiche auf: Die älteste und bezüglich Rebfläche und Weinmenge mit Abstand bedeutendste ist die im nordwestlichen Bergland gelegene D.O. **Jumilla**. Einst galten ihre Roten als ideale Deckweine für schwache Tropfen in anderen Landesteilen. Von tiefdunkler Farbe, alkoholstark und ohne spezifischen Charakter, wurden Weine aus Jumilla tankweise kommerzialisiert.

Diese typischen schweren, nahezu fruchtfreien Jumillas sind zwar heute noch auch in Flaschen zu finden, doch viele Erzeuger setzen mittlerweile ihren Ehrgeiz daran, aus Sorten wie der lokal bei weitem führenden Monastrell, aber zunehmend auch aus Cabernet Sauvignon, Merlot und Syrah moderne, frisch-fruchtige Weine zu erzeugen – und einige können gute Erfolge vorweisen.

Kleinere D.O.s

Vergleichbares – wenn auch in viel kleinerem Maßstab – gilt für die nordöstlich von Jumilla liegende D.O. **Yecla**, deren Weine immer noch unter dem schlechten Image der dickschwarzen Alkoholmonster zu leiden haben. Dabei macht Castaño, die führende Kellerei vor Ort, seit Jahren vor, welche Qualitäten auch in Yecla möglich sind.

Der Vollständigkeit halber erwähnt sei schließlich noch die seit 1994 bestehende D.O. **Bullas**, in der Monastrell vorherrschend ist, aus der aber bislang noch keine Weine exportiert werden.

MURCIA

1998 Murì Veteres
D.O. Jumilla

Bodegas y Viñedos Agapito Rico

Casas de la Hoya, s/n »El Carche« – 30520 Jumilla (Murcia)
Tel. und Fax (968) 757172

Der Murì Veteres ist ein ausgezeichnetes Beispiel für einen preiswerten Wein von guter Qualität. Das dichte Rubinrot weckt Hoffnungen, und die nuancierte Nase bestätigt den ersten Eindruck. Die recht süße Kirschfrucht wird von cremigen und unaufdringlichen Tönen nach Nougat, Praline und Marzipan begleitet, die einen weichen und runden Eindruck vermitteln. Die Fruchtnote steht auch im Geschmack im Vordergrund, wobei die Kirsche an »Mon Chéri« erinnert. Eine griffige Säure gibt Struktur und steht in guter Harmonie zu weichen Tanninen. Der mitteldichte Körper endet mit einem fruchtigen Nachklang und ganz leichten Bitterton.

Erzeuger: Das vor zehn Jahren gegründete Weingut Agapito Rico gehört mit etwa 100 Hektar eigenen Weinbergen und einer Produktion von einer halben Million Flaschen zu den mittelgroßen Betrieben im Anbaugebiet. Erstaunlich ist der sehr große Exportanteil von 80 Prozent, teilweise bekommen die für das Ausland bestimmten Weine einen anderen Namen. So wird der Murì Veteres beispielsweise in Spanien unter dem Namen »Carchelo« vermarktet. Seine Fruchtigkeit bekommt er von der Rebsorte Monastrell, die mit 25 Prozent Merlot gemischt wird. Der absolute Spitzenwein ist der rare Carchelo Merlot, ein reinsortiger Barriquewein von enormer Struktur und großem Potenzial.

Last but not least: Ein fruchtbetonter Spaßwein für jeden Tag.

Weitere Produkte: Carchelo Merlot 🍷🍷🍷🍷🍷, Carchelo Reserva 🍷🍷🍷🍷, Carchelo Crianza 🍷🍷🍷🍷.

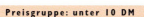

Preisgruppe: unter 10 DM

Bezugsquelle: 3, 12, 32, 35

Trinkreif

MURCIA

1996 Castillo Jumilla Crianza
D.O. Jumilla

Bodegas Bleda

**Avda. de Yecla, 26 – 30520 Jumilla (Murcia)
Tel. (968) 780012 – Fax (968) 782699**

Diese Crianza ist ein gutes Beispiel für die intensive Frucht der Rebsorte Monastrell. Sie ist im Hinterland von Alicante sehr beliebt und wird meistens für Rosados oder leichte Rotweine verwendet. Die intensive Nase wird von Kirschfrucht und Röstaromen geprägt. Daneben ein Touch Teer und Lakritze sowie Waldboden. Die griffige Säure harmoniert gut zur Sauerkirsche und spürbaren Tanninen. Bukett und Geschmack stimmen gut überein, wobei die Holzaromen etwas im Hintergrund stehen. Die Frucht wird im Mund deutlich, im Nachklang erscheinen dunkle Aromen.

Erzeuger: Man kann es kaum glauben! Im Land selbst kosten die einfachen Weine Castillo Jumilla Blanco und Tinto jeweils nur etwas mehr als 4 D-Mark, wobei dieser Preis auch in Spanien fast die Untergrenze darstellt. Beide Weine sind nicht nur trinkbar, sie sind ausgezeichnete Alltagsweine mit einem tollen Preis-Leistungsverhältnis. Der Blanco wird je zur Hälfte aus Airén und Viura hergestellt, der Tinto aus den gleichen Rebsorten wie die Crianza.
Wir haben jedoch in Deutschland bisher leider keine Bezugsquelle gefunden. Dies dürfte sich aber sicherlich bald ändern. Die Crianza wird aus 60 Prozent Monastrell und 40 Prozent Tempranillo mit Lagerung im kleinen Holzfass hergestellt.

Last but not least: Fruchtbetonter Typ mit ausreichender Tiefe. Als Imbiss eine wunderbare Ergänzung zu Cabrales oder einem anderen Schnittkäse.

Weitere Produkte: Castillo Jumilla Blanco, Castillo Jumilla Tinto.

Preisgruppe: 10–15 DM

Bezugsquelle: 26, 39

Trinkreif

MURCIA

1997 Merlot
D.O. Yecla

Bodegas Castaño

**Ctra. Fuenteálamo, 3 – 30510 Yecla (Murcia)
Tel. (968) 791115 – Fax (968) 791900**

Hier finden Sie einen »Zechwein« von Format. Denn dieser leuchtend rubinrote Bursche gefällt auf Anhieb durch seinen fruchtigen Duft nach Brombeeren, die dezent von Gewürzen, Kräutern und einem Tick Veilchen begleitet werden. Und auch gleich der erste Schluck bestätigt den Eindruck aus der Nase: Die reife Frucht wird von sanften Gerbstoffen und einer pikanten Säure bestens flankiert. Etwas Vanille sowie dunkle Aromen wie Humus und Teer runden harmonisch ab. Der Körper hat Statur, der fruchtige Abgang lässt sich schmecken.

Erzeuger: Die Kellerei ist unbestritten die Nummer eins der kleinen D.O. Yecla im Norden der Provinz Murcia. Doch obwohl es fast wie eine Bürde auf Ramón Castaño lastet, den in Spanien ziemlich schlechten Ruf des Anbaugebiets zu verbessern, gibt es keinen Zweifel an der konstant guten Qualität seiner Weine. Der Klassiker unter ihnen ist seit jeher der »Pozuelo«, eine Cuvée mit Hauptanteil Monastrell. In jüngster Zeit gesellen sich noch interessante reinsortige Weine dazu sowie die beiden vorzüglichen Verschnitte »Collección« und »Hécula«, die beide hauptsächlich aus Monastrell sowie kleineren Anteilen Cabernet und Merlot gemacht sind.

Last but not least: Jede deftige Brotzeit gewinnt durch diesen Wein. Aber auch Gebratenes in Sauce ließe sich damit trefflich begleiten.

Weitere Produkte: Castaño Collección ▯▯▯▯, Hécula ▯▯▯▯, Cabernet-Sauvignon Castaño ▯▯▯, Pozuelo ▯▯▯, Castillo del Barón ▯▯▯.

Preisgruppe: 10–15 DM

Bezugsquelle: 8, 53

Trinken ab 2000

avarra

Die autonome Region Navarra nimmt in der spanischen Verfassung eine Sonderstellung ein. Bereits im Jahre 1512 garantierte der damalige König Ferdinand seinen Untertanen bestimmte Rechte und Unabhängigkeiten. Noch heute gilt Navarra als »comunidad foral«, was in etwa freie Gemeinschaft bedeutet.

Fünf Teilgebiete

Das Anbaugebiet Navarra liegt fast genau in der Mitte Nordspaniens zwischen der Atlantikküste und dem Mittelmeer. Neben Rioja und Ribera del Duero ist es das wichtigste Rotweingebiet Spaniens. Darüber hinaus werden ausgezeichnete Rosados produziert, dagegen muss man gute Weißweine eher suchen. Die Region erlangte bereits im Jahre 1967 den Status der D.O. Navarra wird in fünf Teilgebiete unterteilt: Baja Montaña im Nordosten an den Ausläufern der Pyrenäen, Tierra Estella im Westen, Valdizarbe südlich der Hauptstadt Pamplona, Ribera Alta und Ribera Baja im Süden. Die drei erstgenannten Gebiete stehen unter dem klimatischen Einfluss des Atlantiks. Die beiden anderen Gebiete werden eher vom Mittelmeer beeinflusst und machen knapp zwei Drittel der 14000 Hektar Rebfläche aus. Hier sind die Niederschläge im Jahresdurchschnitt geringer und die Vegetationszeit wärmer. Trotz der räumlichen Entfernung sind die Böden mit einer Mischung aus Lehm, Kies und Kalk vergleichbar und bringen ausgezeichnete Voraussetzungen für den Weinbau.

Weltbekannt ist die Region Navarra durch das berühmte Festival San Fermín in Pamplona, das jedes Jahr Anfang Juli stattfindet. Das Fest zieht alljährlich Tausende von Besuchern an und ist eine touristische Attraktion. Am Morgen werden Stiere durch die engen Straßen der Stadt in Richtung Stierkampfarena getrieben. Vor allem junge Männer beweisen ihren Wagemut, indem sie vor den Stieren herlaufen und dabei ihr Leben aufs Spiel setzen.

Geschichte des Weinbaus

Bereits in vorrömischer Zeit wurde in Navarra Wein hergestellt, und unter den Römern selbst war das Gebiet von großer Bedeutung. Ab 905 bildete Navarra dann ein eigenständiges Königreich, welches aber auch übergangsweise von französischen Dynastien regiert wurde. Im 13. Jahrhundert war die größte Ausdehnung mit 50000 Hektar, zu dieser Zeit begann bereits der Export. Im 16. Jahrhundert erfolgte dann die Angliederung an Kastilien, und seit 1841 ist Navarra spanische Provinz. Ähnlich wie Rioja hatte das Weinland Navarra im letzten Jahrhundert einen

NAVARRA

Boom durch das Auftreten der Reblaus in Frankreich. Diese verschonte aber später auch nicht das spanische Anbaugebiet, und in der Zeit von 1891 bis 1896 verwüstete die Reblaus annähernd 99 Prozent der Rebstöcke. Nach der Krise wurden schnell wieder resistente Rebstöcke angepflanzt, und nach 20 Jahren betrug die Rebfläche bereits wieder 25 000 Hektar. Das Gebiet erreichte aber nie mehr seine ursprüngliche Größe, und momentan sind knapp 14 000 Hektar Rebfläche registriert. Angesichts der weltweiten Überproduktion hat sich dies jedoch nicht nachteilig ausgewirkt. Bezeichnend ist die große Anzahl von Kleinproduzenten. Heute gibt es noch über 6000 Winzer, die durchschnittlich nicht mehr als zwei Hektar Rebfläche bearbeiten und ihre Trauben an Genossenschaften liefern.

Weine und Rebsorten

Die wichtigsten Rebsorten sind: Garnacha (45 % mit rückläufiger Tendenz), Tempranillo (27 %), Cabernet Sauvignon (9 %), Merlot (4 %), Mazuelo (2%) als rote und Viura (8 %), Chardonnay (1,5 %), Moscatel (0,6 %), Malvasia (0,3 %) als weiße Sorten.

Die Zahlen machen deutlich, dass bei den Weißweinen die Rebsorte Viura dominiert. Der Trend geht zu frischen Weißen, die bei niedrigen Temperaturen vergoren werden, damit die Fruchtigkeit erhalten bleibt. Daneben gibt es aber auch hochwertige und schwere Barriqueweine aus Chardonnay. Dieser Weintypus ist jedoch weltweit beliebt und wird aus Nachfragegründen in fast jedem renommierten Anbaugebiet hergestellt.

Rosados machen etwa 30 Prozent der Gesamtproduktion aus und werden in erster Linie aus Garnacha hergestellt. Sie haben eine lange Tradition, sind teilweise von ausgezeichneter Qualität und haben auch einen hohen Exportanteil, selbst das Weinland Frankreich ist ein großer Abnehmer der spanischen Roséweine.

Trend zu kräftigen Rotweinen

Die Rotweine sind oft Verschnitte aus verschiedenen Rebsorten. Jedoch kann man keine Regel aufstellen, denn auch reinsortige Rote aus Tempranillo, Cabernet Sauvignon oder Merlot findet man immer öfter. Ob Verschnitte oder reinsortig, der Trend geht eindeutig zu kräftigen Rotweinen mit Barriquelager, die auch international Anerkennung und Geschmack finden. Erstaunlich ist das mittlerweile hohe Qualitätsniveau sowohl bei den einfachen Weinen wie auch bei den Spitzenprodukten der einzelnen Bodegas. Gerade in der Preisklasse zwischen knapp zehn und 15 D-Mark findet man eine Palette von ausgezeichneten Rotweinen wie in kaum einem anderen spanischen Anbaugebiet. Wie im Nachbargebiet Rioja gibt es Crianzas, Reservas und Gran Reservas, die D.O.-Bestimmungen hinsichtlich Flaschen- und Barriquelager ähneln sich und sind im Kapitel »Rioja« erläutert.

Für besonders Interessierte noch der Hinweis auf das Informationsbüro Vinos Navarra, c/o Integra Communication, Kieler Straße 464–470 in 22525 Hamburg, wo man sehr umfangreiche Informationen bekommt.

NAVARRA

1998 Castillo de Monjardín Chardonnay

D.O. Navarra

Castillo de Monjardín

**Viña Rellanada – 31242 Villamayor de Monjardín
Tel. (948) 537412 – Fax (948) 537436**

Der 1997er Chardonnay hat eine schöne zitronengelbe Farbe. Die Geruchseindrücke sind vielfältig und beginnen mit sortentypischen Akzenten von weißem Pfirsich, Mirabelle und Aprikose. Dazwischen blitzen Nuancen von Humus, Sahne und Mokka auf, abgerundet durch mineralische Noten. Am Gaumen ist er – bei mittlerem Körper – von guter Intensität und stimmiger Säure (weniger wäre zu wenig). Kernig und erfrischend, überzeugt er durch die klare Frucht, die sich, im Vergleich zum Bukett, mit etwas mehr Griffigkeit wiederholt, bereichert durch Stachelbeere und Zitrone. Bleibt angenehm, ohne jede Stahligkeit am Gaumen und hat im Finale eine erfrischende Spur Säure.

Erzeuger: Víctor del Villar, Coeigentümer und geistiges Oberhaupt der fortschrittlichen Bodega, ist ein Mensch, dessen Leidenschaft ganz klar der Chardonnay-Traube gilt. Drei Weißweintypen baut er aus: den frischen, klassisch im Edelstahltank vergorenen Jungwein, der im Jahr nach der Lese verkauft wird, sowie zwei barriquegereifte, exzellente Chardonnays. Daneben werden ein fruchtbetonter Roter aus Tempranillo und Pinot Negro sowie eindrucksvolle Crianzas aus Tempranillo, Merlot und Cabernet Sauvignon bzw. Merlot pur abgefüllt.

Last but not least: Sandige Füße, am Strand sitzend, ein großes Glas Chardonnay in der Hand, gegrillter Fisch …

Weitere Produkte: Castillo de Monjardín Chardonnay Reserva ♕♕♕♕♕, Castillo de Monjardín Reserva ♕♕♕♕, Castillo de Monjardín Crianza ♕♕♕♕, Castillo de Monjardín Merlot Crianza ♕♕♕♕.

Preisgruppe: 10–15 DM

Bezugsquelle: 15, 33, 35, 44

Trinkreif

NAVARRA

1996 Gran Feudo Crianza
D.O. Navarra

Julián Chivite S.L.

Ribera, 34 – 31370 Falces (Navarra)
Tel. (948) 734135 – Fax (948) 714902

Der Gran Feudo Crianza – ein Mischsatz aus Tempranillo, Garnacha und Cabernet Sauvignon – gehört zu den preiswerten Weinen der Bodega Chivite. Außerdem ist er auf dem deutschen Markt verbreitet. Der in einem mitteldichten Rubinrot erscheinende Wein ist im Bukett von Sauerkirsche und dunklen Beeren geprägt. Der Barriqueausbau ist spürbar, und ein Touch Vollmilchschokolade unterlegt ihn mit leichter Süße. Die Tannine sind leicht spürbar und werden von einer griffigen Säure begleitet. Die Kirschfrucht ist fast konfitürenartig und ergänzt sich gut mit dem Holz.

Erzeuger: Der Bodega Chivite geht ein legendärer Ruf voraus, der weit über Spaniens Grenze hinausgeht: Gründung 1860, Bodega des Jahres 1997, unzählige internationale Pressestimmen, bester Chardonnay Spaniens und einiges mehr. Die Eckdaten der Kellerei sind beeindruckend, und zweifelsohne gehören die Weine der Colección 125 zu den besten des Landes. Neben dem Chardonnay beeindruckt aus dieser Linie besonders die Reserva. Hergestellt aus 75 Prozent Tempranillo und Merlot lagert der Wein in neuen französischen Barriques und hat ein internationales Geschmacksbild. Die Kellerei steht unter der vorbildlichen Führung der vier Geschwister, verantwortlicher Weinmacher ist Fernando Chivite.

Last but not least: Gelungener Alltagswein von einer hervorragenden Bodega.

Weitere Produkte: Chivite Colección 125 Vendimia Tardía Blanco ??????, Chivite Colección 125 Blanco ??????, Chivite Colección 125 Reserva ??????.

Preisgruppe: 10–15 DM

Bezugsquelle: 31, 52

Trinkreif

NAVARRA

1995 Guelbenzu Evo Crianza
D.O. Navarra

Bodegas Guelbenzu

San Juan, 14 – 31520 Cascante (Navarra)
Tel. (948) 850055 – Fax (948) 850097

Dichtes Rubinrot mit purpurviolettem Kern. Im intensiven Bukett dominiert eine opulente Frucht nach Brombeere und Heidelbeere und vermittelt eine leichte Süße. Die Röstaromen des wunderbar eingebundenen Holzes werden von dunklen Noten nach Leder, Teer und Tabak begleitet. Im Mund ist der Evo mit kernigen Tanninen ausgestattet. Die Harmonie zwischen Nase und Geschmack begeistert schon beim ersten Schluck. Neben Frucht und Barrique taucht ein angenehmer Mokkatouch auf. Der extraktreiche Wein endet sehr lang mit einem kaum spürbaren Bitterton.

Erzeuger: Der Evo gehört zweifelsohne zu den spanischen Spitzenweinen und wird nicht ohne Grund von der gesamten Presse hoch gelobt. Auch bei uns hat er die Bestbewertung nur knapp verfehlt. Der Weinmacher Ricardo Guelbenzu wählt bei diesem Wein den klassischen internationalen Weg. Vollreife Cabernet-Trauben (75 %) kommen mit etwas Merlot und Tempranillo für zwölf Monate in neue französische Barriques. Das Resultat hat Charakter und ist nicht so uniform wie viele andere Beispiele. Sehr beachtlich ist auch der kleine Bruder – er kostet nur die Hälfte – Guelbenzu Crianza, bei dem die Rebsorten und Machart vergleichbar sind.

Last but not least: Ein extravaganter Herrenwein mit leichten, aber spürbaren Kanten – fast wie im richtigen Leben bei den Männern!

Weitere Produkte: Im Angebot sind weiterhin Guelbenzu Tinto ????, Guelbenzu Crianza ????, Guelbenzu Jardín Blanco und Tinto ???.

Preisgruppe: 25–30 DM

Bezugsquelle: 11, 41, 45

Trinken ab 2001

NAVARRA

1998 Alma Tinto
D.O. Navarra

Cia. De Vinos de La Granja – c/o Bodegas Marco Real S.A.
Ctra. Pamplona-Zaragoza, km 38 –
31390 Olite (Navarra)
Tel. (948) 712193 – Fax (948) 712343

Der Alma ist bestimmt kein großer Wein, aber eine gleichwertige Qualität zu diesem Preis muss man nicht nur in Spanien lange suchen. Mitteldichtes Purpurviolett. Das Bukett wird von einer intensiven Frucht nach Waldbeeren mit einer leichten Süße geprägt. Im Hintergrund frische grüne Kräuter. Die leichten Tannine werden von einer recht kräftigen Säure begleitet. Neben der vollreifen Kirschfrucht sind Gewürze und Pfeffer harmonisch eingebunden. Der erstaunlich dichte Körper endet in einem fruchtbetonten Nachklang. Parker bewertet ihn mit stattlichen 89 Punkten. Sicherlich eine etwas schmeichelhafte Bewertung.

Erzeuger: Die Story um diesen Wein ist etwas verwirrend. Er wird beispielsweise in keinem spanischen Weinführer genannt und auch nicht in Spanien vermarktet. Verantwortlich für den Alma ist Telmo Rodríguez, der Weinmacher und Mitbesitzer der Bodega Remelluri in Rioja. Gemacht wird der Wein aus mindestens 40 Jahre alten Garnacha-Rebstöcken in Navarra. Rodríguez sucht die Trauben aus und bestimmt die gesamte Herstellung bei der Bodega Marco Real in Olite. Vermarktet wird der Alma unter Cia. De Vinos de La Granja, die zur Gruppe Remelluri gehört. Das Ziel von Rodríguez ist die Herstellung eines fruchtbetonten und gut strukturierten Weines zu einem günstigen Preis. Dies gelingt ihm mit dem Alma jetzt schon seit einigen Jahren.

Last but not least: Dieser Tinto ist einer der besten Preistipps des Buches.

Weitere Produkte: Alma Rosado.

Preisgruppe: unter 10 DM

Bezugsquelle: 14, 16, 56

Trinkreif

NAVARRA

1997 Barón de Magaña Finca la Sarda

D.O. Navarra

Bodegas Magaña

**San Miguel, 9 – 31523 Barrillas (Navarra)
Tel. (948) 850034 – Fax (948) 851536**

Sehr dichtes Purviolett mit fast schwarzem Kern wie Tinte. Das Bukett benötigt eine kurze Belüftung in der Karaffe zur vollen Entfaltung. Im Vordergrund steht weiches Holz mit Anklängen an Boden, grünes Gras und schwarzen Tee. Kirsche und dunkle Beeren tauchen sekundär auf. Der noch jugendliche Wein weist kräftige Tannine und Säure auf, aber Ansätze von Weichheit und Schmelz deuten auf eine gute Zukunft. Kakao und Bitterschokolade stehen im harmonischen Einklang zu den anderen Komponenten. Deutliche Röstaromen, dunkle Gewürze und Schwarzkirsche durchziehen den Wein bis zum langen Nachklang.

Erzeuger: Der Finca la Sarda ist die letzte Kreation von Juán Magaña, dem Eigentümer und Weinmacher der Kellerei. Ein Barriquewein aus 65 Prozent Merlot, 20 Prozent Cabernet Sauvignon und 15 Prozent Syrah. Er kommt ohne lange Flaschenreifung jung auf den Markt und sollte bis zur vollen Genussreife noch zwei Jahre im Keller lagern. Seine Spitzenweine dagegen lässt Juán Magaña bis zur Freigabe sehr lange in der Bodega.

Der aktuelle Viña Magaña Merlot stammt beispielsweise aus dem Jahrgang 1989 und ist zum jetzigen Zeitpunkt auf dem Höhepunkt. Eine besondere Empfehlung verdient noch der preisgünstige Dignus.

Last but not least: Ein vor Kraft strotzender Wein mit einigen Kanten, die sich glätten werden. Ungeduldige sollten ausreichend dekantieren.

Weitere Produkte: Viña Magaña Merlot Reserva , Viña Magaña Reserva , Dignus Crianza .

Preisgruppe: 15–20 DM

Bezugsquelle: 15, 16, 18, 23, 32

Trinken ab 2001

NAVARRA

1997 Malumbres Tinto
D.O. Navarra

Bodegas Vicente Malumbres

Santa Bárbara, 15 – 31591 Corella (Navarra)
Tel. (948) 401920 – Fax (948) 401653

Trotz seiner Jugend erscheint der Malumbres Tinto in einem Rubinrot ohne die sonst typischen violetten Töne. Die etwas matte Farbe wird jedoch von dem sehr frischen Bukett nicht bestätigt. Die Mischung aus Kirsche und Preiselbeere wird von Kräutern und einer ganz dezenten Süße hinterlegt. Das Reizvolle im Geschmack ist die frische und unkomplizierte Art. Die Geruchskomponenten wiederholen sich in positiver Sicht. Sauerkirsche und Ansätze von Paprika und Pfeffer runden harmonisch ab. Süffig ist eine treffende und überhaupt nicht abwertende Beschreibung für diesen Wein, der nicht knochentrocken ist.

Erzeuger: Die 1940 gegründete Bodega Malumbres ist ein renommierter und alteingesessener Erzeuger im Gebiet Navarra. Sie hat sich auf den Export konzentriert, denn 70 Prozent ihrer Weine gehen in fast sämtliche westeuropäischen Länder. Die Preispolitik ist gerade im Vergleich zu den renommierten Gebieten Rioja oder gar Ribera del Duero sehr moderat.

Eine besondere Empfehlung verdient auch der Rosado aus der Rebsorte Garnacha. Er liegt in der gleichen Preislage wie der Tinto und ist ein frischer Begleiter warmer Abendstunden auf der Terrasse.

Last but not least: Schmeckt in seiner verständlichen Art nicht nur jedem Weintrinker auf der großen Party mit Freunden.

Weitere Produkte: Malumbres Graciano y Cabernet Sauvignon Crianza, Malumbres Rosado, Malumbres Crianza, Malumbres Reserva.

Preisgruppe: bis 10 DM

Bezugsquelle: 12, 32, 37, 41, 46

Trinkreif

NAVARRA

1995 Monasterio de la Oliva Crianza

D.O. Navarra

Monasterio de la Oliva

Ctra. Mélida, s/n – 31310 Carcastillo (Navarra)
Tel. (948) 725006 – Fax (948) 715055

In feuriges Granatrot verpackt, bietet der Wein eine intensive Nase mit vielen Nuancen. Während die Gemüsenoten verfliegen, entwickeln sich Töne von Nougat, Pflaumenmus, Räucherspeck und Amarenakirschen, begleitet von zartem Holzaroma. Weich und samtig am Gaumen, gefallen Anklänge von Pflaumen, Kirschen und Süßholz, wobei der Wein mit zunehmender Belüftung immer besser wird. Alle Komponenten sind ausgewogen und gut verteilt. Süffiger Trunk mit exakt dosiertem Gerbstoff sowie stimmiger Säure. Das feurige Finale sollte zu Bedenken geben, dass mehr als eine halbe Flasche pro Person ziemlich zu Kopf steigen kann…

Erzeuger: Sonne und Reben, Gärten und Klöster – seit Jahrhunderten kann man diese Begriffe in einer Einheit nennen, denn seit vielen Generationen beschäftigen sich die Mönche mit dem Weinbau. Einfachheit der Liturgie, Schmucklosigkeit der Kirchen und effiziente Wirtschaftsweise (Landkultivierung, Vieh- und Fischzucht) kennzeichnen den Orden der Zisterzienser, der seit dem 12. Jahrhundert in der Region Navarra Wein anbaut.

Hier herrschen ideale klimatische Bedingungen, und auch der lehmige Boden mit viel Kies und Kreide eignet sich hervorragend für den Anbau von Merlot, Cabernet Sauvignon und Tempranillo, aus denen Tinto, Crianza und Reserva zusammengesetzt sind.

Last but not least: Erquickender, preiswerter Trunk aus klösterlicher Gemeinschaft.

Weitere Produkte: Monasterio de la Oliva Reserva ♛♛♛, Monasterio de la Oliva Joven ♛♛♛.

Preisgruppe: 10–15 DM

Bezugsquelle: 17

Trinkreif

NAVARRA

1996 Nekeas Crianza
Tempranillo - Cabernet Sauvignon

D.O. Navarra

Bodegas Nekeas

Las Huertas, s/n – 31154 Añorbe (Navarra)
Tel. (948) 350296 –Fax (948) 350300

Reife Farbe im Glas: mittleres Rubin mit zarten Granaträndern. In der Nase überwiegen fruchtige Kirscharomen und Gemüsenoten von Liebstöckel und Würzkräutern, vorsichtig macht sich ein zarter Anflug von Geflügelleber bemerkbar. Konsequente Fortsetzung im Mund: Wir notieren eine knackige Kirschfrucht, spürbare Tannine, frische Säure und zarte Bittertöne. Der Körper ist ordentlich, der Abgang endet mit überwiegend dunklen Tönen (Teer und Tabak).

Erzeuger: Nekeas ist baskisch und bedeutet so viel wie »das schwer zu bestellende Tal«. Acht Familien aus dem kleinen Dorf Añorbe taten sich 1993 zusammen um ihr (in den siebziger Jahren flurbereinigtes) Land wieder mit Weinstöcken zu bepflanzen und eine Bodega zu gründen. Heute stehen rund 225 Hektar unter Reben, wobei über 70 Hektar auf Tempranillo entfallen.
Obwohl Nekeas offiziell eine Genossenschaft ist, funktioniert sie wie eine straff geführte private Kellerei. Von Anfang an auf die Produktion hochwertiger Rotweine ausgerichtet, sorgte zuerst der im Barrique vergorene Chardonnay für Aufsehen. Ein Produkt von Concha Vecino, einer kenntnisreichen, virtuosen Önologin, die einige Jahre mit Javier Ochoa in der staatlichen Weinforschungsanstalt E.V.E.N.A. zusammengearbeitet hat.

Last but not least: Ordentlicher Trunk zu kräftiger Speise. Wir empfehlen gebratene Blutwurst.

Weitere Produkte: Nekeas Tempranillo-Merlot ♀♀♀♀, Nekeas Merlot ♀♀♀♀, Nekeas Chardonnay (fermentado en barrica) ♀♀♀♀.

Preisgruppe: 10–15 DM

Bezugsquelle: 56

Trinken ab 2001

NAVARRA

1994 Ochoa Reserva
D.O. Navarra

Bodegas Ochoa

**Alcalde Maillata, 2 – 31390 Olite (Navarra)
Tel. (948) 740006 – Fax (948) 740048**

Im Glas dicht rubinrot mit zarten Granatreflexen, haben wir hier einen saftigen Tropfen, der recht erwachsen wirkt. Deutlich ist die lange Reifezeit im Holzfass spürbar. Die Pflaumenfrucht ist dagegen etwas zu verhalten und öffnet sich erst nach Belüftung. Am Gaumen gefällig (weicher Gerbstoff, ausgeprägte Säure), im Mund vielschichtig (Gewürz- und Kräutertöne und ordentlich Holz), dazu Teer, Lakritz, Dörrpflaumen und viele dunkle Töne.

Der fordernde Wein gibt sich etwas schüchtern, doch bei dichtem Extrakt bleibt er lange präsent und gefällt im Finish mit dunklen Fruchtaromen und gutem Säurespiel. Guter Essensbegleiter (z. B. geschmortes Fleisch).

Erzeuger: Am Rande von Traibuenas, nahe Olite, hat der kleine Betrieb 40 Hektar Land mit Moscatel, Merlot und Tempranillo neu bepflanzt. Die seit 1845 in Familienbesitz befindliche Bodega hat sich vorgenommen, die Erträge bei gleich bleibend hoher Qualität deutlich zu steigern, neu gestaltete Etiketten sollen den jungen Ochoa-Weinen einen zeitgemäßen Touch geben. Da der Önologe Don Javier Ochoa zu einem der routiniertesten der Region gehört, darf dem Projekt eine gute Chance auf Erfolg eingeräumt werden.

Last but not least: Aufsteiger mit deutlichem Kurspotenzial. Günstig. Kaufen!

Weitere Produkte: Ochoa Gran Reserva ♙♙♙♙♙, Ochoa Moscatel ♙♙♙♙♙, Ochoa Merlot Crianza ♙♙♙♙, Ochoa Cabernet Sauvignon Crianza ♙♙♙♙, Ochoa Tinto ♙♙♙♙, Ochoa Rosado ♙♙♙.

Preisgruppe: 15–20 DM

Bezugsquelle: 22, 29, 33, 49

Trinkreif

NAVARRA

1996 Palacio de la Vega Cabernet Sauvignon-Tempranillo Crianza

D.O. Navarra

Palacio de la Vega

Condesa de la Vega, s/n – 31263 Dicastillo (Navarra)
Tel. (948) 527009 – Fax (948) 527333

Typische Cabernet-Farbe mit einem dichten Rubinrot. Intensive Nase mit Frucht nach dunklen Beeren, Kirsche und etwas Pflaume. Daneben wohl dosierter Holzeinsatz mit leichten Röstaromen. Verschiedene Gewürznuancen und erkennbare Aromen nach Teer und Leder. Noch leicht spürbare, aber weiche Tannine stehen in gutem Einklang mit einer griffigen Säure. Die Übereinstimmung zwischen Nase und Mund ist passend, die Komponenten wiederholen sich in gekonnter Art und Weise. Der recht dichte Körper endet fruchtbetont mit dunklen Aromen und spürbarem Holz.

Erzeuger: Die vor knapp zehn Jahren gegründete Kellerei verfügt über keine eigenen Weinberge und ist somit auf den Ankauf von Trauben angewiesen. Trotzdem hat die Bodega eine Lagerkapazität von etwa drei Millionen Litern, und fast alle Rotweine liegen im Barrique. Die vorgestellte Crianza lag zwölf Monate im Holz und ist ein Verschnitt aus 70 Prozent Cabernet Sauvignon und 30 Prozent Tempranillo. Von den weiteren Weinen der Kellerei gefällt besonders der reinsortige Merlot, der eine höhere Wertung nur knapp verfehlt. Der frucht- und holzbetonte Wein ist zwar nicht ausgesprochen typisch für die Rebsorte, aber sehr gelungen.

Last but not least: Die gelungene Crianza erfreut seit einigen Jahren durch gleich bleibend gute Qualität und günstigen Preis.

Weitere Produkte: Palacio de la Vega Cabernet Sauvignon Reserva, Palacio de la Vega Merlot Tinto, Palacio de la Vega Tempranillo Reserva.

Preisgruppe: 10–15 DM

Bezugsquelle: 3, 25

Trinkreif

NAVARRA

1995 Piedemonte Crianza
D.O. Navarra

Bodegas Piedemonte

Rua Romana, s/n – 31390 Olite (Navarra)
Tel. (948) 712406 – Fax (948) 740090

Das Anbaugebiet Navarra ist eine Fundgrube für attraktive Weine zu günstigen Preisen. Die Crianza der Bodega Piedemonte dient als gutes Beispiel. Junges, mitteldichtes Rubinrot. In der Nase deutliche Röstnoten und Frucht nach dunklen Beeren sowie Dörrobst. Der Eindruck ist würzig mit dunklen Aromen nach Lakritz, Teer und einer Spur Veilchen. Der recht dichte Körper wird von weichen Tanninen und gut eingebundenem Holz getragen. Auch im Geschmack sind Gewürze und süßes Lakritz im Vordergrund, dunkle Beeren erscheinen sekundär. Gutes Finale mit harmonischem und weichem Nachklang.

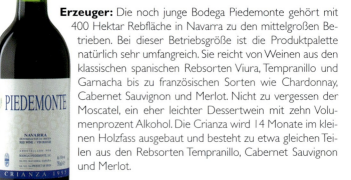

Erzeuger: Die noch junge Bodega Piedemonte gehört mit 400 Hektar Rebfläche in Navarra zu den mittelgroßen Betrieben. Bei dieser Betriebsgröße ist die Produktpalette natürlich sehr umfangreich. Sie reicht von Weinen aus den klassischen spanischen Rebsorten Viura, Tempranillo und Garnacha bis zu französischen Sorten wie Chardonnay, Cabernet Sauvignon und Merlot. Nicht zu vergessen der Moscatel, ein eher leichter Dessertwein mit zehn Volumenprozent Alkohol. Die Crianza wird 14 Monate im kleinen Holzfass ausgebaut und besteht zu etwa gleichen Teilen aus den Rebsorten Tempranillo, Cabernet Sauvignon und Merlot.

Last but not least: Ein prächtiger und preiswerter Begleiter zu Serano-Schinken und Manchego.

Weitere Produkte: Piedemonte Cabernet Sauvignon Crianza ♥♥♥♥, Piedemonte Moscatel ♥♥♥♥, Piedemonte Chardonnay ♥♥♥.

Preisgruppe: 10–15 DM

Bezugsquelle: 2, 4, 11, 12, 15, 29, 44, 51

Trinkreif

NAVARRA

1996 Príncipe de Viana Cabernet Sauvignon Crianza
D.O. Navarra

Bodegas Príncipe de Viana

Mayor, 191 – 31521 Murchante (Navarra)
Tel. (948) 838640 – Fax (948) 818574

Wie ausgewogen und rund ein Cabernet Sauvignon auf unterem Preisniveau sein kann, beweist dieser vorbildlich gemachte Wein aus Navarra. Seine Farbe ist von mitteldichtem Rubinrot und leichten Rändern. Im Duft gibt er sich schmeichlerisch – mollig und samtig, mit dezenter Süße, Pflaumenfrucht sowie Aromen von Rumtopf. Weiche Tannine und die feine Säure verleihen der Frucht von Kirschen und Cassis eine gute Stütze. Schöner Holzton vom Barriquelager, dunkle Töne und eine würzige Komponente runden perfekt ab. Der Körper ist dennoch eher elegant, der Abgang gefällt mit einem süßen Kick.

Erzeuger: Seit 1998 verfügt der Betrieb über völlig neue, erweiterte Kellereigebäude, denn die internationale Nachfrage nach seinen Weinen ist enorm gestiegen. Die Trauben stammen zum Großteil von den 800 Hektar der örtlichen Genossenschaft, die daneben allerdings noch ihren eigenen Wein kommerzialisiert. Unter der Leitung der Önologin Alicia Eyalar, die vor drei Jahren von den Bodegas Palacio de la Vega abgeworben worden ist, entstehen auf dem Gut eine Reihe ausgezeichneter Weine, die alle beispielhaft die Möglichkeiten des Weinbaus in Navarra demonstrieren.

Last but not least: Kräftige Fleischgerichte, Nudeln oder eine deftige Brotzeit – dieser Cabernet lässt sich auf vielfältige Weise sehr vorteilhaft kombinieren.

Weitere Produkte: Príncipe de Viana Reserva 𝍖𝍖𝍖𝍖𝍖, Príncipe de Viana Chardonnay 𝍖𝍖𝍖𝍖, Príncipe de Viana Merlot 𝍖𝍖𝍖𝍖, Agramont Blanco 𝍖𝍖𝍖.

Preisgruppe: 10–15 DM

Bezugsquelle: 11, 25, 45, 51

Trinkreif

NAVARRA

1996 Mirador de la Reina Crianza

D.O. Navarra

Bodegas Marco Real S.A.

Ctra. Pamplona-Zaragoza, km 38 – 31390 Olite (Navarra)
Tel. (948) 712193 –Fax (948) 712343

Fairerweise wollen wir bei dem Mirador de la Reina den genauen Preis von 10,50 D-Mark erwähnen, denn er liegt damit genau an der unteren Grenze zur nächsten Preisgruppe. In der Farbe ein mitteldichtes Rubinrot. Sich sofort öffnendes Bukett mit dichter Frucht nach Kirsche, Pflaume und dunklen Beeren. Dahinter weicher Holzeinsatz und spürbare Gewürznuancen sowie Ansätze von dunklen Aromen. Weiche Tannine stehen in gutem Einklang mit einer passenden Säure. Im Mund eine angenehme Sauerkirsche und recht kräftiges Barrique. Der mitteldichte Wein endet mit einem Touch Teer und Leder.

Erzeuger: Die Bodega Marco Real gehört mittlerweile schon zu den bekannten Betrieben in Navarra, obwohl sie erst vor etwa zehn Jahren gegründet wurde.
Mit nur 20 Hektar eigenen Weinbergen wird durch Traubenzukauf die stattliche Menge von fünf Millionen Litern Wein produziert. Dabei liegen die preiswerten Weine im Land selbst bei etwa fünf D-Mark, dies ist auch für Spanien sehr günstig. Im oberen Segment ist der Chardonnay aus dem Barrique besonders erwähnenswert. Dies gilt ebenso für die kräftige Reserva, beide Weine sind jedoch auch teurer.

Last but not least: Idealer Partner zu gegrillten Lammkoteletts – die besten in Spanien sind von den Rassen Churra und Castellana – mit Knoblauchbrot.

Weitere Produkte: Homenaje Chardonnay Fermentado en Barrica ♛♛♛♛, Homenaje Tinto Reserva ♛♛♛♛, Homenaje Rosado ♛♛♛.

Preisgruppe: 10–15 DM

Bezugsquelle: 25

Trinkreif

NAVARRA

1996 Merlot Seleccion Viña Sardasol Crianza

D.O. Navarra

Coop. Virgen Blanca

Ctra. Calahorra, s/n – 31260 Lerin (Navarra)
Tel. (948) 530058 – Fax (948) 530589

Der Merlot erscheint in einem dichten Purpurviolett. Das Bukett ist intensiv und ausdrucksstark mit einer fleischigen Frucht nach dunklen Beeren und Cassis. Die Nase verrät deutlich die Barriquelagerung mit leichten Vanilleanklängen. Weitere Nuancen nach Kakao sowie Teer und Leder. Im Mund präsentieren sich spürbare, aber weiche Tannine und eine griffige Säure. Die Frucht und das Barrique aus der Nase wiederholen sich harmonisch. Neben vielen dunklen Aromen taucht vor allem im Nachklang ein leichter Bittermandelton auf. Der Wein ist gut strukturiert und hat Potenzial für einige Jahre.

Erzeuger: Die Genossenschaft Virgen Blanca wurde bereits im Jahre 1956 mit etwa 200 Mitgliedern gegründet und verfügt über etwa 400 Hektar Rebfläche. Die Hauptrebsorte ist, typisch für Navarra, natürlich Garnacha. Aber auch die Rebsorten Tempranillo, Cabernet Sauvignon sowie Merlot wurden schon sehr früh angepflanzt und befinden sich somit in einem für die Qualität guten Alter. Der reinsortige Merlot lag zwölf Monate im Barrique und ist jetzt in einem sehr schönen Trinkstadium. Sehr interessant ist der preisgünstige Rosado aus Garnacha, der mit intensiver Frucht und Frische begeistert.

Last but not least: Eigenwilliger und nicht ganz typischer Merlot, aber besonders sympathisch.

Weitere Produkte: Cabernet Sauvignon Seleccion Viña Sardasol Crianza ♈, Seleccion Viña Sardasol Crianza ♈, Viña Sardasol Crianza ♈, Viña Sardasol Rosado ♈.

Preisgruppe: 15–20 DM

Bezugsquelle: 22, 24

Trinkreif

Das Anbaugebiet Rioja ist die bekannteste und auch wichtigste Region für spanischen Qualitätswein. Das Gebiet erlangte als Erstes den Status einer D.O. in Spanien, und 1991 wurde dieser in D.O.Ca. erweitert. Die Rebflächen des Anbaugebietes liegen in La Rioja selbst, z. T. aber auch im südlichen Baskenland und südwestlichen Navarra. Das Produktionsgebiet erstreckt sich über einen etwa 120 Kilometer langen Streifen entlang des Flusses Ebro und teilt sich in die drei Unterzonen Rioja Alta, Alavesa und Baja auf. Die besten Trauben und Weine kommen aus Alta und Alavesa, wo ein gemäßigtes Klima herrscht und die Niederschläge ausreichend sind. In Baja sind die Durchschnittstemperaturen deutlich höher, und in den Sommermonaten gibt es oft Probleme mit der Dürre.

Impressionen
Bei unserem letzten Besuch sind wir über die N111 von Madrid kommend in Richtung Logroño gefahren. Nach einer regnerischen Fahrt klärte sich kurz vor der Stadt der Himmel auf, und den ersten Schluck Wein konnten wir bei Sonnenschein in der Altstadt genießen. Das gesamte Gebiet ist landschaftlich beeindruckend, und die Weinbastionen Logroño, Haro, Labastida und Laguardia sind immer einen Besuch wert. In diesen Orten sind sehr viele Bodegas ansässig, und die Möglichkeit zur Verkostung ist oftmals gegeben. Darüber hinaus sind die Weinhandlungen unerschöpfliche Quellen für den suchenden Weinfreund.

Geschichte des Weinbaus
Der Weinbau hat im Gebiet Rioja eine über tausendjährige Tradition und geht auf die römische Phase zurück. Bereits im Jahre 1102 wurden die Weine rechtmäßig anerkannt. Der erste Rechtsschutz auf die Qualitätsgarantie geht auf das Jahr 1650 zurück. Die Region profitierte um 1850 durch das Auftreten des Mehltaus in Frankreich. Kurz danach wütete dort dann auch die Reblaus (sie kam erst um 1901 nach Rioja), und der Bedarf an Weinen wurde immer größer. Dies führte zu einem Aufschwung von nicht zu vermutendem Ausmaß, und die Gründungen von neuen Bodegas waren die Folge. Durch den französischen Einfluss wurde in dieser Zeit das Barrique eingeführt. Der Boom verebbte dann Anfang des 20. Jahrhunderts durch die Verwendung reblausresistenter Reben in Bordeaux und hielt bis etwa 1970 an. Seit dieser Zeit stieg die produzierte Weinmenge kontinuierlich an und liegt momentan bei etwa zwei Millionen Hektoliter. Parallel dazu verlief der Anstieg im Export, der sich in den letzten fünf Jahren nahezu verdoppelte. Die phantastischen Weine aus den Jahren 1994 und 1995 haben viel dazu beigetragen. Ge-

rade in Deutschland war der Bedarf an von der internationalen Presse gelobten Spitzenweinen kaum zu decken. Das marktwirtschaftliche Prinzip hat dann aber logischerweise auch die Preise hochgeschnellt.

Weine und Rebsorten

In Rioja sind folgende Rebsorten zugelassen: Tempranillo (62 %), Garnacha (18 %), Mazuela (4 %), Graciano (1 %) als rote und Viura (14 %), Malvasia (0,3 %), Garnacha Blanca (0,2 %) als weiße Sorten. Cabernet Sauvignon und Merlot dürfen nur mit Sondererlaubnis von einigen Bodegas verwendet werden. Die Reben werden normalerweise flach und ohne Stützpfähle gezogen. Die Abstände zwischen den einzelnen Rebstöcken sind im Vergleich zu anderen Anbaugebieten relativ groß. Bei Neuanpflanzungen wird jedoch vermehrt die Drahtrahmenerziehung angewendet, womit sich die Winzer an Bordeaux oder Burgund orientieren. Die Rotweine sind traditionell Verschnitte aus verschiedenen Rebsorten, wobei die Tempranillo überwiegt.

In letzter Zeit werden aber auch von einigen Kellereien reinsortige Tempranillo-Weine hergestellt. Das Barrique wird bei fast allen Rotweinen verwendet. Im Vergleich zu Bordeaux wird jedoch oftmals amerikanisches Holz verwendet, und die Fässer werden über einen längeren Zeitraum eingesetzt. Es gibt Bodegas mit der astronomischen Anzahl von über 40 000 Barriquefässern. Die Lagerzeit im Holzfass bestimmt unter anderem auch die Einstufung in folgende Kategorien:

	Reifezeit gesamt in Monaten	*davon Holzfass in Monaten*
Crianza	24	12
Reserva	36	12
Gran Reserva	60	24

Diese drei Arten sind die gängigsten in Deutschland, und etwa 40 Prozent aller Rioja-Weine fallen in diese Kategorien. Die so genannten Joven (Jungweine) werden bei uns nur selten angeboten. Sie werden nur wenige Monate im Barrique ausgebaut und sind fruchtbetonte Weine, die jung getrunken werden. Die Zahlen beziehen sich ausschließlich auf das Gebiet Rioja, in anderen Regionen können sie durchaus abweichen.

Weiße spielen die zweite Geige

Die Crianzas und Reservas von guten Bodegas treffen seit den neunziger Jahren den internationalen Weingeschmack und haben somit auch einen großen Erfolg. Die Gran Reservas mit ihrem langen Holzlager sind oftmals etwas oxidativ. Bis auf wenige Ausnahmen sind die hohen Preise dieser Weine nicht angemessen. Weißweine spielen in Rioja keine so große Rolle wie Rotweine. Die traditionelle Rebsorte Malvasia erbrachte früher schwere und alkoholreiche Weine, die auch im Barrique lagerten. Heute geht der Trend eindeutig zu frischen, im Stahltank ausgebauten Weißweinen. Dazu eignet sich besonders die Rebsorte Viura, welche die Malvasia verdrängt hat.

RIOJA

1996 Artadi
Viñas de Gain Crianza

D.O.Ca. Rioja

Cosecheros Alaveses

Ctra. de Logroño – 01300 Laguardia (Alava)
Tel. (941) 600119 – Fax (941) 600850

Im Glas zeigt sich diese Crianza mit einem dichten Rubinrot und Purpurreflexen. Die deutliche Kirschfrucht konkurriert im Bukett mit spürbaren Barriqueeinflüssen und Vanille. Hinzu gesellen sich Anklänge von Schokolade und Kakao, etwas Gemüse und dunkle Nuancen. Das prägnante Holzgerüst ist nicht aufdringlich und ergänzt sich gut mit weichen Tanninen und einer gut abgestimmten Säure. Neben der Sauerkirsche erscheinen dunkle Würzaromen und Leder. Endet harmonisch mit guter Länge und zeigt gutes Potenzial. Fünf Gläser hat er nur knapp verfehlt.

Erzeuger: Das Weingut hat sich mit einem einzigen Wein selbst eine Legende geschaffen und damit seinen Bekanntheitsgrad vervielfacht: Artadi Grandes Añadas Reserva 1994. In der gesamten internationalen Presse hoch gelobt, kostet eine der knapp 10 000 produzierten Flaschen den für spanische Verhältnisse enormen Preis von über 200 D-Mark. So voreingenommen war der Besuch der schlichten und funktionellen Bodega emotional eher ernüchternd. Aber ohne Zweifel,. auf diesem Gut werden in der gesamten Produktpalette großartige Weine gemacht und im mittleren Qualitätssegment auch zu ziemlich vernünftigen Preisen. Ein Tipp ist der preisgünstige Artadi Tinto.

Last but not least: Starker Auftritt zu Iberico-Schinken und Manchego.

Weitere Produkte: Artadi Grandes Añadas Reserva ???????, Artadi Viña el Pisón Reserva ?????, Artadi Pagos Viejos Reserva ?????, Viñas de Gain Blanco Fermentado en Barrica ????, Artadi Tinto ????.

Preisgruppe: 15–20 DM

Bezugsquelle: 18, 23, 53

Trinkreif

RIOJA

1996 Viña Amézola Crianza
D.O.Ca. Rioja

Bodegas Amézola de la Mora

Paraje Viña Vieja, s/n – 26359 Torremontalbo (La Rioja)
Tel. (941) 454532 – Fax (941) 454537

Leuchtend rubinrote Crianza mit fruchtigem Bukett. Töne von Rum, Schokolade, reifen Kirschen und Pflaumen werden von Kräuter- und Würzaromen begleitet. Im Mund mit feuriger Frucht und dezent spürbarem Alkohol. Gut strukturiert, dicht und kraftvoll, ist der Wein doch mild im Gesamteindruck. Die pikante Säure und die polierten Tannine geben Kontur, der Nachhall ist lang und pfeffrig-fruchtig.

Erzeuger: Die Bodegas Amézola de la Mora, eine der ersten Kellereien im Bezirk Rioja Alavesa, wurde 1986 in Anlehnung an die über 125 Jahre alten Strukturen vollständig restauriert. Die Keller wurden neu eingerichtet, und auch die uralten unterirdischen Gänge wurden wieder nutzbar gemacht. Sie bieten heute den Weinen einen perfekt temperierten Platz, um in absoluter Ruhe auszureifen. Rings um Torremontalbo erstrecken sich rund 100 Hektar Rebfläche, die sich seit mehr als 1200 Jahren im Besitz der Familie Amézola de la Mora befinden. Geerntet wird überwiegend Tempranillo sowie in geringer Menge Mazuelo und Graciano, die im Verhältnis neun Teile Tempranillo, ein Teil Mazuelo und/oder Graciano in alle Rotweine einfließen. Da weit mehr Trauben geerntet werden als benötigt, können in schwierigen Jahren die besten Trauben selektiert werden. Das Ergebnis ist ein Wein, von dem man bedenkenlos jeden Jahrgang kaufen kann.

Last but not least: Perfekter Rindsrouladenbegleiter.

Weitere Produkte: Solar de Amézola Gran Reserva ????? , Señorio Amézola Reserva ???? , Viña Amézola Reserva ???? .

Preisgruppe: 15–20 DM

Bezugsquelle: 30, 46, 54

Trinkreif

RIOJA

1994 Berberana Reserva
D.O.Ca. Rioja

Bodegas Berberana

Ctra. El Ciego, s/n – 26350 Cenicero (La Rioja)
Tel. (941) 453100 – Fax (941) 453114

Erstaunlich dichtes Rubinrot für eine 94er Reserva. Nach kurzer Belüftung öffnet sich das Bukett mit einer recht dichten und frischen Frucht nach Brombeere und Kirsche. Im Hintergrund zurückhaltendes Holz sowie Waldboden, Pilze und dezente Gewürze. Im Mund präsente Tannine und eine griffige Säure. Der relativ dichte Körper wird von Sauerkirsche getragen. Spürbare Röstnoten und erneut Gewürze. Der lange Nachklang ist etwas holzbetont, endet aber durchaus harmonisch.

Erzeuger: Die Bodega Berberana gehört mit einer Jahresproduktion von über 20 Millionen Flaschen zu den ganz großen Erzeugern im Anbaugebiet. Sehr erfreulich ist die gesamte Preispolitik, eine Reserva für 20 D-Mark bildet schon fast die Ausnahme, und die anderen Weine liegen auf einem für ihre Kategorie entsprechenden Preisniveau. Das Unternehmen hat einen ungemein hohen Bekanntheitsgrad und vertritt eher den traditionellen Weinstil: nicht zu lange Maischezeiten, relativ langer Fassausbau in gebrauchten Barriques und ein spürbarer Säureanteil. Aber warum nicht, für diese Weine mit dem klassischen Stil gibt es eine große Nachfrage. Eine besondere Empfehlung verdient die Carta de Oro Crianza, die der normalen Crianza vorzuziehen ist.

Last but not least: Elegante Reserva mit Potenzial. Passt sehr gut zu geschmorten Wildgerichten.

Weitere Produkte: Berberana Gran Reserva ♟♟♟♟, Carta de Oro Crianza ♟♟♟♟, Berberana Crianza ♟♟♟, Berberana Tinto ♟♟♟.

Preisgruppe: 15–20 DM

Bezugsquelle: 8, 20, 39, 45

Trinken ab 2001

RIOJA

1996 Loriñon Crianza

D.O.Ca. Rioja

Bodegas Bretón

Avde. Lope de Vega, 20 – 26006 Logroño (La Rioja)
Tel. (941) 212225 – Fax (941) 211098

Bei diesem Wein stimmt einfach alles – natürlich in Relation von Preis und Leistung. Eine so gute Crianza zu diesem verlockenden Preis muss man in der Rioja lange suchen. Das intensive Bukett wird von dunklen Kirschen und Pflaumen getragen. Weiches Holz ist spürbar und gut eingebunden. Verschiedene Nuancen nach dunklem Karamell, etwas Teer und Leder runden den positiven Eindruck ab. Der Geschmack steht in sehr schönem Einklang zur Nase. Weiche Tannine und ein passendes Säuregerüst binden die Kirsche und das Holz gut ein. Der mittelkräftige Körper endet in angenehmen Röstaromen.

Erzeuger: Der Besucher kann das Weingut kaum verfehlen, denn es liegt unmittelbar neben der wichtigsten Umgehungsstraße von Logroño. Die 1985 gegründete Bodega gehört mit einer Produktion von über einer Million Flaschen zu den größeren Weingütern. Durch den hohen Exportanteil von fast 50 Prozent sind die Weine in Deutschland breit vertreten. Sowohl Crianza als auch Reserva waren in den Jahren 1994 bis 1996 qualitativ gleich bleibend gut. Die Reserva Dominio de Conte stammt aus der etwa 20 Hektar großen Spitzenlage und besticht durch eine hervorragende Harmonie von Frucht und Holzeinsatz bei dichter Struktur.

Last but not least: Unkomplizierter Trinkgenuss bei bestem Preis-Leistungsverhältnis.

Weitere Produkte: Loriñon Gran Reserva ♟♟♟♟♟, Dominio de Conte Reserva ♟♟♟♟♟, Loriñon Blanco Fermentado en Barrica ♟♟♟♟, Loriñon Reserva ♟♟♟♟.

Preisgruppe: 15–20 DM

Bezugsquelle: 1, 7, 11, 14, 16, 33, 35, 49, 54, 56

Trinkreif

RIOJA

1996 Conde de Valdemar Crianza

D.O.Ca. Rioja

Bodegas Martínez Bujanda

**Camino Viejo – 01320 Oyón (Alava)
Tel. (941) 122188 – Fax (941) 122111**

Die intensive Nase hat einen starken Auftritt mit dominierenden Fruchtaromen nach frischen Johannisbeeren und Holunder. Weich und schmelzig mit Erinnerungen an Vollmilchschokolade, Kakao und Vanille. Auch das Bild des Geschmackes ist positiv. Die deutliche Frucht durchzieht den Wein bis zum Nachklang und wird dort von Paprika und Pfeffer begleitet. Weiche Tannine und Barriquenoten wirken bei diesem Wein eher sekundär. Bei diesem Preis mit Sicherheit kein Fehlkauf!

Erzeuger: Die Bodega Bujanda hat in Deutschland mit ihrer Valdemar-Linie Pionierarbeit für die Riojas der neuen Generation geleistet. Der Stilwechsel zu mehr Frucht, weniger Holz und oxidativen Eindrücken sowie dunklerer Farbe wurde hier schon vor Jahren vollzogen. Hinzu kommt eine weite Verbreitung in Fachgeschäften und gut sortierten Kaufhäusern zu angemessenen Preisen. Viele Verbraucher haben über die Bujanda-Weine ihre ersten positiven Erfahrungen mit dem Gebiet Rioja gemacht.

Ausgezeichnet sind die beiden Topweine Vendimia Seleccionada und Finca Valpiedra. Der erstgenannte hat einen hohen und der zweite einen geringen Cabernet-Sauvignon-Anteil.

Last but not least: Fruchtiger Geselle, der auch noch nach dem Essen mundet.

Weitere Produkte: Martínez Bujanda Vendimia Seleccionada Gran Reserva 🍷🍷🍷🍷🍷, Finca Valpiedra Reserva 🍷🍷🍷🍷🍷, Conde de Valdemar Blanco Fermentado en Barrica 🍷🍷🍷🍷, Conde de Valdemar Reserva 🍷🍷🍷🍷.

Preisgruppe: 10–15 DM

Bezugsquelle: 6, 11, 13, 16, 20, 22, 29, 32, 36, 37, 38, 49, 52, 53, 56

Trinkreif

RIOJA

1996 Campillo Crianza
D.O.Ca. Rioja

Campillo

Finca Villalucía – 01300 Laguardia (Álava)
Tel. (941) 600826 – Fax (941) 600837

Die Farbe kernig. Das Bukett vielschichtig. Im Geschmack rund und leicht. Die Crianza von Bodegas Campillo hat alles, was ein moderner Rioja braucht. In der Nase finden sich fruchtige Düfte von Pflaumen über Brombeeren hin zu Kirschen, dominiert von dunklen, würzigen Tönen (Koriander, Leder, Humus) und ergänzt durch eine Prise Vanille und etwas Süßholz.
Im Mund ist der Wein kraftvoll mit spürbarem Säuregerüst. Hin und wieder blitzen feine Röstaromen auf. Die Frucht findet am Gaumen eine gute Fortsetzung, im Abgang (könnte vielleicht noch etwas länger sein) kommen zartbittere Töne und eine winzige Spur Alkohol dazu.

Erzeuger: Klein, aber fein. Campillo ist ein Musterbetrieb. Eine Kellerei mit großen Ambitionen. Alles in diesem Betrieb ist neu, und alles vom Feinsten: ein sehr ansprechender Bau, ein perfekt eingerichteter Keller, beste Barriquequalität (im Keller liegen 5000 amerikanische und 4000 französische Fässer), sorgfältigst gepflegte Weinberge rund um die Bodega (50 Hektar in eigenem Besitz), ein erstklassiger Önologe und, nicht zuletzt, ein überzeugendes Produkt.

Last but not least: Dem Gut Campillo ist hier eine spannende, moderne, sortenreine Crianza gelungen, unbeschwert zu genießen (und gut mit einem Jahrgangs-Chianti vergleichbar).

Weitere Produkte: Campillo Reserva Especial, Campillo Gran Reserva, Campillo Rosado, Campillo Blanco (fermentado en barrica).

Preisgruppe: 15–20 DM

Bezugsquelle: 11, 14, 15, 33, 49, 54

Trinkreif

RIOJA

o.J. Casa Solar Tinto
Vino de Mesa

Cosecheros y Criadores

C/. Diputacion – 01320 Oyón (Alava)
Tel. (941) 122188 – Fax (941) 122111

Die für einen jungen Wein untypische Farbe – recht transparentes Granatrot mit orangen Reflexen – sollte nicht den Geschmack verderben. In der Nase erscheint eine sehr reife Kirschfrucht mit leichter Süße. Dazu Vollmilchschokolade, Marzipan in Verbindung mit Bittermandel und Wacholder sowie Gewürznelke. Die weichen Tannine werden von einer griffigen Säure gestützt. Im Geschmack erinnert der Casa Solar an eine Pralinenmischung mit einer knackigen Kirsche, Marzipan, Walnuss und Schokolade. Der ordentliche Körper endet mit einem süffigen Nachklang.

Erzeuger: Bei einer besonderen Empfehlung für einen Wein in der Preisklasse unter sieben D-Mark ist man natürlich sehr vorsichtig und eher abgeneigt, diesen Wein überhaupt zu probieren. In der Blindprobe hat er uns jedoch überrascht, und die drei Gläser sind vollkommen berechtigt. Cosecheros y Criadores ist eine Tochtergesellschaft der Bodega Martínez Bujanda, die mit den beiden Casa Solar Ende der achtziger Jahre eine sehr preisgünstige Linie auf den Markt brachte.
Beim Kauf sollte man auf das abgebildete Etikett achten, das vor etwa einem Jahr geändert wurde. So erwirbt man auf jeden Fall einen jungen Jahrgang. Beide Weine sind tadellose Tropfen mit einem ausgezeichneten Preis-Leistungs-Verhältnis.

Last but not least: Die Farbe und Nase sind keine Offenbarung, dafür punktet er umso mehr im Geschmack.

Weitere Produkte: Casa Solar Rosado ♛♛♛, Candidato Blanco, Rosado, Oro y Plata ♛♛♛.

Preisgruppe: unter 10 DM

Bezugsquelle: 20, 23, 32, 52, 56

Trinkreif

RIOJA

1996 Solar de Bécquer Crianza

D.O.Ca. Rioja

Bodegas Escudero

Ctra. de Arnedo, s/n – 26587 Grávalos (La Rioja)
Tel. (941) 398008 – Fax (941) 398070

Preisgünstige Weine von modernem Zuschnitt – mit Frucht, Finesse und ausgewogenem Tanninsäurespiel – sind gerade in der Rioja noch lange nicht an der Tagesordnung. Diese Crianza ist, wenn auch noch eine Spur zu säurebetont, immerhin auf dem richtigen Weg. Ein helles Purpurrot kündigt einen eher eleganten Charakter an, der von fruchtigem Duft, würzigen Kräuteraromen (Fenchel und Salbei) und einem wohl dosierten Holzeinsatz stimmig fortgesetzt wird. Ziemlich kräftige Säure, aber geschliffene Tannine umgeben im Mund die Kirschfrucht, die von einer zarten Röstnote und Anklängen an Teer flankiert wird. Der straffe Körper gibt dem Wein Format, im Abgang exponiert vor allem wieder viel Frucht.

Erzeuger: Der Betrieb liegt mit seinen 80 Hektar im Süden der Subzone Rioja Baja und ist seit seiner Gründung im Jahr 1852 im Besitz der Familie Escudero. Heute vinifiziert Amador Escudero in vierter Generation die gebietstypischen Rebsorten, zu denen sich inzwischen auch Chardonnay gesellt hat. Zusätzlich wird noch eine Reihe verschiedener Cavas produziert, von denen besonders der Dioro Baco, ein reinsortiger Chardonnay, durchaus zu gefallen vermag.

Last but not least: Diesen Wein sollte man auf alle Fälle dekantieren, wenn baldiger Genuss erwünscht ist. Er passt gut zu Nudeln und Braten.

Weitere Produkte: Solar de Bécquer Reserva ♀♀♀♀, Cava Dioro Baco ♀♀♀♀, Bécquer Primicia Tinto ♀♀♀, Solar de Bécquer Blanco ♀♀♀.

Preisgruppe: 10–15 DM

Bezugsquelle: 4

Trinken ab 2001

RIOJA

1994 Larchago Reserva
D.O.Ca. Rioja

Bodega Larchago

**Avda. de la Diputacion, 5 – 01306 Lapuebla de Labarca
Tel. (945) 141800 – Fax (945) 143156**

Der rubinrote Wein kommt mit seinem weichen, geschliffenen Bukett mit dezent süßlichen Fruchttönen von Pflaumen und roten Johannisbeeren gut an. Dazu gibt's feine Röstaromen vom Fass. Am Gaumen weich und abgerundet – vom Typ her eher leicht – ist er elegant-zurückhaltend mit feiner Säure und diskretem Holzton. Während sich zarte Würz- und Kräutertöne bemerkbar machen, bleibt die Frucht etwas im Hintergrund. Nach 36 Monaten im Barrique und weiteren zwölf Monaten in der Flasche ist er bereits jetzt schön gereift, bringt aber genügend Substanz mit, um etliche weitere Jahre Trinkspaß zu garantieren.

Erzeuger: Die tiefgründigen, fruchtbaren Böden der Rioja Alavesa bilden die Grundlage für die vorbildlich gepflegten Weingärten der Bodega Larchago. Moderne Spaliererziehung, »grüne Ernte« im Sommer (d.h. Entfernen von zu hohem Fruchtansatz zur Ertragsreduzierung) und ein Umwelt schonender Pflanzenschutz sind hier selbstverständlich. Der Familienbetrieb, geleitet von Francisco Chávarri, keltert seine Weine nur aus eigenen Trauben, die für die Erzeugung der Spitzenweine ausreichen, so dass keine Trauben zugekauft werden müssen. Die Bodega Larchago legt großen Wert auf Tradition und Typizität. Nur die Rioja-typischen Rebsorten Tempranillo, Mazuelo und Garnacha werden in mehr als 1000 Barriquefässern ausgebaut.

Last but not least: Charaktervoller Rioja, der am besten zur Lammkeule schmeckt.

Weitere Produkte: Larchago Crianza.

Preisgruppe: 20–25 DM

Bezugsquelle: 34, 45, 48

Trinkreif

RIOJA

1996 Altún Crianza
D.O. Ca. Rioja

Bodegas Luberri

Jesús Guridi, I – 01340 Elciego (Alava)
Tel. und Fax (941) 606034

Die äußerst intensive Nase ist durch Johannisbeerfrucht geprägt, das unaufdringliche Barrique ergibt zarteste Vanillenoten und einen schmelzigen Untergrund, deutliche Aromen weißer Schokolade, etwas Rum und dezente Kräuternuancen geben dem Bukett den letzten Schliff. Im Mund präsentiert sich der leuchtend rubinrote Wein als knackiger Stoff mit dunklem Grundton, noch jugendlich, doch sehr komplex mit üppiger Fruchtfülle und feinem Säuregerüst. Die Eindrücke aus der Nase finden eine wunderschöne Fortsetzung: feiner Schmelz mit süßem Kick, geringe Teer- und Ledertöne, dezentes Holz, ein angehauchter Bittermandeltouch. Guter Abgang mit eindrucksvollem Nachhall.

Erzeuger: 1990 gegründet und sehr naturbewusst bewirtschaftet, ist das 56 Hektar große Familiengut von Florentino Martínez Monje und seinem Vetter José Antonio Martínez in kürzester Zeit zu einer der ersten Adressen im Lande geworden. Und obwohl die Rebstöcke (vorwiegend Tempranillo) noch nicht alle das optimale Alter haben, wurde die 1995 eingeweihte neue Bodega schon wieder erweitert, um für den Jungwein und die fruchtbetonte Crianza »Altún« mehr Platz zu haben. Während dem einfachen Wein zehn Prozent Viura beigemischt sind, ist der »Altún« ein reinsortiger Tempranillo, der ein Jahr in Barriques aus französischer und amerikanischer Eiche ausgebaut wird.

Last but not least: Zickleinbraten – eine gute Gelegenheit, um wieder einmal eine Flasche Altún zu köpfen.

Weitere Produkte: Luberri Tinto.

Preisgruppe: 25–30 DM

Bezugsquelle: 12, 16, 23

Trinken ab 2002

RIOJA

1998 Rioja Rosado Enrique Forner

D.O.Ca. Rioja

Unión Viti-Vinícola – Marqués de Cáceres

Ctra. Logroño, s/n – 26350 Cenicero (La Rioja)
Tel. (941) 454000 – Fax (941) 454400

Quirliger Rosé mit der Farbe und mit Duftnuancen frischer Erdbeeren. Das fruchtig-frische Bukett bietet außerdem duftige Blütentöne und zarte Akzente von Birnen, Aprikosen und Himbeeren. Am Gaumen gefällig, mit schönem Säurespiel, frischer Frucht von Apfel und Grapefruit. Belebender, wohltuender (Sommer-) Wein, der im Finale von einem zartbitteren Hauch begleitet wird. Der aus 80 Prozent Tempranillo und 20 Prozent Garnacha bestehende Rosé sollte sehr gut gekühlt getrunken werden.

Erzeuger: 1970 wurde von Don Enrique Forner die Kellerei gegründet, die sich selbst als Unión Viti-Vinícola bezeichnet, hierzulande aber nur unter dem Namen Marqués de Cáceres bekannt ist. Sie liegt in Cenicero, im Herzen der Rioja Alta, einer exzellenten Anbauzone am rechten Ufer des Ebro mit Weinbergen in einer Höhenlage von 450 bis 500 Metern, mineralhaltigen Kalkböden und atlantisch geprägtem, ausgeglichenem Klima. Zusammen mit Emile Peynaud (Professor für Önologie in Bordeaux) und dem Marqués de Cáceres fand Enrique Forner nach jahrelangem Suchen hier die geeignetsten Böden. Die Unión garantiert, dass das Lesegut nur von ausgesuchten Böden und Winzern stammt und der Ausbau nach neuesten önologischen Erkenntnissen stattfindet.

Last but not least: Unkomplizierter Durstlöscher für Balkon und Terrasse.

Weitere Produkte: Marqués de Cáceres Reserva ♛♛♛♛♛, Marqués de Cáceres Crianza ♛♛♛♛, Antea de Marqués de Cáceres Blanco (fermentado en barrica) ♛♛♛♛.

Preisgruppe: 10–15 DM

Bezugsquelle: 26

Trinkreif

RIOJA

1997 Marqués de Murrieta Ygay
Unfiltered Collección 2100

D.O.Ca. Rioja

Bodegas Marqués de Murrieta

Finca Ygay, Ctra. Zaragoza, km 5 – 26080 Logroño
Tel. (941) 271320 – Fax (941) 251606

Das Bukett ist klasse: Schoko, Pflaumen, Rum, Bratensaft, Kräutergarten, Sellerie, Eisen. Es ist aber auch nicht jedermanns Sache. Am Gaumen noch verschlossen, zeigt sich der Wein geschliffen und aromareich. Neben feinsten Vanille-, Holz- und Röstaromen notieren wir Fruchtakzente von Preiselbeeren und Kirschen und eine pikante Säure. Pfeffriger Abgang mit angenehm zartbitterem Touch.

Erzeuger: Marqués de Murrieta, bereits 1848 gegründet, ist eine der ältesten Bodegas der Region Rioja. Tradition hieß hier immer, den Weinen viel Zeit zum Reifen zu lassen und sie erst kurz vor dem Verkauf abzufüllen. Doch inzwischen hat der Eigentümer gewechselt. Die Familie Creixell, in deren Besitz das Gut übergegangen ist, hat gewaltig investiert, und man spürt, dass jetzt mehr in wirtschaftlichen Kategorien gedacht wird. Geblieben ist der besondere Stil der Weine, die deutlich säurebetonter sind und über mehr Alterungspotenzial verfügen als die anderen Riojas. Auf 255 eigenen Hektar wachsen die Trauben für Rot- und Weißweine, die ausnahmslos im Holz ausgebaut werden. Interessanteste Neuerung ist der seit 1994 produzierte »Dalmau«, ein sehr moderner Rioja.

Last but not least: Mit der Colección 2100 wurde erstmals auf den eisernen Grundsatz verzichtet, keinen Wein abzufüllen, der nicht mindestens zwei Jahre im Holz gelegen hat.

Weitere Produkte: Marqués de Murrieta Ygay Reserva Especial ¶¶¶¶, Marqués de Murrieta Ygay ¶¶¶¶, Castillo de Ygay Gran Reserva Especial ¶¶¶¶.

Preisgruppe: 15–20 DM

Bezugsquelle: 19

Trinken ab 2002

RIOJA

1995 Marqués de Vargas Reserva

D.O.Ca. Rioja

Bodegas y Viñedos del Marqués de Vargas

Ctra. Zaragoza, km 6 – 26006 Logroño
Tel. und Fax (941) 261401

Toll !!! Schon beim Einschenken dieser dichten rubinroten Reserva strömen einem unverhoffte Geruchsaromen entgegen, die phantastisch wirken. Neben einer äußerst kräftigen Frucht nach Johannisbeere und Kirsche erscheinen viele weitere Nuancen: Barrique mit zarter Vanille, Gewürz-Kräuter-Mischung, Tabak und vor allem ein weicher Schmelz mit einem Tick Süße. Im Mund fasziniert der Wein durch eine noble, aber immense Kraftentfaltung mit der Wiederkehr aller angenehmen Bukettaromen. Die Länge und der mächtige fruchtbetonte Nachklang begeistern. Dieser Wein haftet buchstäblich im Gedächtnis.

Erzeuger: Die Betriebsphilosophie der Bodega ist einleuchtend klar und einfach, hier werden nur Reservas produziert. Somit muss der interessierte Verbraucher nicht die verschiedenen Weine probieren, um seinen persönlichen Favoriten des Weinguts zu finden. Ähnlich wie in Bordeaux gibt es dann lediglich jahrgangsbedingte Qualitätsunterschiede, die im Gebiet Rioja aber nicht so krass wie in anderen Gebieten sind.

Wir möchten natürlich nicht den zweiten Wein – Reserva Privada – unterschlagen. Durch die sehr geringe Produktion von knapp 5000 Flaschen in Verbindung mit einem deutlich höheren Preis ist dieser qualitativ gleichwertige Wein jedoch nicht so interessant.

Last but not least: Ein Musterbeispiel für eine Rioja-Reserva der neuen Generation.

Weitere Produkte: Marqués de Vargas Reserva Privada.

Preisgruppe: 25–30 DM

Bezugsquelle: 41, 54

Trinken ab 2001

RIOJA

1995 Valserrano Crianza
D.O.Ca. Rioja

Viñedos y Bodegas de la Marquesa
La Llecla, s/n – 01307 Villanueva (Álava)
Tel. (941) 609085 – Fax (941) 123304

Die rubinrote Crianza erinnert entfernt an einen Jahrgangs-Chianti, denn das Bukett besitzt Noten von Pflaumen, Kirschen und Waldbeeren, begleitet von Lebkuchengewürz und vegetalen Küchenkräuteraromen. Recht frische und fruchtbetonte Nase mit feinsten Leder- und Tabaktönen. Am Gaumen zeigt sich der Wein gut ausgewogen mit frischer, stimmiger Säure, knackiger Frucht roter Beeren und dunklen, erdigen Momenten. Neben dezent süßen Momenten gefallen Anklänge von Zedernholz, Leder, Röstaromen und Tabak. Der Körper kann sich sehen lassen, er verleiht dem Wein eine gute Länge – im kernigen Nachhall ist der Gerbstoff deutlich spürbar.

Erzeuger: 60 Hektar Rebfläche befinden sich in eigenem Besitz und ergeben jährlich rund eine Viertel Million Flaschen, im Keller liegen 1200 Barriques, die Lagerkapazität beträgt 750000 Liter. Hinter diesen beeindruckenden Zahlen steht ein familiär geführter Betrieb (sechs Brüder), der unter dem Label »Valserrano« einen feinen Weißwein sowie etliche, z.T. ausgezeichnete rote Weine produziert. Die Crianza liegt lange im Fass (länger als vom »consejo regulador« vorgeschrieben), bewahrt sich jedoch ihre Feinheit und gefällt besonders durch ihre gerösteten Holzaromen.

Last but not least: Duftiger, körperreicher Wein mit gutem Alterungspotenzial, der jedoch auch jetzt schon mit Genuss getrunken werden kann.

Weitere Produkte: Valserrano Reserva ????, Valserrano Tinto Graciano ????, Valserrano Blanco ????.

Preisgruppe: 15–20 DM

Bezugsquelle: 32

Trinkreif

RIOJA

1989 Muga Gran Reserva
D.O.Ca. Rioja

Bodegas Muga

B° de la Estación, s/n – 26200 Haro (La Rioja)
Tel. (941) 311825 – Fax (941) 312867

Der leuchtend granatrote Wein überzeugt mit seinem intensiven Duft nach reifem Obst. Das Bukett hat einen mürben Grundton und bietet süße Kirschen, reife Pflaumen, schwarze Johannisbeeren und einen Hauch Portwein.
Die Säure ist eher knapp bemessen, gibt aber den nötigen Griff; für den Gerbstoff passt jedoch am besten die Bezeichnung »rustikal« – er ist am Gaumen noch gut spürbar. Ebenso die Frucht nach roten Johannisbeeren, begleitet von Röstaromen, Teer- und Lacknuancen. Alles in allem ein unkomplizierter, duftiger und schön ausgereifter Wein.

Erzeuger: Die Bahnhofsgegend von Haro ist ein echtes Weinviertel. Niedergelassen haben sich dort nicht nur große Betriebe (CVNE oder La Rioja Alta – mit jeweils rund 30 000 Fässern im Keller), sondern auch klein und familiär gebliebene wie Bodegas Muga (falls man das zu Erzeugern mit einer Produktion von rund einer Million Flaschen noch sagen kann). Gearbeitet wird jedenfalls nach traditionellen Methoden und mit großer Sorgfalt – die Weine sind duftige Riojas der leichteren Art. Mit dem Torre Muga hat die Familie einen Wein im Programm, der ohne Übertreibung zu den 100 besten der Welt gezählt werden kann.

Last but not least: Ein feingliedriger, eleganter, ausgereifter Rioja.

Weitere Produkte: Torre Muga Reserva ♛♛♛♛♛♛, Prado Enea Gran Reserva ♛♛♛♛♛, Muga Blanco (fermentado en barrica) ♛♛♛♛, Muga Crianza ♛♛♛♛.

Preisgruppe: 35–40 DM

Bezugsquelle: 5, 10, 11, 15, 23, 31, 54, 57

Trinkreif

RIOJA

1994 Murua Reserva
D.O.Ca. Rioja

Bodegas Murua

Ctra. Laguardia, s/n – 01340 Elciego (Alava)
Tel. (941) 606260 – Fax (941) 606326

Lassen Sie sich nicht täuschen! Der Wein hat keinen Kork! Dieser Eindruck verfliegt mit etwas Belüftung – vom Korkverdacht bleibt lediglich ein trocken-staubiger Akzent – neben Nuancen von Süßholz, Pflaumen und schwarzen Waldfrüchten. Auch am Gaumen gefällt der Wein mit ähnlicher Fruchtkombination (hier: Cassis, Heidelbeeren, Brombeeren, Pflaumen), das Holz ist gut dosiert und schön eingewoben, die Tannine präsent, das Säurerückgrat attraktiv. Mürbe Töne wechseln sich mit frischen Noten von Leder und Küchenkräutern ab. Der Körper von respektabler Statur endet in einem warmen Finish.

Erzeuger: Die Bodega Murua in Elciego, einem kleinen Ort zwischen Haro und Logroño, stellt mit hohem Aufwand, d.h. Ertragsbeschränkung, Handlese, Ausbau nur in Holz etc., ausschließlich Reservas her; in besonders guten Jahren gibt es auch eine Gran Reserva. Es wird ausschließlich eigenes Lesegut verarbeitet, das von rund 110 Hektar Rebfläche stammt, die größtenteils mit Tempranillo bestockt ist. Die Kellerei legt sehr viel Wert auf ihr Image: So werden die Weine in Spanien nur von gehobenen Restaurants und Fachgeschäften geführt – selbst in den Clubs del Gourmet des angesehenen Kaufhauses El Corte Inglés sind sie nicht zu finden.

Last but not least: Geradliniger, klassischer Rioja mit Frucht und Ausdruck.

Weitere Produkte: Veguin De Murua Reserva Numerada Limitada ?????, Murua Blanco (fermentado en barrica) ???.

Preisgruppe: 20–25 DM

Bezugsquelle: 5

Trinkreif

RIOJA

1996 Remelluri
D.O.Ca. Rioja

Granja Nuestra Señora de Remelluri

**Ctra. Rivas de Tereso, s/n – 01330 Labastida (Alava)
Tel. (941) 331274 – Fax (941) 331441**

Dichtes Rubinrot mit Purpurkern. Intensives Bukett mit deutlicher Frucht nach dunklen Beeren, besonders schwarze Johannisbeere. Weicher Barriquetouch mit etwas Vanille. Ansätze von dunklen Aromen nach Leder und auch Waldboden.

Trotz seiner Jugend sehr weiche Tannine und außergewöhnlich passendes Säuregerüst. Sehr gut eingebundenes Barrique. Dichte Frucht und zarte Gewürzaromen sowie ein leichter Anflug von Teer. Der dichte Körper endet in einem fruchtbetonten Nachklang mit treffenden Röstaromen.

Erzeuger: Die Besichtigung von Remelluri bleibt uns unvergessen, die Lage der wunderschönen Bodega ist einfach postkartenreif. Mit Schmunzeln haben wir im Keller etliche Dutzend Barriques von Château Margaux registriert. Wie die wohl den Weg nach Labastida gefunden haben? Das Weingut wurde 1968 von der Familie Rodríguez erworben, die Geschichte des Landguts geht aber bis in das 15. Jahrhundert zurück. Der in Bordeaux ausgebildete Önologe Telmo Rodríguez verwendet fast nur französisches Holz. Seine Weine sind in ihrer Art deutlich »bordeauxgeprägt« und kommen auf dem internationalen Markt sehr gut an. Auch Parker hat die letzten Jahrgänge mit deutlich über 90 Punkten bewertet. Wir können diese positive Aussage voll bestätigen.

Last but not least: Ein klassischer Bordeauxwein aus der Rebsorte Tempranillo, made in Spain. Warum nicht?

Weitere Produkte: Remelluri Gran Reserva, Remelluri Reserva.

Preisgruppe: über 30 DM

Bezugsquelle: 12, 13, 16, 27, 47, 54, 56

Trinken ab 2001

RIOJA

1994 Ondarre Reserva
D.O.Ca. Rioja

Bodegas Ondarre

Ctra. de Aras. s/n – 31230 Viana (Navarra)
Tel. (948) 645034 – Fax (948) 646002

Die Reserva öffnet sich in der Nase mit einer spontanen Intensität, das gesamte Spektrum wird ohne Belüftung freigegeben. Die dichte Frucht wird von Kirschen und dunklen Beeren geprägt. Das Holz ist gut eingebunden, und im Hintergrund erscheinen unaufdringliche Würzaromen. Die Tannine sind weich und werden von einer recht kräftigen Säure begleitet. Im Mund dominiert Sauerkirsche mit Brombeere. Daneben spürbares Barrique mit Röstaromen und ein Hauch dunkle Noten nach Teer und Leder. Fruchtbetonter und langer Nachklang.

Erzeuger: Die Bodegas Ondarre sind eine Tochtergesellschaft der Olarragruppe. Die zum Weingut gehörenden Grundstücke und die Kellerei wurden 1985 erworben. Sämtliche Trauben werden von Zulieferern gekauft, da Ondarre keine eigenen Weinberge besitzt. Dies tut der Qualität aber keinen Abbruch, denn es werden nur sehr hochwertige Trauben erworben. Der am Anfang traditionelle Stil hat sich in den letzten Jahren gewandelt. Die beiden Reservas bestechen mit einer klaren Frucht, viel Struktur und Komplexität. Lediglich die Gran Reserva erinnert noch an herkömmliche Rioja-Weine. Sehr beeindruckend ist der Mayor de Ondarre Reserva, leider ist dieser Wein aber deutlich teurer als die normale Reserva.

Last but not least: Im Bukett ein Aristokrat – im Mund dagegen ein Reformer.

Weitere Produkte: Zu empfehlen sind weiterhin Mayor de Ondarre Reserva, Ondarre Gran Reserva, Cava Ondarre Brut.

Preisgruppe: 15–20 DM

Bezugsquelle: 3, 21

Trinkreif

R I O J A

1994 Glorioso Reserva
D.O.Ca. Rioja

Bodegas Palacio

San Lázaro, 1 – 01300 Laguardia (Alava)
Tel. (941) 600057 – Fax (941) 600297

Nach längerer Überlegung haben wir uns für die Reserva entschieden, obwohl die Crianza qualitativ ähnlich gut ist. Aufgrund des geringen Preisunterschiedes ist die Reserva jedoch die bessere Wahl. Das intensive Bukett vermittelt einen deutlichen weichen Holzton mit einer dunklen Kirschfrucht. Etwas dunkle Schokolade und Kakao harmonieren gut mit der klaren Frucht. Die Tannine sind reservatypisch weich und werden von gut abgestimmter Säure unterstützt. Neben Holz und Frucht stehen dezente Nuancen nach Leder und dunklen Wildgewürzen. Der harmonische Nachklang ist lang und weich.

Erzeuger: Die Bodegas Palacio haben nach einer Durststrecke in den achtziger Jahren deutliche qualitative Fortschritte gemacht. Gerade im Bereich des Barriquekellers wurde investiert, und neben der amerikanischen Eiche findet man auch viel neues französisches Holz. Palacio verfügt über keine eigenen Weinberge und legt beim Ankauf großen Wert auf sehr gutes Traubengut. Alle Rotweine werden ausschließlich aus Tempranillo hergestellt. Die Crianza Cosme Palacio y Hermanos ist ein Vertreter der neuen Stilrichtung mit kurzem Fassausbau und ausgeprägter Frucht. Sie gehört zweifelsohne zu den besten ihrer Art, dies schlägt sich aber auch im Preis nieder.

Last but not least: Angenehmer Begleiter zu dunklen Schmorgerichten.

Weitere Produkte: Cosme Palacio y Hermanos Crianza ♀♀♀♀, Glorioso Crianza ♀♀♀♀, Glorioso Gran Reserva ♀♀♀♀.

Preisgruppe: 20–25 DM

Bezugsquelle: 18, 19

Trinkreif

RIOJA

1996 Gran Diezmo de Mazuelo Crianza

D.O.Ca. Rioja

Bodegas Primicia

Camino de la Hoya, 1 – 01300 Laguardia (Alava)
Tel. (941) 600296 – Fax (941) 121252

Dieser seltene Vertreter eines reinsortigen Mazuelo-Weins vermittelt eine Ahnung vom Potenzial der Cariñena-Rebe, die im Rioja »Mazuelo« heißt. Von leuchtender rubinroter Farbe, entwickelt er spontan einen feinfruchtigen Duft von Kirschen, die auf einem weichen, süßen Fundament stehen. Dazu zarte Vanille und etwas Muskat nebst Koriander. Im Mund erfreut die gekonnte Kombination aus polierten Tanninen, einer feinen Säure und die schöne Sauerkirschfrucht. Eine charmante Holznote kleidet den runden, eleganten Körper perfekt ein. Ansätze von Schmelz, pfeffrige Spitze im Nachhall – so etwas macht Spaß.

Erzeuger: Die Ursprünge der Kellerei reichen weit zurück ins Mittelalter: In dem Städtchen Laguardia waren die Gewölbe der »Casa Primicia«, des Zehntkellers, seit dem 14. Jahrhundert die Lagerstätte für die kommunalen Abgaben, darunter natürlich auch Wein. Gegenwart und Zukunft der Bodega allerdings liegen seit der Fertigstellung der neuen Gebäude außerhalb des historischen Ortskerns. Mit absoluter Konsequenz haben die Brüder Madrid Castañeda den Betrieb modernisiert, mit ihren Weinen favorisieren sie den neuen Rioja-Stil, der Eleganz vor Wucht, Frucht vor Holz setzt. Dass dieser eingeschlagene Weg erfolgreich sein wird, daran lassen die jetzt schon produzierten Kreationen keinen Zweifel.

Last but not least: Durch seine Eleganz macht der Wein Kalbfleisch in Sauce garantiert zum Erlebnis.

Weitere Produkte: Julián Madrid Reserva ♛♛♛♛♛, Viña Diezmo ♛♛♛♛, Primicia ♛♛♛.

Preisgruppe: 15–20 DM

Bezugsquelle: 16, 58

Trinkreif

RIOJA

1990 Viña Ardanza Reserva

D.O.Ca. Rioja

La Rioja Alta

**Avda. Viscaya, s/n – 26200 Haro (La Rioja)
Tel. (941) 310346 – Fax (941) 312854**

Der 90er ist der aktuelle Jahrgang beim Viña Ardanza. Dies liegt unter anderem an dem langen Barriquelager von 42 Monaten und der damit verbundenen späten Freigabe. Aufgrund des Alters ein mitteldichtes Rubinrot mit orangen Rändern. Klassische und gereifte Rioja-Nase mit deutlicher Beerenfrucht und ganz leichter Süße. Spürbares Holz mit leichten Röstaromen. Im Mund weiche Tannine mit präsenter Säure. Frucht nach Kirsche und Pflaume mit Gewürznoten. Weich eingebundenes Barrique. Eleganter Körper mit sehr intensivem Nachklang. Sehr gutes Beispiel für einen Rioja der traditionellen Art.

Erzeuger: Kaum ein anderer Betrieb hat in der Rioja eine so lange Geschichte mit einem ausgezeichneten Ruf wie die Bodega Rioja Alta. Im Jahre 1890 gegründet, hat sich auch in den letzten Jahren nicht viel bei der Weinbereitung geändert. Kurze Maischezeiten und langes Barriquelager kennzeichnen die Weine. Die Gran Reserva 890 bleibt 96 Monate und die Gran Reserva 904 etwa 60 Monate im kleinen Holzfass. Da wundert auch nicht die Anzahl von sage und schreibe 44 000 Barriquefässern. Eine Besichtigung der Bodega im alten Bahnhofsviertel von Haro lohnt sich auf jeden Fall. In diesem Stadtteil sind viele namhafte Bodegas gewissermaßen Tür an Tür und oftmals mit Verkostungsräumen ausgestattet.

Last but not least: Gereifter Wein mit viel Potenzial für einige Jahre.

Weitere Produkte: Gran Reserva 890 🍷🍷🍷🍷🍷, Gran Reserva 904 🍷🍷🍷🍷🍷, Viña Alberdi 🍷🍷🍷🍷.

Preisgruppe: 30–35 DM

Bezugsquelle: 3, 16, 19, 31, 32, 39, 41

Trinkreif

RIOJA

1995 Roda II Reserva
D.O.Ca. Rioja

Bodegas Roda

Avda. Vizcaya, 5 – 26200 Haro (La Rioja)
Tel. (941) 303001 – Fax (941) 312703

Auch der »kleine« Bruder des Roda I ist ein umwerfend schöner Tropfen und zudem einige Mark günstiger. Der purpurviolette Wein fasziniert mit einem konzentrierten Bukett nach Cassis und dunklen Beeren. Der wuchtige Barriqueeinsatz ist gekonnt integriert mit leichten Röstaromen und Vanille. Die weichen Tannine werden von einer ausgezeichnet platzierten Säure begleitet.
Im Mund wiederholen sich die großartigen Fruchtaromen und der warme Holzeinfluss in Verbindung mit einem Hauch Teer und Leder. Der dichte Körper endet in einem sehr langen Nachklang.

Erzeuger: Das Eingangstor und die Auffahrt im alten Bahnhofsviertel von Haro lässt keine Zweifel offen. Hier wurde bei der Gründung vor etwa zehn Jahren nicht gespart. Selten hat uns eine Bodega so beeindruckt wie Roda. Nicht durch Größe und Prunk, eher durch Funktionalität und Perfektionismus im Detail. So ist z.B. vor der Traubenmühle ein Arbeitsbereich eingerichtet, in dem die gesamte Traubenanlieferung kontrolliert und per Hand aussortiert wird. Das Resultat sind zwei exzellente Weine, wobei der Roda I schon fast der Topstar des Gebietes ist. Mit seiner ausdrucksstarken Frucht und dem perfekten Barriqueeinfluss braucht er keinen internationalen Vergleich zu scheuen. Ein anderer Topstar ist das Olivenöl mit dem Namen »Dauro«.

Last but not least: Hat sich in einer Blindprobe mit wesentlich teureren Bordeaux tapfer geschlagen.

Weitere Produkte: Roda I Reserva.

Preisgruppe: über 40 DM

Bezugsquelle: 10, 12, 16, 23, 27, 53, 56

Trinkreif

RIOJA

1996 Viña Salcèda Crianza
D.O. Ca. Rioja

Viña Salceda

**Ctra. Cenicero, km 3 – 01340 Elciego (Alava)
Tel. (941) 606125 – Fax (941) 606069**

Der größtenteils aus Tempranillo bestehende Wein kommt mit seinem warmen, weichen Bukett gut an. Leuchtend granatrot mit rubinfarbigem Kern, verströmt er Aromen von Kirschen, Pflaumen, Vanille und Holz. Dabei ist die Frucht kompottig und süß grundiert. Begleitet wird sie von zarten Gewürznoten (Anis, Zimt, Nelke). Am Gaumen gut ausgewogen, finden die Eindrücke aus der Nase eine harmonische Fortsetzung. Angemessene Säure, viele rote Früchte (vor allem Kirschen und rote Johannisbeeren), Würztöne. Im Abgang Rösttöne, im Finish samtig-feurig.

Erzeuger: Von El Ciego, Provinz Alavesa, aus kommend, erreicht man nach Überqueren des Ebro die Gebäude von Viña Salcéda – ein kleines, blitzsauberes, in Familienhand liegendes Weingut. Verarbeitet werden eigene Trauben und solche von befreundeten Winzern. Die schlanken und eleganten Weine verkörpern einen modernen Rioja-Stil und haben nichts mit den wuchtigen, eher oxidativen Vanilleweinen früherer Jahre gemein. Gewaltige Investitionen in modernste Kellerausstattung dürften in Zukunft für eine weitere Qualitätsverbesserung sorgen. Viña Salcéda wurde 1974 gegründet und produziert ausschließlich Rotweine. Die Kellerkapazität ist mit ca. 2,5 Millionen Litern gewaltig, jährlich werden rund eine Million Flaschen abgefüllt.

Last but not least: Schlanker und eleganter Rioja, modern und gut gemacht.

Weitere Produkte: Viña Salcéda Reserva ????, Conde de la Salcéda Gran Reserva ????.

Preisgruppe: 20–25 DM

Bezugsquelle: 43

Trinkreif

RIOJA

1996 Viña Tobía Crianza
D.O.Ca. Rioja

Felipe Tobía Loza

Ctra. N-232, km 438 – 26340 San Asensio (La Rioja)
Tel. (941) 457425 – Fax (941) 457401

Die 96er Crianza (von der übrigens auch 770 Magnumflaschen abgefüllt wurden) besteht zu 100 Prozent aus Tempranillo. Nach 18 Monaten in amerikanischen Eichenfässern kommt sie kernig rubinrot daher und gefällt mit ihrer samtigen, geschliffenen Art. Das zunächst verhaltene Bukett (Aromen von Leder, Tabak, Holz, Brombeere, Johannisbeere) korrespondiert sehr gut mit dem ausgewogenen, eleganten Geschmack. Die Säure ist wohl dosiert (ausreichend, aber nicht zu viel), die Frucht knackig (Kirschen, Heidelbeeren), der Gerbstoff fein eingebunden. Mit zarten Teer- und Ledernoten im Finish verabschiedet sich der Wein vom Gaumen.

Erzeuger: Wer auf der N-232 von Logroño nach Haro fährt, passiert nach Fuenmayor ein auf der linken Seite liegendes, meist von vielen LKWs umzingeltes Restaurant. Außer zahlreichen preiswerten Gerichten findet man hier auch erstklassige Weine auf der Karte – Weine der Bodega Tobía. Der Grund: Unter dem Restaurant befindet sich die kleine Kellerei von Tobía. Äußerst experimentierfreudig, entstand hier der erste fassausgebaute Rosado mit Siegel der D.O.Ca. Rioja, der sofort mehrere Auszeichnungen gewann. Doch auch die anderen Weine können voll überzeugen.

Last but not least: Keine Extraktbombe, dafür geschliffen und rund. Da trinkt man gern auch mal ein Gläschen mehr.

Weitere Produkte: Viña Tobía Reserva ????, Viña Tobía Rosado (fermentado en barrica) ????, Viña Tobía Blanco (fermentado en barrica) ???.

Preisgruppe: 15–20 DM

Bezugsquelle: 54

Trinkreif

RIOJA

1994 Barón de Oña Reserva

D.O.Ca. Rioja

Torre de Oña

**Finca San Martín – 01307 Páganos-Laguardia (Alava)
Tel. (941) 121154 – Fax (941) 121171**

Die 94er Reserva, ein Mischsatz aus 95 Prozent Tempranillo, drei Prozent Mazuelo und zwei Prozent Cabernet Sauvignon, hat 24 Monate im Barrique hinter sich. Man spürt das in der Nase – der Wein hat einen leicht staubigen Vanilletouch. Ansonsten ist das Bukett gut strukturiert – es weist Aromen reifer Pflaumen und schwarzer Kirschen auf und hat Nuancen von Tabak und Leder. Am Gaumen präsentiert sich der Wein recht stoffig und mit wohl dosierter Säure. Die Frucht ist kompakt und würzig, der Abgang ausdauernd, das Finale süß grundiert.

Erzeuger: Torre de Oña, ein herrliches Anwesen am Fuße der Sierra de Cantabria, wurde 1987 mit dem Ziel fertig gestellt, eines Tages die besten Reservas der Rioja Alavesa zu schaffen – bei gleichzeitiger Beschränkung auf die Kapazitäten der eigenen Weinberge. Durch kräftigen Rückschnitt und strenge Auslese wird Jahr für Jahr versucht, dem ehrgeizigen Anspruch gerecht zu werden. Sollten allerdings einmal Zweifel an der Qualität vorhanden sein, wird konsequenterweise auf einen Jahrgang verzichtet (wie zuletzt 1993) – eine sehr schwerwiegende Entscheidung, denn da nur Reserva abgefüllt wird, verlässt in solchen Jahren keine einzige Flasche mit dem Label »Barón de Oña« die Bodega. 1995 wurde das Weingut von »La Rioja Alta« übernommen – zum Glück, ohne seine Eigenständigkeit zu verlieren.

Last but not least: Dazu ein paar kleine, über Rebholz gegrillte Lammkoteletts … mmmh!

Weitere Produkte: Keine.

Preisgruppe: 20–25 DM

Bezugsquelle: 11, 21, 31, 39, 41

Trinkreif

RIOJA

1996 Heredad Ugarte Crianza
D.O.Ca. Rioja

Heredad Ugarte

Ctra. Vitoria-Logroño, km 61 – 01307 Laguardia (Álava)
Tel. (945) 278833 – Fax (945) 271319

Junges und recht dichtes Rubinrot. Nach kurzer Belüftung – die Flasche eine Stunde vor dem Trinken öffnen – intensives Bukett. Sehr fruchtbetont mit Brombeere und schwarzer Johannisbeere. Im Hintergrund typischer Barriqueton mit etwas Vanille, daneben Waldboden und Pilze. Insgesamt harmonisch und samtig. Für einen 96er erstaunlich weiche Tannine mit einer präsenten, aber ausgewogenen Säure. Im Mund wieder eine kräftige Frucht, in erster Linie Kirsche und dunkle Beeren. Gut eingebundenes Holz mit leichten Röstnoten. Etwas Teer, Leder und Gewürze. Mittelgewichtiger Wein mit weichem und fruchtbetontem Nachklang.

Erzeuger: Die 1988 gegründete Bodega verfügt mit 110 Hektar Rebfläche über ein ausreichend großes Leistungsvermögen. Außergewöhnlich für die Region ist der Bestand an Cabernet Sauvignon und Merlot. Beide Rebsorten dürfen in der Rioja nur mit Sondergenehmigung verwendet werden. Aus diesem Grund werden die beiden Weine mit dem Namen »Eguren« auch ohne D.O. vermarktet. Neben der vorgestellten Crianza ist besonders der Dominio de Ugarte interessant. Er hat einen etwas höheren Garnacha-Anteil und liegt zwölf Monate länger im Barrique, kostet aber auch um einiges mehr.

Last but not least: Ausgewogene Crianza mit schönem Trinkvergnügen, aber auch Potenzial.

Weitere Produkte: Dominio de Ugarte Crianza ℸℸℸℸ, Heredad Ugarte Reserva ℸℸℸℸ, Heredad Ugarte Gran Reserva ℸℸℸℸ, Eguren Cabernet Sauvignon (ohne D.O.) ℸℸℸℸ, Término Ugarte Tinto ℸℸℸ.

Preisgruppe: 15–20 DM

Bezugsquelle: 24

Trinkreif

RIOJA

1991 Solagüen Reserva
D.O.Ca. Rioja

Union de Cosecheros de Labastida

**Avda. Diputación, 53 – 01330 Labastida (Alava)
Tel. (941) 331161 –Fax (941) 331118**

Gute bis ausgezeichnete Weine aus Rioja zu entdecken, ist keine Kunst – allerdings haben die meisten von ihnen auch ihren Preis. Der Solagüen dagegen bietet nicht nur hervorragende Qualität, er ist auch außergewöhnlich preiswert. Hier wird alles geboten, was man sich von einer Reserva erwarten darf – und noch einiges mehr: dichtes Rubinrot mit leichten Granaträndern, ein warmes Bukett mit schön mürben Tönen, Schmelz, reife Pflaumenfrucht, dunkle Aromen und eine feine Würznote. Auch im Mund von weicher Reife, mit geschliffenen Gerbstoffen und munterer Säure, wieder Pflaume und etwas rote Beeren, ein stimmiger Holzeinsatz, etwas Teer und Leder und ein Hauch Rum. Ein kraftvoller Körper, dicht und komplex, und ein langer Nachhall voller Reifearomen runden wunderschön ab.

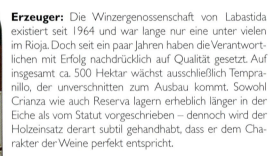

Erzeuger: Die Winzergenossenschaft von Labastida existiert seit 1964 und war lange nur eine unter vielen im Rioja. Doch seit ein paar Jahren haben die Verantwortlichen mit Erfolg nachdrücklich auf Qualität gesetzt. Auf insgesamt ca. 500 Hektar wächst ausschließlich Tempranillo, der unverschnitten zum Ausbau kommt. Sowohl Crianza wie auch Reserva lagern erheblich länger in der Eiche als vom Statut vorgeschrieben – dennoch wird der Holzeinsatz derart subtil gehandhabt, dass er dem Charakter der Weine perfekt entspricht.

Last but not least: Zu Grillfleisch oder kräftigen Saucen immer die richtige Wahl.

Weitere Produkte: Solagüen Crianza ????, Montebuena ????.

Preisgruppe: 15–20 DM

Bezugsquelle: 25

Trinkreif

RIOJA

1995 Finca Valpiedra Reserva
D.O.Ca. Rioja

Finca Valpiedra

Camino Viejo, s/n – 01320 Oyón (Alava)
Tel. (941) 122188 – Fax (941) 122111

Dieser beeindruckende Wein aus der Rioja Alavesa verrät es schon durch sein tiefdunkles, dichtes Purpurviolett: Hier ist ein konzentrierter Stoff im Glas. In der Nase eine intensive Fülle von roten Früchten mit deutlichem Einschlag von Gewürzen, Kräutern und einer zarten Röstnote, das Eichenholz versteckt sich keineswegs. Im Mund setzen sich diese Eindrücke konsequent fort: Eine fleischig-schmelzige Brombeerfrucht ruht auf einem breiten Fundament von Vanille und dunklen Aromen. Feines, noch junges Tannin und schöne Säure komplettieren den harmonischen Charakter. Der Wein verbindet Dichte mit Nuancenreichtum und ist von beachtlicher Länge.

Erzeuger: Die Finca Valpiedra ist mit einer terrassierten Fläche von insgesamt 80 Hektar, die von einem Ebro-Mäander umschlossen wird, ein weiteres Schmuckstück in der Preziosensammlung der Gebrüder Martínez Bujanda. Sandige, kalkhaltige Böden, ein günstiges Mikroklima und über 25 Jahre alte Weinstöcke stellen das Potenzial dar, das in dem neuen Kellereigebäude auf der Finca mit modernster Technologie denn auch voll ausgeschöpft wird. Tempranillo mit etwas Cabernet-Zusatz, Ausbau in französischen Barriques, eine gehörige Portion Kennerschaft – und fertig ist ein großer Wein!

Last but not least: Gönnen Sie diesem jungen Kraftbündel noch ein paar Jahre Kellerruhe. Er wird seine Konzentration noch verfeinern.

Weitere Produkte: Siehe Conde de Valdemar Crianza (Seite 152).

Preisgruppe: 35–40 DM

Bezugsquelle: 16, 20, 23, 30, 32, 36, 38, 46, 49, 52, 53, 56

Trinken ab 2002

alencia

Etwas vereinfachend bezeichnen wir mit »Valencia« die gesamte Region, die offiziell »Comunidad Valenciana« heißt. Sie umfasst nicht nur die zentral um die Hauptstadt gelegene Provinz Valencia, sondern auch noch die Provinzen Castellón im Norden und Alicante im Süden. Ohne Zweifel gehört diese Mittelmeerregion mit ihren Küsten Costa del Azahar und Costa Blanca zu den bekanntesten und beliebtesten Reisezielen Spaniens – und das nicht nur bei ausländischen Touristen. Denn Meer, Sonne, Playa und vieles mehr bieten Ferienzentren wie Benidorm, Benicasim, Gandía, Denia (und wie sie sonst noch heißen) wahrlich in Hülle und Fülle. Die »Levante«, wie dieser Küstenabschnitt noch genannt wird, auf dem sich ausgedehnte Orangenplantagen befinden, ist auch die Heimat der Paella. Das »spanische Nationalgericht« stammt ursprünglich aus dem Dorf El Palmar, das in den Reisfeldern um den Binnensee La Albufera südlich der Stadt Valencia liegt, und auch heute noch bekommt man in den zahlreichen Lokalen von Palmar die beste Paella weit und breit.

Export nach Deutschland
Was die Ausdehnung der Weinberge anbelangt, ist die Comunidad die zweitgrößte Region Spaniens, mehr als die Hälfte ihrer Rebflächen liegen in den drei D.O.-Bereichen Alicante, Utiel-Requena und Valencia. Die D.O. **Valencia** gliedert sich in der gleichnamigen Provinz in vier Subzonen auf und exportiert über 80 Prozent ihres Weins, wobei Deutschland als Abnehmer mit weitem Abstand an erster Stelle steht. Der Großteil wird aber in Großgebinden vermarktet, und das Beste, was in Flaschen abgefüllt wird, zeichnet sich in erster Linie durch einen geradlinigen, technisch sauber erarbeiteten Stil mit niedrigen Preisen aus – Hochgewächse aus Valencia sind noch nicht in Sicht.

Hoffnungsvolle Entwicklung
Anders in der südlichen D.O. **Alicante**, wo sich in beiden Subzonen einige qualitätsbewusste Erzeuger finden lassen, die neben der Pflege der lokalen Reben zunehmend und mit gutem Erfolg auch die internationalen Sorten verarbeiten. Solche Spitzenprodukte sind allerdings bis auf wenige Ausnahmen auf dem deutschen Markt noch unterrepräsentiert. Das gilt in noch stärkerem Maße für die D.O. **Utiel-Requena**, von der Fläche her die weitaus bedeutendste der ganzen Comunidad. Auch vom Potenzial her, das peu à peu von einzelnen Betrieben ausgelotet wird, ist hier für die Zukunft am meisten zu erwarten. Das wenige, was bei uns momentan von dort zu bekommen ist, lässt jedenfalls hoffen.

VALENCIA

1996 Cabernet Sauvignon Crianza

D.O. Alicante

Bodegas Enrique Mendoza

Partida El Romeral, s/n – 03580 Alfás del Pí (Alicante)
Tel. (96) 5888639 – Fax (96) 5873010

Wie gut französische Reben wie Cabernet, Merlot, Pinot Noir oder Syrah an der levantinischen Küste nicht nur wachsen, sondern auch vinifiziert werden können, macht diese Crianza mit Barriquereife von Enrique Mendoza deutlich: Das kräftige Rubinrot und ein intensives Bukett von reifen roten Beeren mit ausgeprägtem Röstaroma und deutlichen Lakritz- wie Vanilletönen weisen schon deutlich in Richtung Komplexität. Im Mund setzt sich die üppige Fülle fort mit dicker Kirsch- und Cassisfrucht, Eichenholz und dunklen Tönen von Teer. Tannin und Säure sind noch sehr potent, der Körper mit 13 Volumenprozent Alkohol eine Spur zu mächtig. Im Nachhall wird die Frucht von südlicher Hitze fast eingekocht.

Erzeuger: In Alfás del Pí, nur wenige Kilometer nördlich von Benidorm, besitzt Enrique Mendoza neben einem großen Supermarkt auch fünf Hektar Rebland, bestockt mit Muskateller, aus denen er vorzügliche Dessertweine erzeugt. Der Großteil der Weinberge (65 Hektar) befindet sich dagegen viel weiter im bergigen Landesinneren; von hier stammen jene modern gemachten Rotweine, die Mendozas Ruf als Spitzenerzeuger der Region in Zukunft weiter festigen dürften.

Last but not least: Mächtiger Cabernet von wahrhaft mediterraner Fülle – zu kräftig für modisch leichte, schmächtige Fleischgerichte. Wild oder reifer Käse können vielleicht bestehen.

Weitere Produkte: Peñon de Ifach 🍷🍷🍷🍷🍷, Cabernet Sauvignon Reserva Mendoza 🍷🍷🍷🍷, Moscatel Mendoza 🍷🍷🍷🍷.

Preisgruppe: 15–20 DM

Bezugsquelle: 31

Trinken ab 2001

VALENCIA

1994 Hoya de Cadenas Reserva

D.O. Utiel-Requena

Vicente Gandía Plá

Ctra. Cheste a Godelleta, s/n – 46370 Chiva (Valencia)
Tel. (96) 2522443 – Fax (96) 2520567

Diese Reserva aus Tempranillo mit zehn Prozent Garnacha-Zugabe, die zwölf Monate im Barrique ausgebaut wurde, ist einer der wenigen Weine, die bislang aus Utiel-Requena, der größten D.O. der Region Valencia, den Weg nach Deutschland gefunden haben. Mit hellem Rubinrot präsentiert er sich im Glas, in der Nase erscheinen neben einer klaren Kirschfrucht kräftige Kräutertöne, etwas Vanille und eine Prise Tabak. Geschmacklich überrascht das noch junge Tannin, die Säure ist prägnant. Mit der Kirsche verbindet sich ein Tick Pflaume, eine Spur Eichenholz und etwas Teer sorgen für Abwechslung. Der Körper ist recht schlank, im Abgang überwiegt die Frucht.

Erzeuger: Der 1885 gegründete Großbetrieb verfügt heute sowohl in Utiel-Requena als auch in der D.O. Valencia über ausgedehnte Weinberge. Die neue, ultramoderne Kellerei mit einem Fassungsvermögen von 270 000 Hektolitern liegt verkehrsgünstig zum Hafen von Valencia, von wo aus die Weine in über 50 Länder der Welt verschifft werden. Unter den Weinen verschiedener, meist einfacher Linien nimmt der Hoya de Cadenas den Spitzenplatz ein. Er stammt von der gleichnamigen Finca, die mit ihren 150 Hektar im bis zu 800 Meter hohen Hinterland von Requena liegt.

Last but not least: Aufgrund seines erfrischenden Charakters ist dieser Wein ein guter Begleiter zu Nudel- und Reisgerichten.

Weitere Produkte: Marqués de Chivé ♟♟♟, Castillo de Liria Tinto ♟♟♟.

Preisgruppe: unter 10 DM

Bezugsquelle: 54

Trinkreif

VALENCIA

1993 Barón de Turís Reserva
D.O. Valencia

La Baronia de Turís Coop. V.

Ctra. de Godelleta, 20 – 46389 Turís (Valencia)
Tel. (96) 2526011 – Fax (96) 2527282

Schon im Geruch ist dieser kräftig purpurfarbene Wein, ein Mischsatz aus Garnacha und Tempranillo, als Produkt von viel Sonne und Luft zu erkennen. Es überwiegen süßlich-reife Aromen, Backpflaumen, Rumrosinen, und dazu gesellt sich ein pikanter Reifeton.
Im Mund setzt sich dieser Eindruck fort mit weichem Tannin, feiner Säure und Noten von Pflaumenmus, dunkle Aromen wie Teer und Humus wirken dabei deutlich mit. Der Wein hat eine respektable Statur und einen recht langen, von mürber Reife geprägten Nachklang.

Erzeuger: Speziell für die Eucharistiefeiern in der Kathedrale von Valencia produzieren die Genossen aus Turís den Sant Leocadi, eine kraftvolle Auslese aus Malvasia mit 15 Volumenprozent Alkohol. Die vielen anderen Weine der 1920 gegründeten Kooperative, deren Mitglieder insgesamt ca. 1500 Hektar bewirtschaften und pro Jahr bis zu neun Millionen Kilogramm Trauben einfahren, erweisen sich als typisch für das Anbaugebiet. Noch herrscht hier die traditionelle Stilrichtung vor, die eher die reifen Töne hervorzuheben sucht als frische Fruchtigkeit. Doch in der großen, modern ausgestatteten Kellerei dürfte man bestimmt in der Lage sein, auch Weine einer moderneren Machart herzustellen.

Last but not least: Eine Empfehlung für Freunde der Südweine von traditioneller Machart – kein Fruchtwunder, sondern ein Trunk der reifen, warmen Aromen.

Weitere Produkte: Sant Leocadi ♈♈♈♈ , Gran Barón de Turís Crianza ♈♈♈ , Moscatel de Turís ♈♈♈ .

Preisgruppe: 10–15 DM

Bezugsquelle: 11

Trinkreif

VALENCIA

1997 Dominio Los Pinos Crianza

D.O. Valencia

Bodega Los Pinos

**46635 Fontanares (Valencia)
Tel. (96) 2222090 – Fax (96) 2222086**

Kein mächtiger Brocken, sondern ein leckerer Tropfen. Tiefes Purpur erfreut das Auge, ein würzig-intensives Bukett schmeichelt der Nase. Von einem feinen Holzton unterstützt, dominiert die Frucht von Brombeeren und Kirschen, angenehm umspielt von dunklen Aromen und einem kleinen Löffel aus dem Rumtopf. Kräftiger Biss am Gaumen: ordentlich Gerbstoffe, gut proportionierte Säure und wieder viel Frucht. Neben einer guten Portion Vanille lässt sich noch ein schmelziger Schokoladeton vernehmen. Wirkt mit seinem straffen Körper nicht allzu lange nach, aber macht spontan Appetit auf den nächsten Schluck. Alles zusammen: eine runde Sache.

Erzeuger: Das Weingut liegt ganz im Westen des Anbaugebiets Clariano, das die südlichste Subzone der D.O. Valencia darstellt. Hier steigen die meist terrassierten Weinberge bis auf 650 Meter hinauf, die Temperaturen sind niedriger als an der Küste. Mehr als 50 Hektar Weinberge sind im Besitz der Familie Olaechea, die seit nunmehr über 100 Jahren im Weinbau tätig ist – früher in Nordspanien, heute in levantinischen Gefilden. Der Dominio Los Pinos – ein Verschnitt aus Cabernet und der lokal häufig anzutreffenden Rebsorte Monastrell – wird sowohl als Tinto als auch als Crianza ausgebaut, und beide Weine sind mit Künstleretiketten konfektioniert.

Last but not least: Stark zu Pizza und Pasta – sogar in Spanien. Und für den Preis darf's ruhig auch die eine oder andere Flasche mehr sein.

Weitere Produkte: Dominio Los Pinos Tinto.

Preisgruppe: 10–15 DM

Bezugsquelle: 40

Trinkreif

VALENCIA

1994 Monte Mira Tinto Reserva

D.O. Valencia

Bodegas Torrevellisca

Ctra. L'Hombría, km 1 –
46635 Fontanars dels Alforins (Valencia)
Tel. (96) 2222262 – Fax (96) 2222257

Manchmal ist ein unkomplizierter Wein für einen herzhaften Umtrunk gefragt. Herzhaft sollte er sein, preiswert – und der Kopf soll am nächsten Morgen auch nicht brummen. Da kommt dann diese rubinrote Reserva gerade richtig. Die warme Nase ist mit ihrem Kirscharoma und der feinen Vanille, unterlegt von etwas Lakritz, recht viel versprechend. Auch im Mund dominieren Kirsche und spürbar Holz; Säure und Tannin sind pikant, aber nicht unangenehm. Dunkle Töne von Leder und Teer klingen mit an. Der Körper ist recht schmal, wobei sich die 12,5 Prozent Alkohol doch bemerkbar machen. Der Abgang ist flott, jedoch mit ansprechend fruchtiger Dominanz.

Erzeuger: Die Bodegas Torrevellisca wurden 1991 gegründet und gehören mit fast 400 Hektar Weinbergen und einer durchschnittlichen Jahresproduktion von fast zwei Millionen Flaschen zu den größeren Erzeugern in der Subzone Clariano im Süden der Provinz Valencia. Der Weiler Torre Vellisca liegt an der Südflanke eines Gebirgszuges, der sich über 700 Meter erhebt. Neben dem gängigen Rebsortenspiegel wird hier auch noch die sonst rare Verdil-Rebe gepflegt, die zusammen mit Macabeo die Basis der Weißweine bildet. Das Qualitätsniveau bewegt sich etwas über dem Durchschnitt, der Preis für den Monte Mira ist dafür ein echter Hit.

Last but not least: Eine Bauernbrotzeit mit dunklem Brot und rohem Schinken finden in diesem Wein ihr ideales flüssiges Pendant.

Weitere Produkte: Torre Vellisca Blanco.

Preisgruppe: unter 10 DM

Bezugsquelle: 57

Trinkreif

Cava

Weihnachten und Silvester/Neujahr sind in Spanien traditionsgemäß Cava-Zeiten par excellence: Etwa 50 Millionen Flaschen werden allein an diesen Festtagen konsumiert – das ist mehr als ein Viertel der gesamten Jahresproduktion –, und eine Familienfeier oder ein Fest unter Freunden ist in Spanien ohne Schaumwein schlichtweg nicht vorstellbar. Dabei ist man den heimischen Produkten, besonders dem Cava, in unverbrüchlicher Treue zugetan – zu solcher Gelegenheit etwa einen Champagner zu kredenzen, käme schon fast einem Sakrileg gleich.

Traditionelles Herstellungsverfahren

Die Herstellung von Cava ist eine katalanische Domäne, denn 1852 wurde im Penedès der erste Schaumwein nach dem traditionellen Verfahren (d. h. mit Flaschengärung) erzeugt. Deutlich mehr als 95 Prozent der Cavas kommen heute aus Katalonien – aber eben doch nicht alle, denn auch einige Schaumweine aus Aragón (Provinz Zaragoza), Navarra, Rioja und Valencia (Utiel-Requena) dürfen den Titel »Cava« beanspruchen, der einem D.O.-Status entspricht, ohne dass dies, wie sonst üblich, auf dem Etikett angegeben ist. Schaumweine aus anderen Regionen Spaniens heißen »vinos espumosos«. In Katalonien selbst kommen drei von vier Flaschen Cava aus dem Penedès, und das kleine Städtchen Sant Sadurní d'Anoia kann sich zu Recht die »Metropole des Cava« nennen, denn neben vielen kleinen Betrieben haben hier auch die beiden Giganten Codorníu und Freixenet ihren Stammsitz.

Weißes Traubentrio

Anders als beim Champagner sind für den Cava nicht die Rebsorten Pinot Noir und Chardonnay die Basis des Weins, sondern nach alter Tradition das Trio aus den weißen Sorten Macabeo, Parellada und Xarel.lo, die je nach Erzeuger und Cava Typ in unterschiedlicher Proportion miteinander verschnitten werden. In kleinerem Umfang wird auch noch Chardonnay eingesetzt (manchmal sogar reinsortig), hin und wieder auch die roten Garnacha, Monastrell und Pinot Noir.

Alternative zu Champagner

Trotz der Querelen zwischen den beiden großen Cava-Produzenten, in denen es um die Exklusivrechte an den gefrosteten Flaschen ging (und die gerichtlich zugunsten von Freixenet entschieden wurden), hat der Cava-Export keine spürbaren Einbrüche erfahren, er machte in den letzten Jahren fast die Hälfte der Gesamtproduktion aus. Auch in Deutschland machen zunehmend mehr Verbraucher die Erfahrung, dass gute bis ausgezeichnete Schaumweine nicht nur aus Frankreich kommen müssen. Auch Spanien kommt da als Alternative in Frage: Etliche Cavas brauchen den Vergleich mit Champagner nicht zu fürchten – von den sehr kompetitiven Preisen einmal ganz zu schweigen.

CAVA

1995 Huguet Gran Reserva Brut Classic

D.O. Cava

Can Feixes

**Can Feixes, s/n – 08785 Cabrera d'Anoia (Barcelona)
Tel. (93) 7718227 – Fax (93) 7718031**

Die Gran Reserva – d. h. mindestens drei Jahre Lager auf der Hefe – trägt äußerlich alle Attribute eines großen Cava: Jahrgangsangabe, nummerierte Flasche, Datum des Degorgierens. Die Verkostung dieser Cuvée aus Parellada, Macabeo und Chardonnay ergibt, dass die Konfektionierung nicht mehr verspricht, als der Inhalt einlösen kann. Denn schon mit seinem frischen Bukett von Stachelbeere und grünem Apfel, gefühlvoll unterlegt von würzigen Aromen und einem Tick Anis, demonstriert sich hier Rasse und Klasse. Vollends überzeugend dann der Geschmack nach Äpfeln, Kiwi und etwas Ananas, gestützt von prickelnder Säure, umspielt von einer klassisch feinen Perlage mit langer Nachwirkung. Zarte Zitrustöne und eine elegante süße Note machen die Harmonie perfekt.

Erzeuger: Mit über 600 Jahren Weinbaugeschichte – alte Aufzeichnungen gehen auf das Jahr 1400 zurück, und das Hauswappen weist die Jahreszahl 1768 auf – gehören die Huguets zu den traditionsreichsten Familien im Penedès. Die 80 Hektar terrassierte Weinberge des Gutes liegen im bergigen nordwestlichen Hinterland der Anbauzone, neben den vorzüglichen Cavas werden auch sehr gute Stillweine erzeugt.

Last but not least: Diese glatte Kampfansage an Champagner bringt Franzosen zum vergleichbaren Preis auf verlorenen Posten.

Weitere Produkte: Huguet Gran Reserva Brut Natural ♀♀♀♀♀, Can Feixes Negre Selecció ♀♀♀♀, Can Feixes Blanc Selecció ♀♀♀.

Preisgruppe: 25–30 DM

Bezugsquelle: 23, 33

Trinkreif

CAVA

o.J. Cuvée Raventós Chardonnay Brut

D.O. Cava

Codorníu

Avda. Jaume Codorníu, s/n –
08770 Sant Sadurní d'Anoia (Barcelona)
Tel. (93) 8183232 – Fax (93) 8910822

Reinsortige Chardonnay-Cavas sind gewiss nichts aufregend Neues in Katalonien, zumal diese alte burgundische Rebsorte hier auch schon eine lange Tradition hat. Doch nach vergleichbar guten und zugleich preisgünstigen Vertretern wie dem Cava aus dem Haus Codorníu muss man lange suchen. In der Nase wird die Frucht reifer Äpfel begleitet von dezenten Holunderblüten, einem Tick Süßholz und etwas Weißbrot. Am Gaumen entfaltet sich feines Mousseux von schöner Länge. Die frische, saftige Frucht und die lebendige Säure harmonieren. Mit seiner feingliedrigen Statur und dem dezent süßen Nachhall zeigt dieser Cava viel Stil, Charakter und sogar eine gewisse Noblesse.

Erzeuger: Das Familienunternehmen, offizieller Hoflieferant der spanischen Krone, kann sich mit dem Ruhm der Geschichte schmücken: Seit 1551 sind die Codorníu im Weinbau tätig, und José Raventós, der in die Familie einheiratete, erzeugte 1872 im Penedès den ersten Schaumwein mit Flaschengärung. In den 30 Kilometer langen Kelleranlagen können auf fünf Ebenen ca. 120 Millionen Flaschen gelagert werden – das ist Weltrekord! Doch imponierender als die Produktion von schierer Masse sind die außergewöhnlichen Qualitäten, zu denen man hier ebenfalls in der Lage ist.

Last but not least: Das perlende Entrée zu den gewissen Stunden à deux. Oder, ganz banal, zur Meeresfrüchte-Paella.

Weitere Produkte: Anna de Codorníu, Jaume Codorníu, Non Plus Ultra.

Preisgruppe: 15–20 DM

Bezugsquelle: 59

Trinkreif

C A V A

o.J. Xènius Brut Reserva
D.O. Cava

Covides

**Finca Prunamala – 08770 Sant Sadurní d'Anoia (Barcelona)
Tel. (93) 8911056 – Fax (93) 8911698**

Dieser Cava überzeugt – neben seinem moderaten Preis – vor allem durch die Kombination von frischer Fruchtigkeit und nuancierten Aromen. Farblich mit einem hellen Messinggelb präsentiert er sich noch eher durchschnittlich. Doch schon das animierende, frische Bukett erfreut mit Aromen von reifen Äpfeln, Schalotten, Mandeln und einem Tick Blütentönen.

Am Gaumen entwickelt sich eine kräftig ausgeprägte, feine Perlage, die allerdings relativ zügig abklingt. Bei schöner Säure entfaltet sich die frische Fruchtkomponente von grünem Apfel, zart süße Töne schwingen harmonisch mit. Der Körper ist von recht ordentlicher Statur, in den fruchtbetonten Nachhall spielt ein feiner Bittermandelhauch hinein.

Erzeuger: 900 Mitglieder zählt heute diese im Jahr 1964 gegründete Genossenschaftskellerei, die mit insgesamt fast 4000 Hektar Rebflächen über ein gewaltiges Mengenpotenzial verfügt.
Neben einer Reihe von Stillweinen, unter denen sich vor allem die Linie Duc de Foix profiliert, werden auch mehrere Cava-Typen erzeugt. Obwohl der Xènius nicht einmal der teuerste unter ihnen ist, steht ihm aufgrund seiner Ausgewogenheit und seines überzeugenden Preis-Leistungsverhältnis dennoch die Palme zu.

Last but not least: Ein stimmiger Aperitif für ein stimmungsvolles Fest. Macht aber sicher auch zu Schalentieren eine gute Figur.

Weitere Produkte: Duc de Foix Chardonnay, Duc de Foix Tinto Reserva.

Preisgruppe: 15–20 DM

Bezugsquelle: 55

Trinkreif

CAVA

o.J. Cordon Negro Brut
D.O. Cava

Freixenet

Joan Sala, 2 – 08770 Sant Sadurní d'Anoia (Barcelona)
Tel. (93) 8183200 – Fax (93) 8183095

Der Cava in der schwarzen Flasche ist Spaniens meistverkaufter trockene Schaumwein, nicht nur in Deutschland, sondern weltweit. Sicher ist schon der Preis verführerisch, zudem hat der grünlich-hellgelbe Prickelstoff aber auch seinen eigenen Charme: Eine fruchtige Nase mit Anklängen an grünen Apfel und Banane ist von einem Tick Blütensüße umspielt.

Am Gaumen entfaltet sich intensives Mousseux mit allerdings recht großen Bläschen, die dann flott verfliegen. Knackiger Apfelgeschmack und eine stramme Säure verbinden sich mit einem zarten Bitterton. Im Nachhall kommt eine Nuance Akazienblüten zum Ausdruck.

Erzeuger: Erfolg kann man durchaus messen: Die Ausmaße des 1889 gegründeten Konzerns – in seiner weltweiten Bedeutung nur noch mit Codorníu vergleichbar –, mit Filialbetrieben in Kalifornien, Mexiko und sogar der Champagne, sind beeindruckend und widerlegen schon von sich aus etwaige Kritik an der Qualität der Produkte. Gewiss haben die Millionen Flaschen der Cordon Negros und Carta Nevadas »nur« ordentliches Standardformat, doch zu welchen Spitzenleistungen man auch in der Lage ist, beweist der Jahrgangs-Cava »D.S.« ebenso wie die Reserva Real, die beide über drei Jahre auf der Hefe ausgebaut werden.

Last but not least: Ein preiswerter Cava, der reulos zu beinahe jeder Gelegenheit geschlürft werden kann.

Weitere Produkte: Cuvée D.S. '94 ♆♆♆♆♆, Reserva Real ♆♆♆♆, Carta Nevada ♆♆♆.

Preisgruppe: 10–15 DM

Bezugsquelle: 59

Trinkreif

CAVA

o.J. Augustí Torelló Mata Brut Reserva

D.O. Cava

Augustí Torelló

**La Serra, s/n – 08770 Sant Sadurní d'Anoia (Barcelona)
Tel. (93) 8911173 – Fax (93) 8912616**

Dieser famose Cava ist ein schönes Beispiel dafür, wie eine gelungene Kreation immer auch eine Reflexion der Persönlichkeit seines Schöpfers ist. Charaktervoll und mit viel Individualität präsentiert sich die Reserva von Augustí Torelló: Tiefes Goldgelb verspricht Reife, feinste Perlage von lang anhaltender Dauer verweist auf eine lange Reife auf der Hefe – insgesamt mehr als drei Jahre. Intensives Bukett voller Frische und fruchtigen Nuancen, dazu feine Kräuteraromen und eine verführerische Süße. Am Gaumen bezaubern die Duftigkeit des Mousseux ebenso wie die Fruchtfinesse bei gleichzeitig molliger Dichte des Körpers. Perfektes Säuregerüst, beispielhaft langer, eleganter Nachhall.

Erzeuger: Nach vielen Jahren als Generaldirektor der riesigen Segura-Viudas-Gruppe ist der alte Meister Augustí Torelló sozusagen aufs Privatissimum von zehn Hektar privaten Familienbesitzes zurückgekehrt – dort, wo er einst schon als Junge vom Onkel in die wertvollen Geheimnisse der Cava-Herstellung eingeweiht worden war. Mittlerweile tatkräftig unterstützt von Sohn Alex, spielt der »Maestro de cavistas« in Kreationen wie Gran Reserva und Reserva, besonders aber dem exklusiven »Kripta« noch einmal sein ganzes Können aus. Da können wir nur sagen: a muchos años!

Last but not least: Zu schade für jede x-beliebige Gelegenheit – dieser Cava sollte schon den exquisiteren Anlässen vorbehalten bleiben.

Weitere Produkte: Gran Reserva Brut Nature »Kripta« .

Preisgruppe: 20–25 DM

Bezugsquelle: 11, 28, 48

Trinkreif

Weine nach Preisgruppen

Sherry

Jahrgang	Name	Bewertung	Preisgruppe
o.J.	Sandeman Dry Seco Fino	♟♟♟	unter 10 DM
o.J.	Tio Pepe Fino	♟♟♟♟♟	10–20 DM
o.J.	La Ina Fino	♟♟♟♟♟	10–20 DM
o.J.	Ataulfo Amontillado	♟♟♟♟♟	20–30 DM
o.J.	San León Manzanilla	♟♟♟♟♟	20–30 DM
o.J.	Gran Barquero Pedro Ximénez	♟♟♟♟♟♟	30–40 DM

Cava

o.J.	Cuvée Raventós Chardonnay Brut	♟♟♟♟	10–20 DM
o.J.	Xènius Brut Reserva	♟♟♟♟	10–20 DM
o.J.	Cordon Negro Brut	♟♟♟	10–20 DM
o.J.	Augustí Torelló Cava Mata Brut Reserva	♟♟♟♟♟	20–30 DM
1995	Huguet Gran Reserva Brut Classic	♟♟♟♟♟	20–30 DM

Roséweine

1997	Parató Pinot Noir Rosado	♟♟♟	unter 10 DM
1998	Baldomà Rosado	♟♟♟	unter 10 DM
1998	Roura Merlot Rosado	♟♟♟♟	10–20 DM
1998	Mas Comtal Merlot Rosado	♟♟♟♟	10–20 DM
1998	Rioja Rosado Enrique Forner	♟♟♟	10–20 DM

Weißweine

o.J.	Blanc Pescador	♟♟♟	unter 10 DM
1998	Mas Tolentos Blanco Joven	♟♟♟	unter 10 DM
1998	Puerto de Santos	♟♟♟♟	unter 10 DM
1998	Mas Codina Blanco	♟♟♟	unter 10 DM
1998	Lorenzo Cachazo	♟♟♟	unter 10 DM
1998	Basa	♟♟♟	unter 10 DM
1998	Viña Mocén Superior	♟♟♟♟	unter 10 DM
1998	Viña Luz	♟♟♟	unter 10 DM
1997	Lagar de Cervera Albariño	♟♟♟♟	10–20 DM
1998	Mantél Blanco Rueda Superior	♟♟♟♟	10–20 DM
1998	Palacio de Bornos	♟♟♟♟	10–20 DM
1998	Doña Beatriz Sauvignon Blanc	♟♟♟♟	10–20 DM

WEINE NACH PREISGRUPPEN

Jahrgang	Name	Bewertung	Preisgruppe
1998	Duc de Foix Chardonnay	♛♛♛♛	10–20 DM
1997	Heretat Vall-Ventós Sauvignon Blanc	♛♛♛♛	10–20 DM
1998	Castillo de Monjardín Chardonnay	♛♛♛♛	10–20 DM
1997	As Laxas Albariño	♛♛♛♛	20–30 DM
1997	Terras Gauda »O Rosal«	♛♛♛♛	20–30 DM
1998	Viña Meín	♛♛♛♛♛	20–30 DM
1998	Guitián Godello	♛♛♛♛♛	20–30 DM
1997	Augustus Chardonnay	♛♛♛♛	20–30 DM
1997	Fransola	♛♛♛♛♛	20–30 DM
1995	Blanc Prior	♛♛♛♛	20–30 DM

Rotweine

Jahrgang	Name	Bewertung	Preisgruppe
o.J.	Casa Solar	♛♛♛	unter 10 DM
1994	Monte Mira Reserva	♛♛♛	unter 10 DM
1994	Hoya de Cadenas Reserva	♛♛♛	unter 10 DM
1998	Alma Tinto	♛♛♛	unter 10 DM
1997	Malumbres Tinto	♛♛♛	unter 10 DM
1996	Viña Solimar Tinto	♛♛♛	unter 10 DM
1998	Murì Veteres	♛♛♛	unter 10 DM
1997	Algendaret Tinto	♛♛♛	unter 10 DM
1995	Cencipeñas Crianza	♛♛♛	unter 10 DM
1991	Don Fadrique Reserva	♛♛♛♛	unter 10 DM
1994	Allozo Crianza	♛♛♛	unter 10 DM
1996	Viña Ainzón Crianza	♛♛♛	unter 10 DM
1996	Corona de Aragón Crianza	♛♛♛	unter 10 DM
1998	Viña Urbezo	♛♛♛♛	10–20 DM
1992	Señorío del Águila Reserva	♛♛♛♛	10–20 DM
1997	Enate Tinto Cabernet Sauvignon-Merlot	♛♛♛♛	10–20 DM
1996	Montesierra Crianza	♛♛♛	10–20 DM
1997	Viñas del Vero Merlot	♛♛♛♛♛	10–20 DM
1995	Castillo de Maluenda Tinto Crianza	♛♛♛	10–20 DM
1998	Viña Jara	♛♛♛♛	10–20 DM
1995	Lar de Barros Reserva	♛♛♛♛	10–20 DM
1992	Corte Real	♛♛♛♛	10–20 DM
1993	Yuntero Cencibel y Cabernet Sauvignon Reserva	♛♛♛	10–20 DM
1992	Gran Oristan Gran Reserva	♛♛♛♛	10–20 DM
1996	Casa Gualda Crianza	♛♛♛♛	10–20 DM
1993	Vegaval Plata Reserva	♛♛♛♛	10–20 DM
1990	Señorío de los Llanos Gran Reserva	♛♛♛♛	10–20 DM
1996	Corcovo Crianza	♛♛♛♛	10–20 DM
1989	Don Luis Megía Gran Reserva	♛♛♛	10–20 DM

WEINE NACH PREISGRUPPEN

Jahrgang	Name	Bewertung	Preisgruppe
1996	Fuentespina Crianza	♛♛♛♛	10–20 DM
1998	Chamerlot	♛♛♛♛♛	10–20 DM
1996	Gran Cermeño Crianza	♛♛♛♛	10–20 DM
1992	Valdevegón	♛♛♛♛	10–20 DM
1996	Vacceos Crianza	♛♛♛♛♛	10–20 DM
o.J.	Durius Tinto	♛♛♛	10–20 DM
1996	Abadía Retuerta Primicia	♛♛♛♛	10–20 DM
1991	Rigau Ros Gran Reserva	♛♛♛♛	10–20 DM
1996	Enrique Mendoza Cabernet Sauvignon Crianza	♛♛♛♛	10–20 DM
1993	Barón de Turís Reserva	♛♛♛	10–20 DM
1997	Dominio Los Pinos Crianza	♛♛♛	10–20 DM
1996	Petit Caus	♛♛♛♛	10–20 DM
1995	Loxarel Cabernet Sauvignon	♛♛♛	10–20 DM
1994	Vall Reserva	♛♛♛	10–20 DM
1998	Barranc dels Closos Negre	♛♛♛♛	10–20 DM
1998	Ònix	♛♛♛♛	10–20 DM
1998	Joan d'Anguera Tinto Joven	♛♛♛	10–20 DM
1998	Mas Collet	♛♛♛♛♛	10–20 DM
1996	Castillo Jumilla Crianza	♛♛♛	10–20 DM
1997	Castaño Merlot	♛♛♛♛	10–20 DM
1996	Gran Feudo Crianza	♛♛♛	10–20 DM
1997	Barón de Magaña Finca la Sarda	♛♛♛♛	10–20 DM
1996	Monasterio de la Oliva Crianza	♛♛♛	10–20 DM
1996	Nekeas Tempranillo-Cabernet Sauvignon Crianza	♛♛♛♛	10–20 DM
1994	Ochoa Reserva	♛♛♛♛	10–20 DM
1996	Palacio de la Vega Cabernet Sauvignon-Tempranillo Crianza	♛♛♛♛	10–20 DM
1995	Piedemonte Crianza	♛♛♛♛	10–20 DM
1996	Principe de Viana Cabernet Sauvignon Crianza	♛♛♛♛	10–20 DM
1996	Mirador de la Reina Crianza	♛♛♛	10–20 DM
1996	Merlot Seleccion Viña Sardasol Crianza	♛♛♛♛	10–20 DM
1996	Artadi Viñas de Gain	♛♛♛♛	10–20 DM
1996	Viña Amezola Crianza	♛♛♛♛	10–20 DM
1994	Berberana Reserva	♛♛♛♛	10–20 DM
1996	Loriñón Crianza	♛♛♛♛	10–20 DM
1996	Conde de Valdemar Crianza	♛♛♛♛	10–20 DM
1996	Campillo Crianza	♛♛♛♛	10–20 DM
1996	Solar de Bécquer Crianza	♛♛♛	10–20 DM
1994	Ondarre Reserva	♛♛♛♛	10–20 DM
1996	Gran Diezmo de Mazuelo Crianza	♛♛♛♛	10–20 DM
1996	Heredad Ugarte Crianza	♛♛♛♛	10–20 DM
1991	Solagüen Reserva	♛♛♛♛♛	10–20 DM
1996	Viña Tobia Crianza	♛♛♛♛	10–20 DM

WEINE NACH PREISGRUPPEN

Jahrgang	Name	Bewertung	Preisgruppe
1997	Marqués de Murrieta Ygay Unfiltered Collección 2100	♛♛♛♛	10–20 DM
1995	Valserrano Crianza	♛♛♛♛	10–20 DM
1991	Diego de Almagro Gran Reserva	♛♛♛♛	10–20 DM
1996	Arzuaga Crianza	♛♛♛♛♛	20–30 DM
1996	Pago de Carraovejas Crianza	♛♛♛♛♛	20–30 DM
1994	Torremilanos Crianza	♛♛♛♛	20–30 DM
1997	Tionio	♛♛♛♛♛	20–30 DM
1993	Gran Colegiata Reserva	♛♛♛♛	20–30 DM
1996	Vega Sauco Crianza	♛♛♛♛	20–30 DM
1994	Casa Pardet Tempranillo Reserva	♛♛♛♛♛	20–30 DM
1995	Guelbenzu Evo Crianza	♛♛♛♛♛	20–30 DM
1994	Castell del Remei Merlot	♛♛♛♛	20–30 DM
1997	Syrah Col.lecció	♛♛♛♛♛	20–30 DM
1994	Larchago Reserva	♛♛♛♛	20–30 DM
1996	Altún Crianza	♛♛♛♛♛	20–30 DM
1995	Marqués de Vargas Reserva	♛♛♛♛♛♛	20–30 DM
1996	Viña Salcéda Crianza	♛♛♛♛	20–30 DM
1994	Murua Reserva	♛♛♛♛	20–30 DM
1994	Barón de Oña Reserva	♛♛♛♛	20–30 DM
1994	Glorioso Reserva	♛♛♛♛	20–30 DM
1995	Balbas Crianza	♛♛♛♛	20–30 DM
1995	Dominio de Valdepusa Petit Verdôt	♛♛♛♛♛♛	30–40 DM
1996	Cillar de Silos Crianza	♛♛♛♛♛	30–40 DM
1996	Emina Crianza	♛♛♛♛♛	30–40 DM
1996	Tinto Pesquera Crianza	♛♛♛♛♛♛	30–40 DM
1997	Finca Resalso	♛♛♛♛	30–40 DM
1996	Viña Pedrosa Crianza	♛♛♛♛♛	30–40 DM
1996	Protos Crianza	♛♛♛♛♛	30–40 DM
1995	Alta Pavina Cabernet Sauvignon Crianza	♛♛♛♛♛	30–40 DM
1997	Cérvoles	♛♛♛♛♛♛	30–40 DM
1989	Muga Gran Reserva	♛♛♛♛	30–40 DM
1996	Remelluri	♛♛♛♛♛	30–40 DM
1996	Les Terrasses Crianza	♛♛♛♛♛	30–40 DM
1995	Finca Valpiedra Reserva	♛♛♛♛♛	30–40 DM
1990	Viña Ardanza Reserva	♛♛♛♛♛	30–40 DM
1995	Roda II Reserva	♛♛♛♛♛♛	über 40 DM
1997	Fra Fulcó	♛♛♛♛♛♛	über 40 DM
1996	Valsotillo Crianza	♛♛♛♛♛♛	über 40 DM
1996	Teófilo Reyes Crianza	♛♛♛♛♛♛	über 40 DM
1994	Matarromera Reserva	♛♛♛♛♛	über 40 DM

Empfehlenswerte Kellereien

Andalusien

Alvear (Montilla)
- Pedro Ximénez 1830 ƔƔƔƔƔƔ
- Pedro Ximénez 1927 ƔƔƔƔ
- Pelayo Oloroso ƔƔƔƔ
- Capataz Fino ƔƔƔƔ

Antonio Barbadillo (Sanlúcar de Barrameda)
- Jerez Dulce Pedro Ximénez ƔƔƔƔ
- San Rafael Oloroso ƔƔƔƔ
- Solear Manzanilla ƔƔƔƔ
- Eva Manzanilla ƔƔƔƔ

Bobadilla (Jerez de la Frontera)
- Romántico Pedro Ximénez ƔƔƔƔ
- La Merced Cream ƔƔƔ

Croft Jerez (Jerez de la Fronter)
- Croft Palo Cortado ƔƔƔƔ
- Croft Classic Amontillado ƔƔƔƔ
- Croft Delicado Fino ƔƔƔƔ

Delgado Zuleta (Sanlúcar de Barrameda)
- Zuleta Amontillado ƔƔƔƔƔ
- La Goya Manzanilla ƔƔƔƔ

Emilio Lustau (Jerez de la Frontera)
- Emperatriz Eugenia Lustau Solera Reserva Oloroso ƔƔƔƔƔ
- East India Oloroso ƔƔƔƔ
- Lustau Solera Jarana Fino ƔƔƔƔ

Federico Paternina (Jerez de la Frontera)
- Pedro Ximénez Vieja Solera ƔƔƔƔƔ
- Victoria Regina Oloroso ƔƔƔƔƔ

Garvey (Jerez de la Frontera)
- Gran Orden Pedro Ximénez ƔƔƔƔƔƔ
- Jauna Palo Cortado ƔƔƔƔƔ
- Puerta Real Oloroso ƔƔƔƔƔ
- Doñana Amontillado ƔƔƔƔƔ

Hijos de Agustín Blázquez (Jerez de la Frontera)
- Carta Blanca Fino ƔƔƔƔƔ

José de Soto (Jerez de la Frontera)
– Don José María Oloroso 🍷🍷🍷🍷
– Don José María Amontillado 🍷🍷🍷🍷
– Campero Fino 🍷🍷🍷🍷

Osborne (El Puerto de Santa María)
– Solera BC 200 Oloroso 🍷🍷🍷🍷🍷
– Fino Quinta 🍷🍷🍷🍷🍷
– Pedro Ximénez 1827 🍷🍷🍷🍷

Sánchez Romate Hnos. (Jerez de la Frontera)
– Cardenal Cisneros Pedro Ximénez 🍷🍷🍷🍷🍷🍷
– Marismeño Fino 🍷🍷🍷🍷

Aragón

D.O. Calatayud

Cooperativa San Alejandro (Miedes de Aragón)
– Baltasar Gracián Tinto 🍷🍷🍷
– Marqués de Nombrevilla Tinto 🍷🍷🍷

D.O. Campo de Borja

Bodegas Borsao Borja (Borja)
– Señor Atares Tinto
– Gran Campellas Tinto 🍷🍷🍷
– Borsao Tinto Joven 🍷🍷🍷

D.O. Cariñena

Bodegas del Señorío (Almonacid de la Sierra)
– Gran Paulet Vino Rancio 🍷🍷🍷🍷

Bodegas Ignacio Marín (Cariñena)
– Castillo de Viñaral Cabernet-Sauvignon 🍷🍷🍷🍷
– Barón de Lajoyosa Moscatel 🍷🍷🍷🍷
– Barón de Lajoyosa Gran Reserva 🍷🍷🍷

Bodegas San Valero (Cariñena)
– Marqués de Tosos Tinto Reserva 🍷🍷🍷🍷
– Monte Ducay Tinto Crianza 🍷🍷🍷
– Monte Ducay Blanco 🍷🍷🍷

EMPFEHLENSWERTE KELLEREIEN

D.O. Somontano

Bodegas Borruel (Ponzano)
– Villa Benasque Tinto Crianza ¶¶¶¶
– Osca Merlot ¶¶¶

Bodegas Lalanne (Barbastro)
– Lalanne Tinto Crianza und Reserva ¶¶¶¶
– Laura Lalanne Blanco ¶¶¶¶
– Laura Lalanne Rosado ¶¶¶

ohne D.O.

Venta d'Aubert (Cretas)
– Domus Tinto Crianza ¶¶¶¶

Balearen

D.O. Binissalem Mallorca

Antonio Nadal (Binissalem)
– Blanc de Moll ¶¶¶
– Tres Uvas Reserva ¶¶¶

Franja Roja (Binissalem)
– José L. Ferrer Tinto Reserva Privada ¶¶¶¶
– José L. Ferrer Tinto Crianza ¶¶¶
– Viña Veritas Blanco und Tinto ¶¶¶

Herederos Hermanos Ribas (Consell)
– Hereus de Ribas Tinto Crianza ¶¶¶¶
– Hereus de Ribas Rosado ¶¶¶
– Hereus de Ribas Blanco ¶¶¶

Jaume de Puntiro (Santa María del Camí)
– Carmesí Tinto Crianza ¶¶¶
– Blanc ¶¶¶

ohne D.O.

Vinyes i Bodegues Miquel Oliver (Petra)
– Ses Ferritges Tinto Reserva ¶¶¶¶
– Cabernet Sauvignon Rosado ¶¶¶¶
– Gran Chardonnay ¶¶¶¶
– Mont Ferrutx Tinto Crianza ¶¶¶
– Muscat ¶¶¶

Ànima Negra SL. (Felanitx)
– Ànima Negra Tinto ????

Baskenland

D.O. Chacolí de Vizcaya – Bizkaiako Txakolina

Aretxondo S.A.T. (Mungía)
– Aretxondo Bion-Etxea Mahastia ????
– Amunategui ???

Doniene-Gorrondona (Bakio)
– Gorrondona ????
– Doniene ????

Pedro Miguel Llarena (Orduña)
– Llarena ????

D.O. Chacolí de Guetaria – Getariako Txakolina

Txomin Etxaniz (Getaria)
– Txomin Etxaniz ???

Aizpurua (Getaria)
– Aizpurua ????

Extremadura

Bodegas Castelar (Hornachos)
– Castelar Crianza ???
– Castelar Tinto ???

Coop. San Marcos de Almendralejo (Almendralejo)
– Campobarro Cencibel Superior ????
– Campobarro Crianza ???
– Campobarro Rosado ???

Coop. Santa Marta Virgen (Santa Marta de los Barros)
– Blasón del Turra Tinto ????
– Blasón del Turra Rosado ???
– Blasón del Turra Blanco ???

EMPFEHLENSWERTE KELLEREIEN

Santiago Apóstol (Almendralejo)
– De Payva Crianza ♛♛♛♛
– De Payva Fermentado en Barrica Blanco ♛♛♛♛
– Doña Francisquita Blanco ♛♛♛♛

Sdad. Coop. Agrícola Vinícola Extremeña »San José« (Villafranca de los Barros)
– Viña Canchal Tinto ♛♛♛♛
– Viña Canchal Rosado ♛♛♛♛

Galicien

D.O. Rías Baixas

Adegas Galegas (Salvatierra de Miño)
– Veigadares Blanco ♛♛♛♛♛♛
– Don Pedro de Soutomaior Blanco ♛♛♛♛♛
– Rubines Blanco ♛♛♛♛
– Dionisos Blanco ♛♛♛♛

Adegas Morgadio (Creciente)
– Morgadio Blanco ♛♛♛♛♛
– Torre Fornelos Blanco ♛♛♛♛♛

Agro de Bazan (Villanueva de Arosa)
– Granbazan Verde Blanco ♛♛♛♛♛
– Granbazan Ambar Blanco ♛♛♛♛♛♛

Bodegas del Palacio de Fefiñanes (Cambados)
– Albariño de Fefiñanes ♛♛♛♛♛

Bodegas Martin Codax (Vilariño-Cambados)
– Martin Codax Gallaecia Blanco ♛♛♛♛♛
– Organistrum Blanco ♛♛♛♛♛

Bodegas Salnesur (Castrelo-Cambados)
– Condes de Albarei Carballo Galego Blanco ♛♛♛♛♛
– Condes de Albarei Vendimia Tardia Blanco ♛♛♛♛♛

Granja Fillaboa (Salvatierra de Miño)
– Fillaboa Blanco ♛♛♛♛♛

Pazo de Señorans (Meis)
– Pazo de Señorans Blanco ♛♛♛♛♛

D.O. Ribeiro

Emilio Rojo (Arnoia-Ponte)
– Emilio Rojo Blanco 🍷🍷🍷🍷🍷

D.O. Valdeorras

Adega San Roque (A Rua)
– Alan Blanco 🍷🍷🍷🍷🍷

Kanarische Inseln

D.O. Tacoronte-Acentejo

Bodegas Insulares Tenerife (Tacoronte)
– Viña Norte Tinto Barrica 🍷🍷🍷🍷🍷
– Viña Norte Negramoll 🍷🍷🍷🍷🍷
– Viña Norte Tinto 🍷🍷🍷🍷

Monje S.L. (El Sauzal)
– Monje de Autor Crianza 🍷🍷🍷🍷
– Monje Tinto 🍷🍷🍷🍷

Juan Fuentes Tabares (La Laguna)
– El Drago Tinto 🍷🍷🍷🍷

D.O. Valle de la Orotava

S.A.T. Unión de Viticultores del Valle de la Orotava (La Orotava)
– Valleoro Tradición Tinto 🍷🍷🍷🍷
– Gran Tehyda Tinto 🍷🍷🍷🍷🍷
– Gran Tehyda Rosado 🍷🍷🍷🍷
– Gran Tehyda Blanco 🍷🍷🍷🍷

D.O. Lanzarote

El Grifo S.A. (San Bartolomé)
– El Grifo Malvasía Dulce 🍷🍷🍷🍷
– Moscatel de Ana 1881 🍷🍷🍷🍷

EMPFEHLENSWERTE KELLEREIEN

Kastilien – La Mancha

D.O. Almansa

Bodegas Piqueras (Almansa)
– Castillo de Almansa Reserva 🍷🍷🍷🍷🍷
– Castillo de Almansa Crianza 🍷🍷🍷🍷

D.O. La Mancha

Evaristo Mateos (Noblejas)
– Sembrador Reserva 🍷🍷🍷🍷

S.A.T. Santa Rita (Mota del Cuervo)
– Verones Rosado 🍷🍷🍷🍷
– Verones Tinto (Cabernet Sauvignon) 🍷🍷🍷🍷

Vinicola de Castilla (Manzanares)
– Señorío de Guadianeja Cencibel Gran Reserva 🍷🍷🍷🍷🍷
– Castillo de Alhambra Tinto 🍷🍷🍷🍷
– Selección Blanco (fermentado en barrica) 🍷🍷🍷🍷

D.O. Valdepeñas

Casa de la Viña (Alhambra –La Solana)
– Casa de la Viña Tinto 🍷🍷🍷🍷🍷
– Casa de la Viña Reserva 🍷🍷🍷🍷

Weine ohne D.O.

Dehesa del Carrizal (Retuerta del Bullaque)
– Dehesa del Carrizal Crianza 🍷🍷🍷🍷🍷🍷

Kastilien und León

D.O. Bierzo

Bodegas y Viñedos Luna Beberide (Cacabelos)
– Luna Beberide Cabernet-Sauvignon Reserva 🍷🍷🍷🍷🍷.

D.O. Ribera del Duero

Bodega Dehesa de los Canónigos (Pesquera de Duero)
– Dehesa de los Canónigos Reserva 🍷🍷🍷🍷🍷
– Dehesa de los Canónigos Crianza 🍷🍷🍷🍷🍷
– Dehesa de los Canónigos Tinto 🍷🍷🍷🍷🍷

Bodegas García de Aranda (Aranda de Duero)
– Señorío de los Baldios Crianza 🍷🍷🍷🍷🍷

Bodegas Hnos. Sastre (La Horra)
– Viña Sastre Pago de Santa Cruz Crianza 🍷🍷🍷🍷🍷🍷
– Viña Sastre Reserva 🍷🍷🍷🍷🍷
– Viña Sastre Crianza 🍷🍷🍷🍷🍷

Bodegas Rodero (Pedrosa de Duero)
– Val Ribeño Crianza 🍷🍷🍷🍷🍷🍷
– Carmelo Rodero Reserva 🍷🍷🍷🍷.

Bodegas y Viñedos Alión (Peñafiel)
– Alión Reserva 🍷🍷🍷🍷🍷🍷

Bodegas y Viñedos Vega Sicilia (Valbuena de Duero)
– Vega Sicilia Único Gran Reserva 🍷🍷🍷🍷🍷🍷
– Valbuena 5° año 🍷🍷🍷🍷🍷

Condado de Haza (Roa de Duero)
– Condado de Haza Tinto 🍷🍷🍷🍷🍷

Hacienda Monasterio (Pesquera de Duero)
– Hacienda Monasterio Crianza 🍷🍷🍷🍷🍷
– Hacienda Monasterio Reserva 🍷🍷🍷🍷🍷

Hnos. Cuadrado García (Quintanilla de Onésimo)
– Finca Villacreces Crianza 🍷🍷🍷🍷🍷

Dominio de Pingus (Quintanilla de Onésimo)
– Pingus Tinto 🍷🍷🍷🍷🍷🍷

D.O Rueda

Belondrade y Lurton (Nava del Rey)
– Belondrade y Lurton Blanco Crianza 🍷🍷🍷🍷🍷

Weine ohne D.O.

Perez Carames (Villafranca del Bierzo)
– Casar de Santa Ines Reserva 🍷🍷🍷🍷🍷
– Casar de Santa Ines Crianza 🍷🍷🍷🍷

Bodegas Mauro (Tudela de Duero)
– Terreus Crianza 🍷🍷🍷🍷🍷🍷
– Mauro Vendimia Seleccionada Reserva 🍷🍷🍷🍷🍷

EMPFEHLENSWERTE KELLEREIEN

Katalonien

D.O. Alella

Parxet (Tiana)
– Marqués de Alella Chardonnay ❦❦❦❦
– Marqués de Alella Classico ❦❦❦

D.O. Conca de Barberá

Cava Sanstrave (Solivella)
– Sanstrave Gasset Negre Reserva ❦❦❦❦
– Sanstrave Gasset Blanc und Negre ❦❦❦

Concavins (Barberá de la Conca)
– Castillo de Montblanc Tinto Crianza ❦❦❦

D.O. Costers del Segre

Raimat (Raimat)
– Vallcorba ❦❦❦❦❦
– Mas Castell Tinto Reserva ❦❦❦❦❦
– El Molí Tinto Reserva ❦❦❦❦
– Cabernet Sauvignon Tinto ❦❦❦❦
– Abadía Tinto Reserva ❦❦❦❦
– Chardonnay ❦❦❦❦
– Merlot ❦❦❦❦
– Sauvignon ❦❦❦

D.O. Penedès

Chandon (St. Cugat Sesgarrigues)
– Eclipse Chardonnay ❦❦❦❦

Jané Ventura (El Vendrell)
– Cabernet Sauvignon ❦❦❦❦
– Tinto Crianza ❦❦❦❦

Jean León (Torrelavit)
– Cabernet Sauvignon Gran Reserva ❦❦❦❦❦
– Chardonnay ❦❦❦❦
– Tinto Reserva ❦❦❦
– Merlot ❦❦❦

Josep Maria Raventós i Blanc (Sant Sadurní d'Anoia)
– El Preludi ❦❦❦
– Chardonnay ❦❦❦

EMPFEHLENSWERTE KELLEREIEN

Masía Bach (St. Esteve de Sesrovires)
- Extrisimo Blanco ♛♛♛♛
- Viña Extrisima Reserva ♛♛♛♛
- Rosado ♛♛♛
- Merlot ♛♛♛
- Cabernet Sauvignon ♛♛♛

René Barbier (Torrelavit)
- Reserva ♛♛♛♛
- Chardonnay ♛♛♛♛
- Cabernet Sauvignon ♛♛♛

Segura Viudas (Sant Sadurní d'Anoia)
- Cabernet Sauvignon ♛♛♛♛
- Conde de Caralt Reserva ♛♛♛

D.O. Pla de Bages

Masíes d'Avinyó (Sta. Maria d'Horta d'Avinyó)
- Tinto Reserva ♛♛♛♛
- Cabernet Sauvignon Rosado ♛♛♛
- Chardonnay ♛♛♛

D.O. Priorat

Cellers Capafons Osso (Falset)
- Mas de Masos Tinto ♛♛♛♛

Cellers Fuentes Hernandez (Bellmunt del Priorat)
- Gran Clos Crianza ♛♛♛♛

Clos Mogador (Gratallops)
- Tinto Reserva ♛♛♛♛♛♛

Costers del Siurana (Gratallops)
- Dolç de l'Obac ♛♛♛♛♛♛
- Miserere Crianza ♛♛♛♛♛
- Clos de l'Obac Tinto Crianza ♛♛♛♛♛
- Usatges Tinto Crianza ♛♛♛

Dafne Glorian (Gratallops)
- Clos Erasmus ♛♛♛♛♛♛

Mas Martinet Viticultors (Falset)
- Clos Martinet Tinto Crianza ♛♛♛♛♛♛
- Martinet Bru Tinto Crianza ♛♛♛♛

Rotllan Torra (Torroja del Priorat)
– Amadís Tinto Crianza 🍷🍷🍷🍷🍷
– Balandra Tinto Crianza 🍷🍷🍷🍷
– Amadís Dolç 🍷🍷🍷🍷

Sangenis i Vaqué (Porrera)
– Cometa Vi Negre 🍷🍷🍷🍷

Vall Llach Mas Martinet (Porrera)
– Cims de Porrera Tinto Crianza 🍷🍷🍷🍷🍷🍷

D.O. Tarragona

Cellers Capafons Osso (Falset)
– Roigenc Rosado 🍷🍷🍷🍷
– Masía Esplanes Tinto Reserva 🍷🍷🍷🍷
– Vessants Tinto 🍷🍷🍷

Coop. Agrícola Falsetenca (Falset)
– Castell del Falset Tinto Crianza 🍷🍷🍷🍷
– Jovencell Tinto 🍷🍷🍷🍷
– Garnatxa Blanca Dulce 🍷🍷🍷🍷

D.O. Terra Alta

Celler Bàrbara Forés (Gandesa)
– El Quinta de Bàrbara Forés Blanco 🍷🍷🍷🍷
– Coma d'En Pou Tinto 🍷🍷🍷🍷

Cellers Vidal & Vidal (Vilalba dels Arcs)
– Les Llossanes Blanco 🍷🍷🍷🍷
– Tossal de Vidal Tinto 🍷🍷🍷🍷

Vinos Piñol (Batea)
– L'Avi Arrufi Tinto 🍷🍷🍷🍷
– Nuestra Señora del Portal Tinto 🍷🍷🍷

Murcia

D.O. Bullas

Carrascalejo (Bullas)
– Carrascalejo Tinto 🍷🍷🍷🍷

D.O. Jumilla

Bodegas San Isidro (Jumilla)
– Lácrima Viña Cristina Dulce ♥♥♥♥
– San Isidro Crianza ♥♥
– Sabatacha Tinto Crianza ♥♥♥
– Sabatacha Blanco fermetado en barrica ♥♥♥

Bodegas Señorio de Condestable (Jumilla)
– Condestable Tinto Reserva ♥♥♥
– Señorio de Robles Rosado ♥♥♥

Bodegas 1890 (Jumilla)
– Mayoral Tinto Crianza ♥♥♥♥

Julia Roch e Hijos (Jumilla)
– Casa Castillo Monastrell ♥♥♥♥
– Casa Castillo Vendimia Seleccionada ♥♥♥
– Casa Castillo Tinto Crianza ♥♥♥

Navarra

Bodegas Beamonte (Cascante)
– León Marzot Tempranillo ♥♥♥♥
– Beamonte Crianza ♥♥♥♥
– Beamonte Blanco ♥♥♥
– Beamonte Rosado ♥♥♥

Bodegas Fernandez de Arcaya (Los Arcos)
– Fernandez de Arcaya Reserva ♥♥♥♥
– Viña Perguita Reserva ♥♥♥♥
– Viña Perguita Crianza ♥♥♥

Herederos de Camilo Castilla (Corella)
– Rayo de Sol Dulce ♥♥♥♥
– Montechristo Crianza ♥♥♥

Bodegas Irache (Ayegui)
– Castillo de Irache Blanco ♥♥♥♥
– Castillo de Irache Reserva ♥♥♥♥
– Gran Irache Crianza ♥♥♥♥

Miguel Ángel Martínez Janariz (Muruzábal)
– Fideliun Tinto ♥♥♥♥
– Fideliun Cabernet Sauvignon ♥♥♥♥

EMPFEHLENSWERTE KELLEREIEN

Bodegas Ntra. Sra. del Romero (Cascante)
– Señor de Cascante Gran Reserva ♟♟♟♟
– Plándenas Reserva ♟♟♟♟
– Malón de Echaide Rosado ♟♟♟
– Torrecilla Crianza ♟♟♟

Bodegas Orvalaiz (Obanos)
– Orvalaiz Crianza ♟♟♟♟
– Orvalaiz Cabernet Sauvignon ♟♟♟♟
– Orvalaiz Tempranillo ♟♟♟♟
– Orvalaiz Merlot ♟♟♟♟

Bodega de Sarria (Puente la Reina)
– Señorío de Sarria Cabernet Sauvignon Reserva ♟♟♟♟
– Señorío de Sarria Reserva ♟♟♟♟
– Señorío de Sarria Crianza ♟♟♟

Señorío de Otazu y Eriete (Echauri)
– Señorío de Otazu Blanco ♟♟♟♟
– Señorío de Otazu Fermentado en Barrica ♟♟♟♟
– Señorío de Otazu Tinto ♟♟♟♟

Vinicola Navarra (Campanas)
– Castillo de Javier Rosado ♟♟♟♟
– Las Campanas Crianza ♟♟♟♟
– Las Campanas Cabernet Sauvignon ♟♟♟♟
– Castillo de Tiebas Reserva ♟♟♟♟

Rioja

Bodegas Age (Fuenmayor)
– Siglo Crianza ♟♟♟
– Siglo Reserva ♟♟♟
– Azpilicueta Crianza ♟♟♟♟
– Azpilicueta Reserva ♟♟♟♟

Bodegas Alavesas (Laguardia)
– Solar de Samaniego Reserva ♟♟♟
– Solar de Samaniego Crianza ♟♟♟♟

Barón de Ley (Mendavia)
– Barón de Ley Reserva ♟♟♟♟

Bodegas Berceo (Haro)
– Viña Berceo Reserva ♟♟♟♟
– Gonzalo de Berceo Reserva ♟♟♟♟
– Gonzalo de Berceo Gran Reserva ♟♟♟♟

EMPFEHLENSWERTE KELLEREIEN

Bodegas Bilbainas (Haro)
- Viña Pomal Gran Reserva ????
- Viña Pomal Gran Reserva ????
- La Vicalanda Reserva ????
- Viña Zaco Reserva ????

Compañia Vinícola del Norte de España (Haro)
- Imperial Reserva ????
- Imperial Gran Reserva ????
- Viña Real Reserva ????
- Viña Real Gran Reserva ????

Bodegas Campo Viejo (Logroño)
- Campo Viejo Crianza ???
- Viña Alcorta Fermentado en Barrica ????
- Viña Alcorta Crianza ????
- Marqués de Villamagna Gran Reserva ????

Bodegas Domecq (Elciego)
- Marqués de Arienzo Crianza ????
- Marqués de Arienzo Reserva ????
- Marqués de Arienzo Gran Reserva ????

Bodegas Faustino (Oyón)
- Faustino V Fermentado en Barrica ????
- Faustino V Rosado ????
- Faustino V Reserva ????
- Faustino I Gran Reserva ?????

Bodegas Federico Paternina (Haro)
- Conde de los Andes Gran Reserva ?????
- Viña Vial Reserva ????
- Graciela Semi-Dulce Blanco ????

Bodegas Lan (Fuenmayor)
- Viña Lanciano Reserva ?????
- Lan Gran Reserva ????
- Lan Reserva ????
- Lan Crianza ???

López Heredia Viña Tondonia (Haro)
- Viña Tondonia Reserva ????
- Viña Bosconia Crianza ????
- Viña Gravonia Crianza Blanco ????

EMPFEHLENSWERTE KELLEREIEN

Bodegas Marqués de Vitoria (Oyón)
– Marqués de Vitoria Reserva 🍷🍷🍷🍷
– Marqués de Vitoria Crianza 🍷🍷🍷🍷
– Marqués de Vitoria Rosado 🍷🍷🍷🍷

Bodegas Olarra (Logroño)
– Añares Reserva 🍷🍷🍷🍷
– Cerro Añón Reserva 🍷🍷🍷🍷
– Añares Crianza 🍷🍷🍷🍷

Bodegas Palacios Remondo (Logroño)
– 2. Viñedos Reserva 🍷🍷🍷🍷🍷
– Herencia Remondo Tinto 🍷🍷🍷🍷
– Herencia Remondo Rosado 🍷🍷🍷🍷
– Placet Blanco 🍷🍷🍷🍷

Bodegas Riojanas (Cenicero)
– Monte Real Reserva 🍷🍷🍷🍷
– Viña Albina Reserva 🍷🍷🍷🍷
– Puerta Vieja Crianza 🍷🍷🍷🍷

Señorio de San Vicente (San Vicente de la Sonsierra)
– San Vicente Reserva 🍷🍷🍷🍷🍷🍷

Vinícola Riojana de Alcanadre (Alcanadre)
– Barzagosa Crianza 🍷🍷🍷🍷🍷
– Aradón Tinto 🍷🍷🍷🍷
– Aradón Rosado 🍷🍷🍷🍷
– Aradón Blanco 🍷🍷🍷🍷

Vinos de Los Herederos del Marqués de Riscal (Elciego)
– Baron de Chirel Reserva 🍷🍷🍷🍷🍷🍷
– Marqués de Riscal Reserva 🍷🍷🍷🍷🍷

Viñedos del Contino (La Serna)
– Contino Graciano Tinto 🍷🍷🍷🍷🍷
– Contino Reserva 🍷🍷🍷🍷🍷

Valencia

D.O. Alicante

Bodegas Gutierrez de la Vega (Parcent)
– Viña Caballetta Dulce 🍷🍷🍷🍷🍷
– Casta Diva Cosecha Miel Dulce 🍷🍷🍷🍷
– Viña Ulises Tinto Crianza 🍷🍷🍷🍷
– Casta Diva Cosecha Dorada Blanco 🍷🍷🍷

EMPFEHLENSWERTE KELLEREIEN

Salvador Poveda (Monovar)
– Viña Vermeta Tinto Reserva ♛♛♛♛
– Salavador Poveda Riesling ♛♛♛

D.O. Utiel-Requena

Bodegas Proexa (Venta del Moro)
– Vega Valterra Tinto ♛♛♛

Bodegas Schenk (Requena)
– Cavas Murviedro Tempranillo ♛♛♛
– Las Lomas Blanco ♛♛♛
– Las Lomas Tinto ♛♛♛

Campañia Vinícola del Campo de Requena (Utiel)
– Viña Lidón Blanco ♛♛♛♛
– Martínez Bermell Tinto ♛♛♛♛
– Viña Mariola ♛♛♛

Torre Oria (Derramador-Requena)
– Señorio de Requena Blanco ♛♛♛♛
– Marqués de Requena Tinto Reserva ♛♛♛♛
– Torre Oria Rosado und Tinto ♛♛♛

D.O. Valencia

Bodegas Schenk (Requena)
– Los Monteros Tinto Crianza ♛♛♛♛
– Cavas Murviedro Blanco und Tinto ♛♛♛

Compañia Valenciana de Vins i Espirituosos (Cheste)
– Viña Cordial Tinto Crianza ♛♛♛♛
– Solera Cordiales Gran Reserva Dulce ♛♛♛♛
– Viña Cordial Rosado ♛♛♛

Vicente Gandía Plá (Chiva)
– Castillo de Liria Tinto ♛♛♛

Cava

Blancher – Espumosos de Cava (Sant Sadurní d'Anoia)
– Capdevila Pujol ♛♛♛♛

Castell de Vilarnau (Sant Sadurní d'Anoia)
– Brut Gran Reserva Vintage 1988 ♛♛♛♛♛
– Brut de Bruts ♛♛♛♛

EMPFEHLENSWERTE KELLEREIEN

Cavas Hill (Moja)
– Brut Brutismo ????

Chandon (St. Cugat Sesgarrigues)
– Brut Nature ????
– Brut Reserva ????

C. Ferret (Guardiola de Font-Rubí)
– Ezequiel Ferret Gran Reserva ?????
– Extra Brut ????

Gramona (Sant Sadurní d'Anoia)
– III Lustros ?????
– Imperial ????

Josep Maria Raventos i Blanc (Sant Sadurní d'Anoia)
Gran Reserva Personal M.R.N. ?????
– Brut Nature Gran Reserva ????
– Brut Reerva ????

Juve y Camps (Sant Sadurní d'Anoia)
– Reserva de la Familia ?????

Parxet (Tiana)
– Brut Reserva ????
– Chardonnay ????

Rovellats (Sant Martí Sarroca)
– Masía Siglo XV ????
– Brut Nature Gran Reserva ????

Segura Viudas (Torrelavit)
– Brut Vintage ????
– Aria ????
– Brut Reserva ????

Rebsorten

Airén
Meistverbreitete weiße Rebsorte Spaniens mit großen Trauben, die eng aneinander stehen. Ergibt aromatische und alkoholreiche Weine. Dominiert in Zentralspanien und besonders in der D.O. Vinos de Madrid.

Albariño
Weiße Sorte, autochthon in Galicien, kleinbeerig, hoher Zuckergehalt, großes Qualitätspotenzial. Vorherrschend in der D.O. Rías Baixas.

Bobal
Rote, sehr farbstoffreiche Sorte. Wird vornehmlich für Rosés verwendet. Meiste Verbreitung in Valencia und südöstlichen Anbaugebieten.

Cabernet Sauvignon
Rote Rebsorte, wegen ihres herausragenden Potenzials in wichtigen Regionen der Welt angebaut. Hauptbestandteil der großen Gewächse in Bordeaux. In Spanien (bes. in Katalonien, Navarra, Ribera del Duero) teils sortenrein, teils als Verschnitt ausgebaut. Sortentypisch, besonders in der Jugend: Duft und Geschmack nach schwarzen Johannisbeeren.

Cariñena
Rote Sorte mit großen Trauben, ergibt kräftige, gerb- und farbstoffbetonte Weine. Wird häufig mit Garnacha verschnitten. Weit verbreitet in Aragón, Katalonien und in der Rioja (dort »Mazuelo« genannt). In der D.O. Cariñena nimmt sie nur sechs Prozent der Fläche ein.

Cencibel
Siehe Tempranillo.

Chardonnay
Weiße Rebsorte, wegen ihrer Qualität weltweit angebaut. Stammt ursprünglich aus Chardonnay (Burgund). Internationale weiße Prestigeweine werden aus Chardonnay gemacht. Auch in Spanien zunehmend und meist sortenrein ausgebaut. Eine der wenigen weißen Sorten, die einen Ausbau im Barrique verkraftet.

Garnacha
Es gibt sowohl eine weiße als auch eine rote Version. Die weniger bekannte weiße erbringt körperreiche Weine und kommt in vielen Teilen Spaniens vor, besonders in Katalonien. Die rote Garnacha, die in der französischen Grenache ihre Zwillingsschwester hat, ist die am weitesten verbreitete Rebsorte in Spanien. Sie ergibt ebenfalls körper- und alkoholstarke Weine, die leicht oxidieren können. Sie wird meist mit der Cariñena verschnitten, ist jedoch bei Ertragsbeschränkung auch für fruchtgeprägte Weine geeignet.

REBSORTEN

Gewürztraminer
Die aus dem Elsass und Südtirol bekannte Rebsorte wird in Spanien äußerst selten angebaut. In der D.O. Somontano jedoch gelingen bisweilen hervorragende Interpretationen aus dieser heiklen Rebe. Ob sie allerdings tatsächlich aus Tramin (bei Bozen) stammt, konnte bisher nicht nachgewiesen werden.

Godello
Weiße Sorte von guter Qualität und starkem Aroma. Autochthon in Galicien, wo sie seit einigen Jahren zunehmend stärker angebaut wird, vornehmlich in der D.O. Valdeorras.

Graciano
Rote Rebe von großer Qualität, die leider sehr ertragsschwach ist und daher nur selten angebaut wird, hauptsächlich in der Rioja und in Navarra. Liefert tanningeprägten Wein, der aber durch den Ausbau im Holz und auf der Flasche sehr harmonisch werden kann.

Loureira (auch Loureiro)
Neben der eher seltenen roten Sorte vorwiegend weiß mit ausgeprägter Fruchtnote, hauptsächlich in Galicien angebaut.

Macabeo
Weiße Sorte, wird auch »Viura« genannt. In weiten Teilen Spaniens verbreitet, vor allem im Norden. Eher ein Massenträger, der oft verschnitten wird. Bringt ihre besten Ergebnisse als Basis von Cava.

Malvasia
Weiße Rebsorte von sehr aromatischer Art. Ursprünglich aus Griechenland, heute im ganzen Mittelmeerraum – besonders in Italien – weit verbreitet. In Spanien vor allem in Valencia im Anbau, aber auch auf den Kanaren und in der D.O. Calatayud.

Mazuelo
Siehe Cariñena.

Merlot
Rote Rebsorte, im Bordelais beheimatet, heute aber von internationalem Auftritt und Anspruch. Reinsortig oder im Verschnitt ausgebaut, in der Variante »pur« seit einigen Jahren auch in Spanien (Navarra, Katalonien, Ribera del Duero) z. T. von bemerkenswerter Qualität.

Merseguera
Weiße Sorte mit ausgeprägtem Fruchtcharakter, fast ausschließlich in Valencia angebaut. In der D.O. Valencia steht sie unter den weißen Rebsorten an erster Stelle.

REBSORTEN

Monastrell
Farbintensive rote Sorte mit viel Frucht, sehr ertragreich. Ergibt körperreiche Weine mit hohen Alkoholwerten. Ihre Hauptanbaugebiete liegen an der Ostküste, vor allem in Valencia, Alicante und Murcia (hier vor allem in den D.O.s Bullas und Jumilla).

Moristel
Früher häufigere rote Sorte, heute fast ausschließlich in der D.O. Somontano zu finden.

Moscatel
Weiße Sorte mit sehr charakteristischem Aroma. In vielen Ländern der Welt verbreitet, in Deutschland als »Muskateller« bekannt. In Spanien in vielen Gebieten im Anbau, vor allem in Málaga und Valencia.

Palomino
Weiße Basis für Sherry, daher besonders in Andalusien angebaut, vereinzelt aber auch in Kastilien und Galicien. Ertragreich und unkompliziert im Anbau, ergibt sie flache bis neutrale Weine.

Parellada
Ertragreiche weiße Sorte von befriedigender Qualität, aber gut geeignet zur Cava-Herstellung. Daher vor allem in Katalonien beheimatet.

Pedro Ximénez
Weiße Sorte, die sehr viel Zucker bildet. Über ganz Spanien verbreitet mit Dominanz in einigen andalusischen Provinzen (Córdoba, Málaga) und in der Extremadura.

Pinot Nero
Rote Rebsorte von internationalem Renommee, anspruchsvoll im Weinberg, äußerst heikel im Ausbau. In Deutschland als »Spätburgunder« bekannt, im Burgund (wo diese Sorte nach wie vor die besten Weine erbringt) und in der Champagne (als Basis für den Champagner) als »Pinot Noir«. Auch in Spanien vereinzelt schon zu finden, allerdings mit zumeist eher bescheidenen Resultaten – Ausnahmen bestätigen die Regel.

Riesling
Exzellente weiße Rebe, die in Deutschland, Österreich und im Elsass absolute Spitzenweine ergeben kann. In Spanien spielt sie nur eine marginale Rolle, mit vereinzeltem Anbau in Katalonien.

Sauvignon
Weiße Rebsorte, international geschätzt, mit charakteristischem Duft und Geschmack, je nach Intensität nach Pfirsich, Buchsbaum, Brennnessel bis hin zu Baldrian. Liefert auch in Spanien vereinzelt schöne Weine, in erster Linie in Altkastilien (D.O. Rueda) und in Katalonien.

REBSORTEN

Syrah
Rote Rebsorte mit weltweiter Verbreitung und großem Auftritt an der Rhône. Obgleich in Spanien in der Diaspora, zeigen sich die wenigen sortenreinen Exemplare aus Katalonien von beachtlicher Qualität.

Tempranillo
Diese rote Rebe ist mit Recht der Star unter den spanischen Sorten. Sowohl im Verschnitt als auch reinsortig ausgebaut. Durch ihre Finesse, ihre Kraft und ihre besonders feinen Tannine ist sie für den Ausbau im Eichenfass und für eine lange Lagerung der aus ihr erzeugten Weine geradezu prädestiniert. So kommt sie auch praktisch in ganz Spanien vor, gleichwohl liefert sie besonders im Ribera del Duero, in der Rioja und in Teilen Kataloniens absolute Spitzenweine. Sie hat – je nach Gebiet – verschiedene Namen, so z. B. »Ull de Llebre« (Katalonien), »Tinto fino« bzw. »Tinta del País« (Kastilien) oder »Cencibel« (Zentralspanien).

Tinta de Toro
Rote Sorte, von beachtlicher Qualität, aller Wahrscheinlichkeit eng verwandt – oder sogar identisch – mit Tempranillo. Hauptverbreitungsgebiet ist die D.O. Toro.

Torrontés
Weiße Sorte von hohem Säuregehalt und aromatischer Art, aber mit eher geringer Intensität. Vorwiegend in Galicien angebaut, doch auch in der Region Córdoba anzutreffen.

Treixadura
In Galicien beheimatete, autochthone weiße Sorte von sehr aromatischem Charakter. Hauptsorte in der D.O. Ribeiro.

Verdejo
Weiße Sorte mit recht geringem Ertrag, aber außergewöhnlicher Qualität – wahrscheinlich die beste der typischen spanischen weißen Sorten. Erinnert in Geruch und Geschmack an Sauvignon, ohne deren Tendenz zur Ruppigkeit. Ist auf Altkastilien konzentriert, mit besonders guten Ergebnissen in der D.O. Rueda.

Viura
Siehe Macabeo.

Xarel.lo
Spezielle katalanische weiße Sorte von ansprechendem Format. Liefert sowohl als Stillwein als auch als Cava-Trio-Partner (hier zusammen mit Macabeo und Parellada) ordentliche bis bemerkenswerte Ergebnisse.

Basis-Glossar

Abgang
Geschmacksempfindung, die sich einstellt, wenn der Wein geschluckt wird. Sollte lang und ausgeglichen sein – je kürzer der Abgang ist, desto einfacher strukturiert ist der Wein. Geht bei guten Weinen in den Nachhall über.

adstringierend
Zusammenziehend, austrocknend – Mundschleimhäute, Zunge und Zähne mit einem pelzigen Belag überziehend. Liegt an einer Überportion von meist noch jungem Tannin.

Aguja
Ein »Vino de aguja« entspricht dem italienischen »frizzante« bzw. dem »Perlwein«. Die im Wein enthaltene Kohlensäure darf nicht zugesetzt sein, sondern muss aus der Vergärung des Mostes entstanden sein.

Amontillado
Ein länger als der Fino gereifter Sherry mit höherem Alkoholgehalt und intensiverem Geschmack. In der Regel ist er trocken bis halbtrocken und dunkler als der Fino.

Assemblage
siehe Verschnitt.

autochthon
Autochthone Rebsorten sind solche, die nur in einem eng begrenzten lokalen oder regionalen Raum angebaut und vinifiziert werden, z. B. Albariño, Godello und Treixadura in Galicien, Xarel.lo in Katalonien, Verdejo in der D.O. Rueda, Verdil in Valencia.

Barrique
Kleines Eichenholzfass mit einem Fassungsvermögen von 225 Litern. Hat in der Weinwelt des Bordeaux eine lange Tradition, ebenso auch in der des Burgund (wo man das Fässchen allerdings »pièce« nennt). In Spanien kommt es in den letzten Jahren deutlich zunehmend zum Einsatz, mit weiter steigender Tendenz. Die »barricas« in spanischen Kellern stammen entweder aus Frankreich oder – weil erheblich billiger – vermehrt auch aus Amerika. Das Barrique dient weniger dazu, den Wein in Nase und Geschmack mit mehr oder minder intensivem Eichenaroma (erinnert an Vanille) zu sättigen, sondern verleiht dem Wein im Idealfall wohl dosiertes, weiches Tannin.
Zudem kann der Wein in diesen relativ kleinen Gebinden intensiver »atmen«, d. h. unter gemächlicher Zufuhr von Sauerstoff besser ausreifen. Nur bestimmte Rebsorten (rote generell eher als weiße) sind geeignet, eine Passage durchs Barrique zu ertragen: Gute Struktur und Konzen-

tration sind nötig, damit das Eichenaroma die Fruchtigkeit des Weins nicht völlig erschlägt.

Biologischer Säureabbau
Zweite Gärung, auch Milchsäuregärung genannt. Nach der ersten Gärung, bei der Hefekulturen den Zucker (der hoffentlich ausschließlich aus Trauben stammt) in Alkohol und Kohlensäure umformen, erfolgt – je nach Temperatur – entweder sofort oder nach einer längeren Zeit eine zweite Gärung, bei der Wärme liebende Bakterien die harte, aggressive Säure (die Äpfelsäure) in eine mildere Version (die Milchsäure) verwandeln. Der biologische Säureabbau wird allerdings nicht immer durchgeführt, sondern bisweilen dadurch verhindert, dass die Temperatur heruntergefahren wird. Damit belässt man dem Wein die nervige Lebendigkeit der Äpfelsäure – was aber nur bei manchen Weißweinen angezeigt erscheint.

Bodega
Heißt im engeren Sinne nur »Keller«, das Wort wird aber allgemein auch als Bezeichnung für einen Wein erzeugenden Betrieb, eine Firma verwendet.

Cassis
Französisch für »schwarze Johannisbeere«.

Celler
Katalanisches Wort für »bodega«.

Clos
Fast ausschließlich in Katalonien, besonders im Priorat, nach dem burgundischen Vorbild verwendete Bezeichnung für einen kleinen Weinberg, oft in privilegierter Lage und von Mauern eingefriedet.

Consejo Regulador
Amtliche Kontrollbehörde, die – für jede D.O. eigens tätig – die Einhaltung der gesetzlichen Vorschriften überprüft und garantiert.

Cosecha
Allgemein »Ernte«, speziell: »Jahrgang«.

Coupage
siehe Verschnitt.

Crianza
Bedeutet im Spanischen zunächst so viel wie »Erziehung«, »Ausbau«. Gemäß dem spanischen Weingesetz muss ein Crianza-Wein vor dem Verkauf mindestens zwei Jahre gelagert worden sein, davon Rotweine mindestens ein Jahr im Eichenfass (einige Gebiete erlauben sechs Monate), Weiß- und Roséweine nur ein halbes Jahr in Eichenholz.

GLOSSAR

Cuvée
Der Begriff bezeichnet das Ergebnis einer Assemblage bzw. einer Coupage bzw. eines Verschnitts.

D.O.
Qualitätsauszeichnung, Abkürzung für »Denominación de Origen«, was etwa so viel heißt wie »Ursprungsbezeichnung«. Legt genau fest, aus welchem Anbaugebiet ein Wein zu kommen hat, die Rebsorte(n), den (Höchst)Ertrag pro Hektar, diverse analytische und geschmackliche Merkmale, die Art und Dauer des Ausbaus u. a. Erfüllt ein Wein diese Vorschriften nicht, bekommt er auch keinen D.O.-Status und wird z. B. als Landwein (»vino de la tierra«) oder als Tischwein (»vino de mesa«) eingestuft.

D.O.Ca.
Abkürzung für »Denominación de Origen Calificada«. Höchste Qualitätsbezeichnung, die in Spanien bislang nur Weinen aus dem Anbaugebiet Rioja verliehen wird.

Doble pasta
Kellertechnisches Verfahren zur Erzeugung eines farbintensiveren, extraktreicheren Rotweins. Durch Zugabe von zusätzlicher Maische zum gärenden Most kommen mehr Traubenschalen in Kontakt mit dem Most als bei herkömmlichen Gärverfahren.

elaborado por ...
Hergestellt von ...

embotellado por ...
Abgefüllt von ...

Fino
Der leichteste und jüngste Sherrytyp mit einem Alkoholgehalt von etwa 15 Prozent. Ein Fino ist trocken, hat eine helle Farbe und eignet sich besonders als Aperitif.

Goudron
In der Weinsprache häufig verwendetes französisches Wort für »Teer«.

Gran Reserva
Rotweine mit Anspruch auf diese Bezeichnung müssen vor dem Verkauf mindestens fünf Jahre altern und zwei davon im Eichenholzfass gereift sein. Für Weiß- und Roséweine sind »nur« mindestens vier Jahre Lagerzeit vorgeschrieben, davon sechs Monate in Eichenholz.

Guyot-System
Wie alle Obstsorten, die im Ertragsanbau stehen, muss auch die Weinrebe in Form gehalten (»erzogen«) und geschnitten werden. In einigen

Gegenden Spaniens hat sich in den letzten Jahren das Guyot-System zur Erziehung der Weinstöcke etabliert. Dabei wird die Rebe im Winter bis auf einen einzigen Trieb mit ca. acht bis zwölf Knospen (»Augen«) zurückgeschnitten, der dann horizontal in den Drahtrahmen angebunden wird. Aus den Augen kommen in der nächsten Wachstumsperiode die neuen, Frucht tragenden Sommertriebe.

Joven
Junger Wein, der wegen kürzerer Lagerungszeit nicht die Bedingungen für eine Crianza erfüllt.

Körper
Statur eines Weines, seine Substanz. Hängt wesentlich davon ab, wie viel Extraktstoffe der Wein besitzt. Ein schmaler Körper (d. h. ein »dünner« Wein) taugt selten etwas, aber auch das andere Extrem kann von Nachteil sein – wenn nämlich Feinheit und Eleganz von zu viel Körper erdrückt werden.

laktisch
Geruchs- und Geschmackseindruck, der an Milchprodukte wie Joghurt oder Buttermilch erinnert. Anders als der von Bakterien hervorgerufene Milchsäurestich ist ein laktisches Aroma kein Weinfehler, sondern Charakteristikum bestimmter Rebsorten.

Manzanilla
Ein Manzanilla entspricht von der Machart her einem Fino und ist eine Spezialität aus Sanlúcar de Barrameda, einer kleinen Hafenstadt an der Mündung des Guadalquivir in den Atlantik, worauf manche Sherryfreunde den bisweilen leicht salzigen Beigeschmack des Manzanilla zurückführen.

Nachhall
Das, was vom Wein bleibt, wenn der Abgang stattgefunden hat. Große Weine haben einen Nachhall, der mehrere Minuten spürbar bleibt.

Nase
Weinverkostungs-Fachchinesisch für: Duft, Geruch, Bukett.

Önologe
Ohne ihn geht im modernen, professionellen Weinbau nichts. Das Fachwissen holt sich der angehende Önologe während einer mehrjährigen praktischen und theoretischen Ausbildung auf speziellen Weinbauschulen. Sein Tätigkeitsfeld umfasst die ganze Palette der Arbeiten in Weinberg und Weinkeller: richtige Selektion der Rebklone je nach Boden und Mikroklima, Behandlung der Rebstöcke, Bestimmung der Gärzeiten und -temperaturen, Auswahl der Fässer (auch der Barriques), Ausloten des besten Verschnitts etc. Jeder ambitionierte Betrieb versucht, sich die fachliche Beratung von einem der großen Meisterönologen zu sichern –

d. h., während die tägliche Arbeit von den Kräften vor Ort geleistet wird, schaut »der Önologe« von Zeit zu Zeit auf dem Gut vorbei … und nach dem Rechten. Trotzdem trägt er (oder sie, denn inzwischen präsentieren sich auch zunehmend Önologinnen in der Branche) wesentlich zu Stil, Charakter und Machart der jeweiligen Weine bei.

Oloroso
Bestimmter Sherrytyp, von dem die meisten auf dem deutschen Markt angebotenen Versionen süß und vollmundig sind, mit einem Alkoholgehalt von über 18 Prozent. Ein Oloroso ist dunkelbraun und konzentrierter als ein Fino und ein Amontillado.

Pago
Besondere Lage in einem Weinberg, in etwa vergleichbar dem frz. »cru« bzw. dem ital. »vigneto«.

reduktiv
Beim Weinausbau, der jeglichen Kontakt mit Sauerstoff so weit wie möglich ausschließt, ergeben sich vor allem im Bukett eines Weines dunkle, harte Aromen, die bisweilen an Hühnerstall oder sogar an rohe Leber erinnern. Bei guter Lüftung des Weins – z. B. durch Dekantieren – verschwindet dieser unangenehme Geruch meist.

Reserva
Rotweine, die diese Bezeichnung tragen, müssen vor der Vermarktung mindestens drei Jahre gereift sein, und zwar ein Jahr davon im Eichenholzfass. Für Weißweine und Rosés genügen zwei Jahre, davon sechs Monate im Holz.

Rosado
Entspricht der Bezeichnung »Rosé«.

Säure
Als Einzahl vereinfachend gesagt für die Mehrzahl der Säuren, die aus den Trauben in den Wein kommen (je reifer die Trauben, desto weniger Säure). Als mengenmäßig wichtigste Säuren im Wein gelten die Weinsäure, die Äpfelsäure und die Milchsäure. Kommt aber auch noch Essigsäure vor, sollte der Wein schnellstens wegkommen. Zusammen mit Tannin und Alkohol ist der Säuregehalt eines Weines hauptverantwortlich für seine Qualität und Bekömmlichkeit: Während wenig Säure den Wein zwar verträglicher, aber auch flauer und matter macht, bewirkt zu viel davon leicht gastro-intestinale Beschwerden, sprich: Reizungen an den Schleimhäuten von Magen und Zwölffingerdarm. Gefragt ist also auch bei der Säure das richtige Maß.

Tannin
»Das« Tannin – auch Gerbsäure oder Gerbstoff genannt – gibt's eigentlich gar nicht. Wird trotzdem der Einfachheit halber in der Einzahl ver-

GLOSSAR

wendet und meint dann als Sammelbegriff »die« verschiedenen Tannine. Sie kommen als organische Verbindungen von Natur aus in Traubenschalen, -stielen und -kernen vor und finden sich daher später auch im Wein (vorzugsweise also im roten, dessen Most ja eine gewisse Zeit zusammen mit den Schalen vergoren wird). Auch im Holz schlummern Tannine, welche – per Fass oder besonders per Barrique – zusätzlich noch in den Wein kommen.

Die Tannine können sich im Mund eher »weich«, also angenehm bemerkbar machen oder, besonders wenn der Wein noch jung ist, eher »hart« und »grün«, d. h.: pelzig, leicht zusammenziehend bis völlig adstringierend (man stelle sich beispielsweise einen herzhaften Biss in frische Weidenrinde vor). Tannine »gerben« gewissermaßen den Wein, sie machen ihn haltbar. Mit der Zeit werden die Tannine weicher und mürber, aber manche Weine sind von Anfang an derart tanninhaltig, dass sie untrinkbar sind – und bleiben werden. Die Kunst des Önologen besteht also darin, die guten, »richtigen« Tannine aus Trauben und Holz zu extrahieren und zu kombinieren.

Tinto
Rote Farbe beim Wein, Rotwein.

Variedad
Spanisch für »Rebsorte«.

Verschnitt
Mischung von verschiedenen Weinen, meist aus unterschiedlichen Rebsorten. Mitnichten mit »Pantschen« zu verwechseln, im Gegenteil: Der richtige Verschnitt ist die hohe Kunst des Önologen, da das Ergebnis mehr sein kann als die Summe der Einzelkomponenten. Nur wenige große Weine der Welt sind reinsortig, die meisten sind verschnitten. Erfolgt in der Regel erst nach dem Ausbau der Einzelsorten. Synonyme sind »Assemblage« und »Coupage«.

viejo
Alt.

Vinifikation, vinifizieren
Weinbereitung, -herstellung. Trauben werden durch Pressung, Vergärung und Ausbau vinifiziert, das Endprodukt ist Wein.

Vino Dulce
Wörtlich »Süßwein«, wird jedoch meistens verwendet als Bezeichnung für die süßesten Sherrytypen. Zu ihnen gehören u. a. der Pedro Ximénez (P.X.) und der Cream.

V.T.
Abkürzung für »vino de la tierra« (Landwein).

Bezugsquellen

1 **Bacchus-Vinothek**
Belchenstr. 25/1, 78628 Rottweil,
Tel. 0741-17206, Fax 0741-17207
Siehe Seite 67, 117, 118, 151

2 **barbara's wine-yards**
Eichenweg 11, 68723 Schwetzingen,
Tel. 06202-924136, Fax 06202-924137, eMail: weinzeit@aol.com
Siehe Seite 32, 51, 117, 142

3 **Barrica Weinkontor**
Hinterm Hain 2 a, 60437 Frankfurt,
Tel. 06101-542204, Fax 06101-542205, eMail: barrica@t-online.de
Siehe Seite 32, 47, 48, 59, 67, 85, 117, 127, 141, 165, 168

4 **Bodegas Rioja**
Lennershofstr. 156, 44801 Bochum,
Tel. 0234-9789567, Fax 0234-9789568,
eMail: kraemer@bodegas-rioja.de, Internet: www.bodegas-rioja.de
Siehe Seite 50, 85, 97, 105, 107, 124, 142, 155

5 Weinkontor **Bomke**
Krügerstr. 18, 59269 Beckum,
Tel. 02521-3171, Fax 02521-3171
Siehe Seite 162, 163

6 **Brogsitter's Weingüter & Privatsektkellerei**
Max-Planck-Str. 1, 53501 Grafschaft-Gelsdorf,
Tel. 02225-91801, Fax 02225-918112
Siehe Seite 152

7 **C & D Weinhandel**
Am Hambuch 18, 53340 Meckenheim,
Tel. 02225-912054, Fax 02225-912056,
eMail: info@c-und-d.de, Internet: www.c-und-d.de
Siehe Seite 59, 67, 117, 118, 151

8 **Casa Viña**
Gleueler Str. 273, 50935 Köln,
Tel. 0221-4680540, Fax 0221-4303576, eMail: casa-vina@t-online.de
Siehe Seite 59, 70, 75, 86, 117, 129, 150

9 **Champa Vins Français GmbH**
Am Glasofen 9, 52222 Stolberg,
Tel. 02402-20064, Fax 02402-84161
Siehe Seite 67, 85, 111, 117

10 **Dallmayr**
Dienerstr. 14-15, 80331 München,
Tel. 089-2135130, Fax 089-2135251,
eMail: bestellservice@dallmayr.de, Internet: www.dallmayr.de
Siehe Seite 23, 69, 76, 86, 117, 162, 169

11 **Dellbrücker Weinhaus**
Dellbrücker Hauptstr. 143, 51096 Köln,
Tel. 0221-684466, Fax 0221-684466
Siehe Seite 31, 34, 41, 44, 45, 47, 67, 71, 73, 83, 104, 117, 118, 119, 121, 134, 142, 143, 151, 152, 153, 162, 172, 179, 187

12 **Enoteca Weinversand** – Reimar Kruppa
Gabelsberger Str. 89, 80333 München,
Tel. 089-54212472, Fax 089-54212175, eMail: enoteca-kruppa@gmx.de
Siehe Seite 37, 44, 59, 65, 66, 67, 71, 72, 80, 87, 89, 91, 92, 101, 104, 117, 122, 127, 137, 142, 157, 164, 169

13 **Fegers & Unterberg & Berts**
Heumarkt 55, 50667 Köln,
Tel. 0221-2581530, Fax 0221-2582418,
eMail: info@fub-weine.de, Internet: www.fub-weine.de
Siehe Seite 63, 64, 67, 71, 86, 152, 164

14 Weine & Feinkost **Fenske**
Friedrich-Engels-Allee 58, 42285 Wuppertal,
Tel. 0202-87966, Fax 0202-86880
Siehe Seite 29, 32, 38, 52, 62, 65, 67, 72, 76, 85, 87, 93, 106, 135, 151, 153

15 Weinkontor **Freund** GmbH
Brüggenkamp 10, 33775 Versmold,
Tel. 05423-94520, Fax 05423-945252,
eMail: kontakt@weinkontor-freund.de
Siehe Seite 31, 32, 38, 68, 83, 101, 104, 112, 117, 121, 132, 136, 142, 153, 162

16 **Gute Weine** – Heiner Lobenberg
Am Dobben 82, 28203 Bremen,
Tel. 0421-705666, Fax 0421-705688,
eMail: gute-weine@gute-weine.de, Internet www.gute-weine.de
Siehe Seite 62, 63, 67, 70, 73, 76, 81, 89, 93, 104, 117, 118, 135, 136,

BEZUGSQUELLEN

151, 152, 157, 164, 167, 168, 169, 175
17 **Gutes aus Klöstern**
Tattenbachstr. 20, 80538 München,
Tel. 089-21939321, Fax 089-21939323
Siehe Seite 90, 120, 138

18 **Georg Hack** – Haus der guten Weine
Schuetzenstr. 1, 88701 Meersburg,
Tel. 07532-9097, Fax 07532-9099, eMail: Georg-Hack@t-online.de
Siehe Seite 32, 85, 122, 136, 148, 166

19 **Hawesko AG**
Hamburger Str. 14-20, 25436 Tornesch,
Tel. 04122-504433, Fax 04122-51068,
eMail: email@hawesko.de, Internet: www.hawesko.de
Siehe Seite 63, 159, 166, 168

20 Weinmarkt **Hettenkofer**
Gebr.-Frisch-Str. 12, 86438 Kissing,
Tel. 08233-5680, Fax 08233-5684
Siehe Seite 54, 68, 85, 150, 154

21 Richard **Heuser** GmbH – Haus der guten Weine
Schelder Hütte 1, 35687 Dillenburg,
Tel. 02771-89740, Fax 02771-897428
Siehe Seite 63, 68, 165, 172

22 **Hieber Wein**
Gutenbergstr. 6, 85646 Anzing,
Tel. 08121-6048, Fax 08121-1543
Siehe Seite 47, 140, 145, 152

23 **Iberica Weine**
Wörthstr. 36, 81667 München,
Tel. 089-4480358, Fax 089-48920090
Siehe Seite 20, 25, 38, 45, 55, 70, 72, 76, 80, 85, 100, 101, 104,
119, 136, 148, 154, 157, 162, 169, 175, 183

24 Weinhaus **Irlsperger**
Bürgermeister-Wohlfarth-Str. 72 B, 86343 Königsbrunn,
Tel. 08231-917704, Fax 08231-917706
Siehe Seite 145, 173

25 **Jacques' Weindepot** – Wein-Einzelhandel GmbH
in allen größeren Städten
Siehe Seite 28, 53, 56, 57, 84, 141, 143, 144, 174

BEZUGSQUELLEN

26 Ludwig von **Kapff**
Auf der Muggenburg 7, 28217 Bremen,
Tel. 0421-3994300, Fax 0421-3994301,
eMail: lvkweine@aol.com, Internet: www.ludwig-von-kapff.de
Siehe Seite 52, 56, 93, 128, 158

27 **Kössler & Ulbricht**
Nordostpark 78, 90411 Nürnberg,
Tel. 0911-525153, Fax 0911-5298874
Siehe Seite 73, 93, 164, 169

28 **Kösters**
Florianstr. 24, 31675 Bückeburg,
Tel. 05152-526999, Fax 05152-526750,
eMail: info@weine-koesters.de, Internet: www.weine-koesters.de
Siehe Seite 99, 121, 187

29 **La Barrique**
Peuntstr. 21, 96103 Hallstadt,
Tel. 0951-71086, Fax 0951-7001643
Siehe Seite 37, 38, 58, 85, 140, 142, 152

30 **La Tienda** – Spanische Weine und Spezialitäten
Hauptstr. 161-163, 41236 Mönchengladbach,
Tel. 0211-248303, Fax 0211-248303
Siehe Seite 30, 37, 71, 85, 102, 122, 149, 175

31 **La Vineria**
Vilbeler Landstr. 7, 60386 Frankfurt,
Tel. 069-4257060, Fax 069-425309,
eMail: info@lavineria.de, Internet: www.lavineria.de
Siehe Seite 32, 35, 45, 67, 71, 76, 85, 101, 114, 117, 122, 133, 162, 168, 172, 177

32 **Lowin Weinhandel**
Schierker Str. 2, 28205 Bremen,
Tel. 0421-4986706, Fax 0421-498130
Siehe Seite 37, 42, 76, 77, 127, 136, 137, 152, 154, 161, 168, 175

33 **Major Weine**
Hammerstr. 15, 40219 Düsseldorf,
Tel. 0211-3857877, Fax 0211-3857878,
eMail: Major-Weine@t-online.de
Siehe Seite 30, 65, 67, 69, 77, 106, 117, 132, 140, 151, 153, 183

BEZUGSQUELLEN

34 Weinhaus **Mauz**
Bismarckstr. 51, 73760 Ostfildern-Nellingen,
Tel. 0711-3411439, Fax 0711-3482795
Siehe Seite 28, 38, 59, 67, 92, 98, 117, 156

35 **M.A.X. Weine**
Usedomstr. 42 a, 70439 Stuttgart,
Tel. 0711-8266407, Fax 0711-8266409
Siehe Seite 118, 127, 132, 151

36 Josef **Mayer** Weinimport – Weinkellerei
Herrenlandstr. 69, 78315 Radolfzell,
Tel. 07732-99190, Fax 07732-57008
Siehe Seite 49, 52, 115, 152, 175

37 **Nagel & Hoffbaur GmbH**
Postfach 1130, 52012 Aachen,
Tel. 0241-470160, Fax 0241-4701640
Siehe Seite 74, 85, 137, 152

38 Rudolf **Prehn** GmbH
Alstertor 21, 20095 Hamburg,
Tel. 040-322841, Fax 040-322847,
eMail: office@prehn.com
Siehe Seite 152, 175

39 Manuel **Prendes** – Mediterrane Spezialitäten
Albershäuser Str. 6, 73066 Uhingen,
Tel. 07161-35091/92, Fax 07161-34766
Siehe Seite 42, 85, 98, 114, 124, 128, 150, 168, 172

40 Peter **Riegel** Weinimport
Steinäcker 12, 78359 Orsingen-Nenzingen,
Tel. 07774-93130, Fax 07774-931312,
eMail: Riegel.Weinimport@t-online.de
Siehe Seite 103, 180

41 Der **Rioja**-Weinspezialist
Akazienstr. 13, 10823 Berlin,
Tel. 030-7822578, Fax 030-7881918,
eMail: riojawein@t-online.de, Internet: www.rioja-weinspezialist.de
Siehe Seite 38, 67, 124, 134, 137, 160, 168, 172

42 Weinhandel **Sabitzer** GmbH
Reitmorstr. 21, 80538 München,
Tel. 089-21939034, Fax 089-21939036
Siehe Seite 93

BEZUGSQUELLEN

43 A. **Segnitz** & Co. GmbH
Löwenhof 2, 28844 Weyhe,
Tel. 04203-81300, Fax 04203-813099,
eMail: segnitz@t-online.de
Siehe Seite 43, 170

44 **Spanisches Weinkontor**
Lungstr. 8, 51399 Burscheid,
Tel. 02174-41536, Fax 02174-49229
Siehe Seite 20, 50, 52, 63, 85, 88, 122, 132, 142

45 **Todo Vino**
Schulberg 10, 61348 Bad Homburg,
Tel. 06172-690151, Fax 06172-928261
Siehe Seite 34, 59, 67, 86, 92, 110, 117, 134, 143, 150, 156

46 **VinEspa** – vinos españoles GmbH
Urftstr. 99-101, 41239 Mönchengladbach,
Tel. 02166-93150, Fax 02166-931529,
eMail: vinespamg@t-online.de
Siehe Seite 30, 37, 71, 85, 102, 118, 122, 137, 149, 175

47 **Vino Tinto**
Hans-Sachs-Str. 52, 91301 Forchheim,
Tel. 09191-65367, Fax 09191-95987
Siehe Seite 67, 73, 76, 164

48 **Vinopolis GmbH**
Curt-Frenzel-Str. 10a, 86167 Augsburg,
Tel. 0821-700290, Fax 0821-7002959,
eMail: info@vinopolis.de
Siehe Seite 75, 78, 86, 113, 156, 187

49 **Vinos y Tapas**
Drakestr. 21, 12205 Berlin,
Tel. 030-8338459, Fax 030-8337764
Siehe Seite 20, 49, 74, 82, 116, 140, 151, 152, 153, 175

50 **Vivolovin**
Duckwitzstr. 54/65, 28199 Bremen,
Tel. 0421-518020, Fax 0421-5180234,
eMail: vivolovin@t-online.de
Siehe Seite 103, 116

51 **vom Ende & Pohl** – Ausgesuchte Weine
Am Hohen Haus 2, 47799 Krefeld,
Tel. 02151-25656, Fax 02151-28884

BEZUGSQUELLEN

Siehe Seite 38, 121, 122, 142, 143

52 **Wein Compagny**
Priesterweg 1, 14532 Güterfelde,
Tel. 03329-60360, Fax 03329-603630
Siehe Seite 64, 133, 152, 154, 175

53 **Wein & Mehr GmbH**
Im Gewerbepark 9 a, 93059 Regensburg,
Tel. 0941-466800, Fax 0941-43580,
eMail: info@wein-und-mehr.de, Internet: www.wein-und-mehr.de
Siehe Seite 75, 86, 92, 101, 117, 129, 148, 152, 169, 175

54 **Wein & Vinos**
Knesebeckstr. 86/87, 10623 Berlin,
Tel. 030-31506080, Fax 030-31506081, Internet: www.vinos.de
Siehe Seite 62, 67, 74, 76, 85, 108, 117, 149, 151, 153, 160, 162, 164, 171, 178

55 **Weincontor im Centrumshaus**
Am Centrumshaus 7, 21073 Hamburg,
Tel. 040-7655387, Fax 040-7655049
Siehe Seite 92, 108, 185

56 **Weinzeche Handelsgesellschaft mbH**
Rotthauser Str. 44, 45309 Essen,
Tel. 0201-550024, Fax 0201-550025, Internet: www.weinzeche.de
Siehe Seite 34, 62, 81, 87, 89, 92, 93, 109, 117, 118, 135, 139, 151, 152, 154, 164, 169, 175

57 **World of Wine**
Hans-Mielich-Platz 1, 81543 München,
Tel. 089-652424, Fax 089-656277
Siehe Seite 20, 28, 33, 54, 85, 123, 162, 181

58 Lutz W. **Zeter** – Weinmarketing
Im Döppelter 11, 67434 Neustadt,
Tel. 06321-39560, Fax 06321-395656
Siehe Seite 167

59 **Weinfachhandel, Kaufhäuser, Supermärkte**
Siehe Seite 21, 22, 24, 39, 79, 81, 184, 186

Register

WEINE

Abadía de San Campio Blanco 43
Abadía Retuerta Primicia 93, 190
Abadía Retuerta Tinto 93
Agramont Blanco 143
Albet i Noya Cabernet-Sauvignon Col.lecció 103
Albet i Noya Chardonnay Col.lecció 103
Albet i Noya Macabeu Col.lecció Fermentado en Barrica 103
Albet i Noya Reserva Martí 103
Albet i Noya Tempranillo Col.lecció 103
Algendaret Blanco Joven 109
Algendaret Cava Brut Nature 109
Algendaret Tinto 109, 189
Allozo Reserva 47
Allozo Tempranillo Crianza 47, 189
Alma Rosado 135
Alma Tinto 135, 189
Almirantzazgo de Castillo Tinto Reserva 82
Alta Pavina Cabernet Sauvignon 89, 191
Altún Crianza 157, 191
Álvaro Fino 23
Amontillado 51 la Viejísimo 22
Añejo De Muller Dulce 123
Anna de Codorníu 184
Antea de Marqués de Cáceres Blanco Fermentado en Barrica 158
Artadi Viñas de Gain Crianza 148, 190
Argüeso Amontillado 20
Argüeso, Las Medallas de 20
Argüeso Manzanilla 20
Argüeso Moscatel 20
Armada Oloroso 24
Artadi Grandes Añadas Reserva 148
Artadi Pagos Viejos Reserva 148
Artadi Tinto 148
Artadi Viña el Pisón Reserva 148
Artadi Viñas de Gain Crianza 148, 190
Arzuaga Crianza 63, 191
Arzuaga Reserva 63
Arzuaga Tinto 63
As Laxas Albariño 41, 189
Ataulfo Amontillado 23, 188
Atlántida Cream 23
Augustí Torelló Mata Brut Reserva 187, 188
Augustus Chardonnay 111, 189
Augustus Rosado Cabernet Sauvignon 111
Augustus Tinto Crianza Cabernet Sauvignon 111
Augustus Tinto Merlot 111

Bagoa do Miño Blanco Albariño 41
Balbas Crianza 64, 191
Balbas Gran Reserva 64
Balbas Reserva 64
Balbas Rosado 64
Balbas Tinto 64
Baldomà Blanco 102
Baldomà Rosado 102, 188
Baldomà Tinto 102
Bardales Tinto Clarete 88
Barón de Magaña Finca la Sarda 136, 190
Barón de Oña Reserva 172, 191
Barón de Turís Reserva 179, 190
Barranc dels Closos Negre 116, 190
Basa 81, 188

Bécquer Primicia Tinto 155
Berberana Crianza 150
Berberana Gran Reserva 150
Berberana Reserva 150, 190
Berberana Tinto 150
Blanc d'Arquer Chardonnay Reserva 109
Blanc Pescador 124, 188
Blanc Prior 119, 189

Cabernet Sauvignon Casa Pardet 99
Cabernet Sauvignon Castaño 129
Cabernet-Sauvignon Castillo de Perelada 124
Cabernet Sauvignon Crianza Enrique Mendoza 177, 190
Cabernet Sauvignon Reserva Mendoza 177
Cabernet Sauvignon Seleccion Viña Sardosol Crianza 145
Cabrida 122
Campillo Blanco Fermentado en Barrica 153
Campillo Crianza 153, 190
Campillo Gran Reserva 153
Campillo Reserva 153
Campillo Rosado 153
Can Feixes Blanc Selecció 183
Can Feixes Negre Selecció 183
Candidato Blanco 154
Candidato Oro 154
Candidato Plata 154
Candidato Rosado 154
Capuchino Dulce 22
Carchelo Crianza 127
Carchelo Merlot 127
Carchelo Reserva 127
Carmín Rosado 80
Carmín Tinto 80
Carta de Oro Crianza 150
Carta Nevada 186
Cartoixa d'Scala Dei 119
Casa Gualda Cencibel Merlot 50
Casa Gualda Crianza 50, 189
Casa Pardet 99, 191
Casa Solar Rosado 154
Casa Solar Tinto 154, 189
Castaño Collección 129
Castaño Merlot 129, 190
Castell del Remei Cabernet Sauvignon 101
Castell del Remei Chardonnay 101
Castell del Remei Crianza 101
Castell del Remei Merlot 101, 191
Castillo del Barón 129
Castillo de Liria Tinto 178
Castillo de Maluenda Tinto Crianza 35, 189
Castillo de Monjardín Chardonnay 132, 189
Castillo de Monjardín Chardonnay Reserva 132
Castillo de Monjardín Crianza 132
Castillo de Monjardín Merlot Crianza 132
Castillo de Monjardín Reserva 132
Castillo de Valdestrada Reserva 39
Castillo Jumilla Blanco 128
Castillo Jumilla Crianza 128, 190
Castillo Jumilla Tinto 128
Caus Lubís 104
Cava Brut Nature Castillo de Perelada 124
Cava Brut »Reinante« 28
Cava Brut »Xènius« 108
Cava Dioro Baco 155
Cava Gran Claustro Castillo de Perelada 124
Cava Mas Codina 106
Cava Ondarre Brut 165
Cencipeñas Vino de Crianza 53, 189
Cermeño Tinto Joven 88
Cérvoles 17, 100, 191
Chamerlot 87, 125, 190

REGISTER

Chardonnay Casa Pardet 99
Chardonnay Castillo de Perelada 124
Chivite Colección 125 Blanco 133
Chivite Colección 125 Reserva 133
Chivite Colección 125 Vendimia Tardía Blanco 133
Cillar de Silos Crianza 65, 191
Cillar de Silos Tinto 65
Cingle Dolç 118
Cingle Ranci 118
Colección 125 133
Concejal Blanco 53
Concejal Tinto 53
Conde de Valdemar Blanco Fermentado en Barrica 152
Conde de Valdemar Crianza 152, 190
Conde de Valdemar Reserva 152
Corcovo Blanco 55
Corcovo Cencibel 55
Corcovo Crianza 55, 189
Corcovo Rosado 55
Cordon Negro Brut 186, 188
Corona de Aragón 29, 189
Corte Real Reserva 39, 189
Cosme Palacio y Hermanos Crianza 166
Costers del Gravet Tinto 122
Cristiari Blanco 102
Cuatro Rayas Blanco 91
Cuvée D.S. 186
Cuvée D.S. '94 186
Cuvée Raventós Chardonnay Brut 188

D. Bernardo Blanco 41
Dalmau 159
Del Duque Amontillado 21
Delmio Tinto 49
Diego de Almagro Gran Reserva 57, 191
Dignus Crianza 136
Dioro Baco 155
Dominio de Conte Reserva 151
Dominio de Ugarte 173, 190
Dominio de Ugarte Crianza 173
Dominio de Valdepusa Cabernet Sauvignon 59
Dominio de Valdepusa Chardonnay 59
Dominio de Valdepusa Petit Verdot 17, 59, 191
Dominio de Valdepusa Syrah 59
Dominio Los Pinos Crianza 180, 190
Dominio Los Pinos Tinto 180
Don Fadrique Blanco 51
Don Fadrique Cabernet Sauvignon Crianza 51
Don Fadrique Reserva 51, 189
Don Fino 24
Don Luis Megía Gran Reserva 55, 56, 57, 189
Don Luis Megía Reserva 56
Doña Beatriz Sauvignon Blanc 83, 188
Doña Beatriz Verdejo 83
Doña Beatriz Verdejo Barrica 83
Dry Seco Fino, Sandeman 24, 188
Duc de Foix Chardonnay 108, 185, 189
Duc de Foix Tinto Reserva 108, 185
Durius Blanco 92
Durius Tinto 92, 190

Eguren 173
Eguren Cabernet Sauvignon 173
El Botánico Amontillado 23
El Campanario 93
El Palomar 93
El Rocio Manzanilla 21
Emina Crianza 66, 191
Emina Tinto 66

Enate Cabernet Sauvignon 32, 189
Enate Cabernet Sauvignon Reserva 32, 189
Enate Chardonnay 234   32, 189
Enate Tinto Cabernet Sauvignon-Merlot 32, 189
Escriño 77

Fenicio Oloroso 23
Finca Dofí Crianza 117
Finca Resalso 70, 191
Finca la Sarda 136, 190
Finca Valpiedra 152, 175, 191
Finca Valpiedra Reserva 152
Flor de Maig Rosat 122
Fra Fulcò 17, 120, 192
Fra Fulcò Selección Tinto 120
Fransola 114, 189
Freixenet Cordon Negro Brut 186
Fuentespina Crianza 68, 83, 190
Fuentespina Reserva 68
Fuentespina Tinto Fino 68

Glorioso Crianza 166
Glorioso Gran Reserva 166
Glorioso Reserva 166, 191
Gotim Bru Reserva 101
Gran Barón de Turís Crianza 179
Gran Barquero Amontillado 25
Gran Barquero Fino 25
Gran Barquero Oloroso 25
Gran Barquero Pedro Ximénez 17, 25, 188
Gran Caus 104
Gran Caus Rosat 104
Gran Cermeño Tinto Crianza 88, 190
Gran Colegiata Rosado 85
Gran Colegiata Tinto Crianza 85
Gran Colegiata Tinto Gran Reserva 85
Gran Colegiata Tinto Reserva 85, 191
Gran Coronas 114
Gran Coronas Mas de Plana 114
Gran Diezmo de Mazuelo Crianza 167, 190
Gran Feudo Crianza 133, 190
Gran Oristan Gran Reserva 49, 189
Gran Reserva 890 168
Gran Reserva 904 168
Gran Reserva Brut Nature »Kripta« 187
Gran Viña Sol Blanco 114
Grans Muralles 114
Guelbenzu Crianza 134
Guelbenzu Evo Crianza 134, 191
Guelbenzu Jardin Blanco 134
Guelbenzu Jardin Tinto 134
Guelbenzu Tinto 134
Guitián Godello 45, 189
Guitián Godello Barrica 45

Hécula 129
Heredad Ugarte Crianza 173, 190
Heredad Ugarte Gran Reserva 173
Heredad Ugarte Reserva 173
Heretat Vall-Ventós Blanc Primer 112
Heretat Vall-Ventós Chardonnay 112
Heretat Vall-Ventós Merlot Crianza 112
Heretat Vall-Ventós Merlot Rosado 112
Heretat Vall-Ventós Sauvignon Blanc 112, 189
Homenaje Chardonnay Fermentado en Barrica 144
Homenaje Rosado 144
Homenaje Tinto Reserva 144
Hoya de Cadenas Reserva 178, 189
Huguet Gran Reserva Brut Classic 17, 183, 188
Huguet Gran Reserva Brut Natural 183

REGISTER

Jaume Codorníu 184
Joan d'Anguera Tinto Joven 121, 190
Julián Madrid Reserva 167
Julián Santos Crianza 51

Kripta 187

L'Arc Blanco 118
L'Arc Tinto 118
L'Ermita Crianza 117
La Ina Fino 22, 188
Lagar de Cervera Albariño 42, 189
Lar de Barros Reserva 38, 189
Lar de Barros Rosado 38
Lar de Lares 38
Lar de Oro 38
Larchago Crianza 156
Larchago Reserva 156, 191
Les Terrasses Crianza 117, 191
Loma de la Gloria Cabernet Sauvignon 54
Lorenzo Cachazo 80, 188
Loriñón Blanco Fermentado en Barrica 151
Loriñón Crianza 151, 190
Loriñón Gran Reserva 151
Loriñón Reserva 151
Los Molinos Crianza 57
Loxarel Brut Daurat 105
Loxarel Cabernet Sauvignon 105, 190
Loxarel Reserva Familiar Blanco 105
Luberri Tinto 157
Luis Megía 56, 189

Malumbres Crianza 137
Malumbres Graciano y Cabernet Sauvignon Crianza 137
Malumbres Reserva 137
Malumbres Rosado 137
Malumbres Tinto 137, 189
Mantél Blanco Rueda Superior 77, 188
Marina de Vallformosa Blanco–Vino de aguja 115
Marqués de Cáceres Crianza 158
Marqués de Cáceres Reserva 158
Marqués de Cáceres – Rioja Rosado Enrique Forner 158, 188
Marqués de Chivé 178
Marqués de Gastañaga Tinto 56
Marqués de la Villa Reserva 88
Marqués de Murrieta Ygay 159
Marqués de Murrieta Ygay Gran Reserva Especial 159
Marqués de Murrieta Ygay Reserva Especial 159
Marqués de Murrieta Ygay Unfiltered Collección 2100 159, 191
Marqués de Riscal Reserva Limousin 79
Marqués de Riscal Rueda 79, 188
Marqués de Riscal Sauvignon 79
Marqués de Vargas Reserva, 17, 124, 160, 191
Marqués de Vargas Reserva Privada 160
Martínez Bujanda Vendimia Seleccionada Gran Reserva 152
Mas Codina Blanco 106, 125, 188
Mas Codina Cabernet Sauvignon 106
Mas Codina Rosado 106
Mas Collet 122, 125, 190
Más Comtal Extra Brut 107
Más Comtal Merlot Rosado 107, 188
Más Comtal Pomell de Blancs 107
Más Comtal Tinto 107
Mas Igneus FA 104 Blanc 116
Mas Igneus FA 112 Negre 116
Mas Igneus FA 206 Negre 116
Mas la Plana 114

Mas Tolentos Blanc Joven 113, 188
Mas Tolentos Rosado Cabernet Sauvignon 113
Mas Tolentos Tinto 113
Matarromera Crianza 69
Matarromera Reserva 69, 191
Matarromera Tinto 69
Matusalem Oloroso 21
Mayor de Ondarre Reserva 165
Melior Crianza 69
Melior Tinto 69
Merlot Cabernet Bodega Pirineos 33
Merlot Seleccion Viña Sardasol Crianza 145, 190
Mesoneros de Castilla Rosado 62
Mesoneros de Castilla Tinto 62
Milmanda 114
Mirador de la Reina Crianza 144, 190
Monasterio de la Oliva Crianza 138, 190
Monasterio de la Oliva Joven 138
Monasterio de la Oliva Reserva 138
Monasterio de las Viñas Cabernet Sauvignon 29
Monasterio de las Viñas Reserva 29
Monasterio Tentudia Reserva 39
Monte Castrillo Rosado 74
Monte Mira Tinto Reserva 125, 181, 189
Montebuena 174
Montesierra Crianza 33, 189
Montesierra Moristel 33
Moro Crianza 70
Moro Reserva 70
Moscatel Ainzón 28
Moscatel Mendoza 177
Moscatel de Turís 179
Muga Blanco Fermentado en Barrica 162
Muga Crianza 162
Muga Gran Reserva 162, 191
Muri Veteres 127, 189
Murua Blanco Fermentado en Barrica 163
Murua Reserva 163, 191

Nekeas Chardonnay Fermentado en Barrica 139
Nekeas Crianza Tempranillo-Cabernet Sauvignon 139, 190
Nekeas Merlot 139
Nekeas Tempranillo-Merlot 139
Noe Dulce 21
Non Plus Ultra 184

Ochoa Cabernet Sauvignon Crianza 140
Ochoa Gran Reserva 140
Ochoa Merlot Crianza 140
Ochoa Moscatel 140
Ochoa Rosado 140
Ochoa Tinto 140
Ochoa Reserva 140, 190
Ondarre Gran Reserva 165
Ondarre Reserva 165, 190
Ònix vi negre 118, 190
Oristan Crianza 49

Pago de Carraovejas Crianza 71, 191
Pago de Carraovejas Reserva 71
Palacio de Bornos 82, 188
Palacio de Ibor Crianza 58
Palacio de la Vega Cabernet Sauvignon Reserva 141
Palacio de la Vega Cabernet Sauvignon-Tempranillo Crianza 141, 190
Palacio de la Vega Merlot Tinto 141
Palacio de la Vega Tempranillo Reserva 141
Palacio de Valdeinfante Reserva 39

REGISTER

Parató Pinot Noir Rosado 110, 188
Parató Xarel.lo Blanco 110
Parató Xarel.lo Blanco Barrica 110
Parxet Brut Nature 72
Parxet Brut Nature Chardonnay 72
Pata Negra Gran Reserva 54
Pedro Ximénez (s. a. Gran Barquero …) 17, 18, 19, 25, 188
Peñon de Ifach 177
Pesquera Crianza 17, 67, 191
Pesquera Gran Reserva Janus 67
Pesquera Reserva 67
Petit Caus 104, 190
Piedemonte Cabernet Sauvignon Crianza 142
Piedemonte Chardonnay 142
Piedemonte Crianza 142, 190
Piedemonte Moscatel 141
Pinot Noir Alta Pavina 89
Pozuelo 129
Prado Enea Gran Reserva 162
Primicia 167
Primicia, Abadía Retuerta 93, 190
Principe de Viana Cabernet Sauvignon Crianza 143, 190
Principe de Viana Chardonnay 143
Principe de Viana Merlot 143
Principe de Viana Reserva 143
Protos Crianza 75, 191
Protos Gran Reserva 75
Protos Reserva 75
Protos Tinto 75
Puerto de Santos 84, 125, 188

Rama Corta Tinto 47
Raventós Rosell Brut natural Reserva 112
Raventós Rosell Brut Reserva 112
Remelluri 135, 164, 191
Remelluri Gran Reserva 164
Remelluri Reserva 164
Reserva Castillo de Perelada 124
Reserva Dominio de Conte 151
Reserva Privada 160
Reserva Real 186
Rigau Ros Blanco 98
Rigau Ros Rosado 98
Rigau Ros Tinto Gran Reserva 98, 190
Rioja Rosado Enrique Forner 158, 188
Rivola 93
Roda I 169
Roda I Reserva 169
Roda II Reserva 17, 169, 191
Roura Merlot 97
Roura Merlot Rosado 97, 188
Roura Sauvignon Blanc 97
Roura Tinto Crianza 97
Royal Corregidor Oloroso 24
Rueda Superior Martivillí Blanco 80

Sant Leocadi 179
San Léon Manzanilla 20, 188
Sandeman Dry Seco Fino 24, 188
Sauvignon blanc 77, 82
Scala Dei Blanc 119
Scala Dei Negre Criança 119
Seleccion Viña Sardosol Crianza 145
Señorio del Águila Reserva 31, 189
Señorio del Águila Tinto Crianza 31
Señorio Amézola Reserva 149
Señorio de Lazán 33
Señorio de los Llanos Crianza 54
Señorio de los Llanos Gran Reserva 54, 189
Señorio de Valdepeñas Cabernet Sauvignon 53

Sibarita Dulce 22
Solagüen Crianza 174
Solagüen Reserva 125, 174, 190
Solar de Amézola Gran Reserva 149
Solar de Bécquer Blanco 155
Solar de Bécquer Crianza 155, 190
Solar de Bécquer Reserva 155
Solar de Urbezo 30
Syrah Col.lecio 103, 191

Tempranillo Casa Pardet 99
Tempranillo Reserva Casa Pardet 99
Teófilo Reyes Crianza 17, 76, 191
Teófilo Reyes Reserva 76
Término Ugarte Tinto 173
Terras Gauda Blanco Fermentado e Barrica 43
Terras Gauda »O Rosal« 43, 189
Tinto Fino 89
Tinto Pesquera Crianza 17, 67, 191
Tío Pepe Fino 21, 188
Tionio 72, 191
Torre Muga 162
Torre Muga Reserva 162
Torre Velisca Blanco 181
Torremilanos Crianza 74, 191
Torremilanos Gran Reserva 74

Vacceos Blanco 91
Vacceos Crianza 91, 190
Valdeflor 29
Valdegema Reserva 39
Valdevegón 90, 190
Vall Reserva 115, 190
Vallformosa Cabernet-Sauvignon Reserva 115
Vallformosa Chardonnay 115
Vallfromosa Gran Reserva 115
Vallformosa Gran Reserva Brut 115
Valserrano Blanco 161
Valserrano Crianza 161, 191
Valserrano Reserva 161
Valserrano Tinto Graciano 161
Valsotillo Crianza 17
Valsotillo Tinto Crianza 62, 191
Valsotillo Tinto Gran Reserva 62
Valsotillo Tinto Reserva 62
Valtojo 50
Vega Adriana Tinto 39
Vega Bravía Rosado 78
Vega Bravía Tinto 78
Vega Ibor Crianza 58
Vega Ibor Tinto 58
Vega Sauco Crianza 86, 191
Vega Sauco Reserva 86
Vega Sauco Tinto 86
Vegaval Plata Blanco Macabeo 52
Vegaval Plata Cencibel 52
Vegaval Plata Crianza 52
Vegaval Plata Gran Reserva 52
Vegaval Plata Reserva 52, 189
Veguin de Murua Reserva Numerada Limitada 163
Vendimia Seleccionada Martínez Bujanda 152
Venerable Dulce 22
Villa Anitan 84
Viña Ainzón Crianza 28, 189
Viña Ainzón Reserva 28
Viña Alarba Rosado 35
Viña Albali Crianza Cabernet Sauvignon 57
Viña Albali Gran Reserva 57
Viña Albali Reserva 57
Viña Albali Rosado 57
Viña Alberdi 168

REGISTER

Viña Amalia Blanco 25
Viña Amézola Crianza 149, 190
Viña Amézola Reserva 149
Viña Ardanza Reserva 168, 191
Viña Cobranza Crianza 78
Viña Collado 28
Viña Diezmo 167
Viña Jara 37, 189
Viña del Lugar Blanco 53
Viña del Lugar Tinto 53
Viña Luz 58, 125, 188
Viña Magaña Merlot 136
Viña Magaña Merlot Reserva 136
Viña Magaña Reserva 136
Viña Meín 44, 189
Viña Meín Tinto Classico 44
Viña Mocén Blanco 78
Viña Mocén Sauvignon Blanc 78
Viña Mocén Superior 78, 125, 188
Viña Pedrosa Crianza 73, 191
Viña Pedrosa Gran Reserva 73
Viña Pedrosa Gran Reserva Gran Selección 73
Viña Pedrosa Reserva 73
Viña Salceda Crianza 170, 191
Viña Salceda Reserva 170
Viña Sardosol Crianza 145
Viña Sardosol Rosado 145
Viña Solimar Blanco 123
Viña Solimar Rosado 123
Viña Solimar Tinto 123, 189
Viña Tobía Blanco Fermentado en Barrica 171
Viña Tobía Crianza 171, 190
Viña Tobía Reserva 171
Viña Tobía Rosado Fermentado en Barrica 171
Viña Urbezo 30, 189
Viñas de Gain Blanco Fermentado en Barrica 148
Viñas del Vero Cabernet Sauvignon 34
Viñas del Vero Chardonnay 34
Viñas del Vero Gran Vos Reserva 34
Viñas del Vero Merlot 34, 125, 189
Viñas del Vero Tempranillo 34

Xènius Brut Reserva 185, 188

Yuntero Blanco Fermentado en Barrica, 100 % Airén 48
Yuntero Crianza Cencibel y Cabernet Sauvignon 48
Yuntero Reserva Cencibel y Cabernet Sauvignon 48, 189

ERZEUGER/KELLEREIEN

Abadía Santa María de Retuerta 93
Adega San Roque 197
Adegas Galegas 196
Adegas Morgadio 196
Agapito Rico, Bodegas y Viñedos 127
Age, Bodegas 204
Agrícola Castellana 91
Agro de Bazan 196
Aizpurua 195
Alavesas, Bodegas 204
Albet i Noya 103
Alcanadre, Vinícola Riojana de 206
Alejándro Fernández Tinto Pesquera 67
Alión, Bodegas y Viñedos 199
Alta Pavina, Bodegas 89, 191
Alto Aragón, Viñedos y Crianzas del 27, 32, 189
Alvarez y Diez 77
Alvear 192
Amézola de la Mora, Bodegas 149
Anguera Beyme, Josep 121
Ànima Negra SL. 195
Antaño, Bodegas 78
Arcaya, Bodegas Fernandez de 203
Aretxondo S.A.T. 195
Arroyo, Bodegas Ismael 62
Argüeso, Herederos de 20
Arzuaga Navarro, Bodegas 61, 63, 191
As Laxas, Bodega 41, 189
Augustí Torelló 187, 188

Bach, Masía 200
Badajoz S.A., Explotaciones Agroindustriales 36, 37
Balbas, Bodegas 64, 191
Baldomar, Vall de 102, 188
Barbadillo, Antonio 192
Bàrbara Forés, Celler 202
Barbier, René 201
Barón de Ley 204
Barquero, Pérez 25
Bazan, Agro de 196
Beamonte, Bodegas 203
Belondrade y Lurton 199
Berberana, Bodegas 150, 190
Berceo, Bodegas 204
Beyme, Josep Anguera 121
Bilbainas, Bodegas 205
Blancher – Espumosos de Cava 207
Blázquez, Hijos de Agustín 192
Bleda, Bodegas 127
Bobadilla 192
Bodega As Laxas 41
Bodega Cooperativa Vino de Toro (COVITORO) 88
Bodega Dehesa de los Canónigos 198
Bodega Larchago 156
Bodega Los Pinos 180, 190
Bodega Pirineos (ehemals: Cooperativa Somontano …) 27, 33
Bodega de Sarria 204
Bodegas Age 204
Bodegas Alavesas 204
Bodegas Alta Pavina 89
Bodegas Amézola de la Mora 149
Bodegas Angel Lorenzo Cachazo 80, 188
Bodegas Antaño 78
Bodegas Arzuaga Navarro 63
Bodegas Balbas 64, 191
Bodegas Beamonte 203
Bodegas Berberana 150, 190
Bodegas Berceo 204
Bodegas Bilbainas 205
Bodegas Bleda 128
Bodegas Borruel 194
Bodegas Borsao Borja 193
Bodegas Bretón 151
Bodegas Campo Viejo 205
Bodegas Castaño 126, 129, 190
Bodegas Castelar 195
Bodegas Centro Españolas 47
Bodegas Cerrosol 68, 83
Bodegas Cillar de Silos 65, 191
Bodegas Crianza Castilla La Vieja 82
Bodegas Domecq 205
Bodegas das Eiras - Terras Gauda 43, 189
Bodegas Emilio Moro 70
Bodegas Emina 61, 66, 191
Bodegas Enrique Mendoza 177, 190

REGISTER

Bodegas Escudero 155
Bodegas Fariña 61, 85
Bodegas Faustino 205
Bodegas Federico Paternina 205
Bodegas Félix Solís 57
Bodegas Fernandez de Arcaya 203
Bodegas Fuentespina 68, 83, 190
Bodegas García de Aranda 199
Bodegas Guelbenzu 134, 191
Bodegas Gutierrez de la Vega 206
Bodegas Hermanos Pérez Pascuas 73
Bodegas Hermanos Sastre 199
Bodegas Ignacio Marín 193
Bodegas Insulares Tenerife 197
Bodegas Inviosa 38
Bodegas Irache 203
Bodegas Ismael Arroyo 62
Bodegas J.A. Megía e Hijos 55, 56, 57, 189
Bodegas Juan Ramón Lozano 49
Bodegas La Tapada 45
Bodegas Lalanne 194
Bodegas Lan 205
Bodegas de Los Infantes Orleans-Borbon 23
Bodegas Los Llanos 54, 57
Bodegas Luberri 157
Bodegas Magaña 136
Bodegas Marco Real S.A. 144
Bodegas Marqués de Murrieta 159
Bodegas Marqués de Vitoria 206
Bodegas Martin Codax 196
Bodegas Martinez Bujanda 152, 175
Bodegas Mauro 199
Bodegas Montcau 109
Bodegas Muga 162, 191
Bodegas Murua 163, 191
Bodegas Nekeas 139, 190
Bodegas Nuestra Señora de la Cabeza 50
Bodegas Nuestra Señora del Romero 204
Bodegas Ochoa 139, 140
Bodegas Olarra 206
Bodegas Ondarre 165, 190
Bodegas Orvalaiz 204
Bodegas Palacio 166
Bodegas del Palacio de Fefiñanes 196
Bodegas Palacios Remondo 206
Bodegas Parxet 72
Bodegas Peñalba López 74
Bodegas Piedemonte 142, 190
Bodegas Piqueras 198
Bodegas Primicia 167
Bodegas Principe de Viana 143, 190
Bodegas Proexa 207
Bodegas Protos 75, 191
Bodegas Real 58, 125, 188
Bodegas Reyes, S.L. 61, 76
Bodegas Riojanas 206
Bodegas Roda 17, 169, 191
Bodegas Rodero 199
Bodegas Salnesur 196
Bodegas San Isidro 203
Bodegas San Valero 193
Bodegas Schenk 207
Bodegas del Señorío 193
Bodegas Señorío de Condestable 203
Bodegas Solar de Urbezo 30
Bodegas Téofili Reyes 61, 76
Bodegas Toresanas c/o Bodegas Crianza Castilla la Vieja 87
Bodegas Torrevellisca 181
Bodegas Vega Sauco 86, 191
Bodegas Vicente Malumbres 137, 189
Bodegas Virgen del Aguila S. Coop. 31
Bodegas 1890 203

Bodegas y Viñedos Agapito Rico 127
Bodegas y Viñedos Alión 199
Bodegas y Viñedos Luna Beberide 198
Bodegas y Viñedos del Marqués de Vargas 17, 125, 160, 191
Bodegas y Viñedos Vega Sicilia 199
Borruel, Bodegas 194
Borsao Borja, Bodegas 193
Bretón, Bodegas 151
Bujanda, Bodegas Martinez 152, 175
Byass, González 21

Cachazo, Bodegas Angel Lorenzo 80, 188
Calatayud, Miguel 52
Camerlot 100
Campañia Vinícola del Campo de Requena 207
Campillo 153, 190
Campo San Isidro, Cooperativa del 35
Campo Viejo, Bodegas 205
Can Feixes 183
Can Mayol, Masia 105
Can Ràfols dels Caus 104
Can Roura 97
Can Vendrell 103
Cantonella, Celler de 100
Capafons Osso, Cellers 201
Capçanes, Celler Cooperatiu de 122
Cardeña, Cistercienses Orden 90
Carrascalejo 202
Carrizal, Dehesa del 198
Cartoixa, Cellers Villela de la 120
Casa Pardet 99, 191
Casa de la Viña 198
Casal de Mein 44
Castaño, Bodegas 126, 129, 190
Castelar, Bodegas 195
Castell del Remei 96, 100, 101, 191
Castell de Vilarnau 207
Castellana, Agricola 91
Castilla, Herederos de Camilo 203
Castilla La Vieja, Bodegas Crianza 81, 82
Castilla, Vinicola de 198
Castilla, Vinos Blancos de 79
Castillo de Monjardín 132, 189
Castillo de Perelada 124
Cava Sanstrave 200
Cavas Hill 208
Celler Bàrbara Forés 202
Celler de Cantonella 100
Celler Cooperatiu de Capçanes 122
Cellers Capafons Osso 201, 202
Cellers Fuentes Hernandez 201
Cellers Más Comtal 107, 188
Cellers Puig i Roca 111
Cellers Scala Dei 119
Cellers Vidal & Vidal 202
Cellers Villela de la Cartoixa 120
Centro Españolas, Bodegas 47
Cerrosol, Bodegas 68, 83
Chandon 200, 208
Chivite S.L., Julián 133
Cillar de Silos, Bodegas 65, 191
Cistercienses Orden Cardeña 90
Clos Mogador 201
Codax, Bodegas Martin 196
Codina, Mas 106, 125, 188
Codorníu 95, 101, 182, 184
Compañia Valenciana de Vins i Espirituosos 207
Compañia Vinícola del Norte de España 205
Compañia De Vinos de La Granja-c/o Bodegas Marco Real S.A. 135

231

REGISTER

Comtal, Celler Más 107, 188
Concavins 200
Condade de Haza 199
Contino, Viñedos del 206
Cooperativa Agrícola Falsetenca 202
Cooperativa del Campo San Isidro 35
Cooperativa Nuestro Padre Jesús del Perdón 48
Cooperativa San Alejandro 193
Cooperativa San Marcos de Almendralejo 195
Cooperativa Santa Marta Virgen 195
Cooperativa Somontano de Sobrarbe (heute: Bodega Pirineos) 27, 33
Cooperativa Virgen Blanca 145
Cosecheros Alaveses 148
Cosecheros y Criadores 154
Costers del Siurana 201
Covides 108, 113, 185
COVITORO (Bodega Cooperativa Vino de Toro) 88
Criadores, Cosecheros y 154
Crianzas y Viñedos Santo Cristo 28
Croft Jerez 192

Dafne Glorian 201
De Muller 123
Dehesa de los Canónigos, Bodega 198
Dehesa del Carrizal 198
Delgado Zuleta 192
Diez, Alvarez y 77
Domecq, Bodegas 205
Domecq, Pedro 22
Doniene-Gorrondona 195

Eiras, Bodegas das – Terras Gauda 43, 189
El Grifo S.A. 197
Emina, Bodegas 61, 66, 191
Enate (s. a. Alto Aragón …) 27, 32, 189
Enrique Mendoza, Bodegas 177, 190
Escudero, Bodegas 155
Espinosa, Bodegas 53
Explotaciones Agroindustriales Badajoz S.A. 37
Extremeña, Viña 39

Falsetenca, Cooperativa Agrícola 202
Fariña, Bodegas 61, 85
Faustino, Bodegas 205
Feixes, Can 183
Fernández Tinto Pesquera, Alejándro 67
C. Ferret 208
Filaboa, Granja 196
Finca Marisánchez (s. a. Bodegas Real) 58, 125, 188
Finca Valpiedra 152, 175, 191
Freixenet 95, 182, 186
Fuentes Hernandez, Cellers 201
Fuentes Tabares, Juan 197
Fuentespina, Bodegas 68, 83, 190

Galegas, Adegas 196
Gandía Plá, Vicente 178
García de Aranda, Bodegas 199
Garvey 192
González Byass 21
Gramona 208
Granja, Cia. De Vinos de La – c/o Bodegas Marco Real S.A. 135
Granja Fillaboa 196
Granja Nuestra Señora de Remelluri 164
Griñon, Marqués de 59, 92
Guelbenzu, Bodegas 134, 191
Gutierrez de la Vega, Bodegas 206

Haza, Condade de 199
Hazienda Monasterio 199
Heredad Ugarte 173, 190
Herederos de Argüeso 20
Herederos de Camilo Castilla 203
Herederos Hermanos Ribas 194
Hermanos Cuadrado García 199
Hijos de Agustín Blázquez 192

Igneus, Mas 116
Infantes Orleans-Borbon, Bodegas de Los 23
Irache, Bodegas 203

Julián Chivite S.L. 133
Juve y Camps 208

La Baronia de Turís Cooperativa Viticola 179
La Granja, Cia. De Vinos de – c/o Bodegas Marco Real S.A. 135
La Rioja Alta 168, 172
La Tapada, Bodegas 45
Labastida, Union de Cosechores de 174
Lagar de Fornelos 42
Lalanne, Bodegas 194
Lan, Bodegas 205
León, Jean 200
Llanos, Bodegas Los 54, 57
Llarena, Pedro Miguel 195
Lopéz Heredia Viña Tondonia 205
Los Llanos, Bodegas 54, 57
Los Pinos, Bodega 180, 190
Loza, Felipe Tobía 171
Lozano, Bodegas Juan Ramón 49
Luberri, Bodegas 157
Luna Beberide, Bodegas y Viñedos 198
Lurton S.A., Jacques & François 84
Lurton, Belondrade y 199
Lustau, Emilio 192

Magaña, Bodegas 136, 190
Malumbres, Bodegas Vicente 137, 189
Marco Real S.A., Bodegas 144
Marín, Bodegas Ignacio 193
Marqués de Cáceres, Unión Viti-Vinicola – 158, 188
Marqués de Griñon 59, 92
Marqués de Murrieta, Bodegas 159, 191
Marqués de Riscal, Vinos de Los Herederos del 206
Marqués de Vargas, Bodegas y Viñedos del 17, 124, 160, 191
Marqués de Vitoria, Bodegas 206
Marquesa, Viñedos y Bodegas de la 161
Martinez Bujanda, Bodegas 152, 175
Martínez Janariz, Miguel Ángel 203
Mas Codina 106, 125, 188
Más Comtal, Cellers 107, 188
Mas Igneus 116
Mas Martinet Viticultors 201
Mas Tolentos 113, 188
Masía Bach 200
Masia Can Mayol 105
Masía Vallformosa 115
Masíes d'Avinyó 201
Matarromera – Viñedos y Bodegas 69, 191
Mateos, Evaristo 198
Mauro, Bodegas 199
Mayol, Masia Can 105
Megía, Luis 55, 56, 57, 189
Megía e Hijos, Bodegas J.A. 55, 56, 57, 189
Mendoza, Enrique Bodegas 177, 190
Miguel Calatayud 52
Monasterio, Hazienda 199
Monasterio de la Oliva 138, 190

REGISTER

Monasterio de San Pedro de Cardeña
 (s. a. Cistercienses Orden Cardeña) 90
Monje S.L. 197
Montcau, Bodegas 109
Mora, Bodegas Amézola de la 149
Morgadio, Adegas 196
Moro, Bodegas Emilio 70
Muga, Bodegas 162, 191
Muller, de 123
Murua, Bodegas 163, 191

Nadal, Antonio 194
Navarro, Bodegas Arzuaga 63
Nekeas, Bodegas 139, 190
Noya, Albet i 103
Nuestro Padre Jesús del Perdón,
 Cooperativa 48
Nuestra Señora de la Cabeza, Bodegas 50
Nuestra Señora de Remelluri, Granja 164
Nuestra Señora del Romero, Bodegas 204

Ochoa, Bodegas 139, 140, 190
Olarra, Bodegas 26
Oliva, Monasterio de la 138, 190
Oliveda 98
Oliver, Vinyes i Bodegas Miquel 194
Oña, Torre de 172, 191
Ondarre, Bodegas 165, 190
Orleans-Borbon, Bodegas de Los Infantes
 23
Orotava, S.A.T. Unión de Viticultores del Valle
 de la 197
Orvalaiz, Bodegas 204
Osborne 193

Pago de Carraovejas 61, 71, 191
Palacio, Bodegas 166
Palacio de Fefiñanes, Bodegas del 196
Palacio de la Vega 141, 190
Palacios, Álvaro 95, 117, 120
Palacios Remondo, Bodegas 206
Parató Vinícola 110, 188
Parxet, Bodegas 72, 200, 208
Paternina, Bodegas Federico 192, 205
Pazo de Señorans 196
Peñalba López, Bodegas 74
Perelada, Castillo de 124
Pérez Barquero 25
Pérez Carames 199
Pérez Pascuas, Bodegas Hermanos 73
Pesquera, Alejándro Fernández Tinto 67
Piedemonte, Bodegas 142, 190
Pingus, Dominio de 199
Piqueras, Bodegas 198
Pirineos, Bodega 27, 33
Plá, Vicente Gandía 178
Primicia, Bodegas 167
Principe de Viana, Bodegas 143, 190
Priorat, Vinícola del 118
Proexa, Bodegas 207
Protos, Bodegas 61, 75, 191
Puig i Roca, Cellers 111
Puntiro, Jaume de 194

Raimat 200
Raventós i Blanc, Josep Maria 200, 208
Raventós Rosell, Joan 112
Real, Bodegas 58
Real S.A., Bodegas Marco 135, 144
Remelluri, Granja Nuestra Señora de 135,
 164, 191
Reyes S.L., Bodegas 61, 76
Ribas, Herederos Hermanos 194
Rioja Alta, La 168, 172

Riojanas, Bodegas 206
Roca, Cellers Puig i 111
Roch e Hijos, Julia 203
Roda, Bodegas 17, 169, 191
Rodero, Bodegas 199
Rodriguez, Telmo c/o Castilla La Vieja 81
Roja, Franja 194
Rojo, Emilio 197
Rosell, Joan Raventós 112
Rotllan Torra 202
Roura 97, 188
Rovellats 208

S.A.T. Santa Rita 198
S.A.T. Unión de Viticultores del Valle de la
 Orotava 197
Salceda, Viña 170
Salnesur, Bodegas 196
Salvador Poveda 207
San Alejandro, Cooperativa 193
San Isidro, Bodegas 203
San Isidro, Cooperativa del Campo 35
San José, Sociedad Cooperativa Viticola 29
San José, Sociedad Cooperativa Agrícola
 Vinícola Extremeña 196
San Marcos de Almendralejo, Cooperativa
 195
San Roque, Adega 197
San Valero, Bodegas 193
Sánchez Romate Hermanos 193
Sandeman Coprimar 18, 24, 188
Sangenis i Vaqué 202
Sanstrave, Cava 200
Santa Maria de Retuerta, Abadía 93
Santa Marta Virgen, Cooperativa 195
Santa Rita, S.A.T. 198
Santo Cristo, Crianzas y Viñedos 28
Santiago Apóstol 196
Santos S.L. 51
Sarria, Bodega de 204
Sastre, Bodegas Hermanos 199
Scala Dei, Cellers 119
Schenk, Bodegas 207
Segura Viudas 201, 208
Señorio, Bodegas del 193
Señorio de Condestable, Bodegas 203
Señorio de Otazu y Eriete 204
Señorio de San Vicente 206
Siurana, Costers del 201
Sociedad Cooperativa Agrícola Vinícola
 Extremeña »San José« 196
Sociedad Cooperativa Viticola San José 29
Solar de Urbezo, Bodegas 30
Solís, Bodegas Félix 57
Soto, José de 193

Tabares, Juan Fuentes 197
Tapada, Bodegas La 45
Telmo Rodriguez c/o Castilla La Vieja 81
Tenerife, Bodegas Insulares 197
Terras Gauda, Bodegas das Eiras – 43, 189
Tobía Loza, Felipe 171
Tolentos, Mas 113, 188
Torelló, Augustí 187, 188
Toresanas, Bodegas c/o Bodegas Crianza
 Castilla la Vieja 81
Torre de Oña 172
Torre Oria 207
Torres, Miguel 95, 114
Torrevellisca, Bodegas 181
Txomin Etxaniz 195

Ugarte, Heredad 173, 190
Union de Cosechores de Labastida 174

233

REGISTER

Unión de Viticultores del Valle de la Orotava, S.A.T. 197
Unión Viti-Vinicola – Marqués de Cáceres 158

Vall de Baldomar 102
Vall Llach Mas Martinet 202
Vallformosa, Masía 115
Valpiedra, Finca 152, 175, 191
Vaqué, Sangenis i 202
Vega Sauco, Bodegas 86, 191
Vega Sicilia, Bodegas y Viñedos 199
Venta d'Aubert 194
Ventura, Jané 200
Vicente Gandía Plá 178, 207
Vidal & Vidal, Cellers 202
Villela de la Cartoixa, Cellers 120
Viña Extremeña 39
Viña Salceda 170, 191
Viñas del Vero, Bodegas 27, 34, 125, 189
Viñedos del Contino 206
Viñedos y Bodegas de la Marquesa 161
Viñedos y Crianzas del Alto Aragón 32
Vinicola de Castilla 198
Vinícola del Priorat 118
Vinicola Riojana de Alcanadre 206
Vinicola Navarra 204
Vino de Toro, Bodega Cooperativa (COVITORO) 88
Vinos Blancos de Castilla 79
Vinos de La Granja, Cia. De -c/o Bodegas Marco Real S.A. 135
Vinos de Los Herederos del Marqués de Riscal 206
Vinos Piñol 202
Vinyes i Bodegas Miquel Oliver 194
Virgen Blanca, Cooperativa 145
Virgen del Águila Sociedad Cooperativa, Bodegas 31

Zuleta, Delgado 192
1890, Bodegas 203

SACH-, PERSONEN-, ORTSREGISTER

A Rua 197
Abadía de San Campio 43
Abgang 213
Aguarón (Zaragoza) 29
Aínzón (Zaragoza) 28
Airén 6, 47, 51, 52, 55, 56, 58, 128, 209
Alarije 36
Albacete 46
Albaladejo Balfagon, Sergio 100
Albariño 40, 41, 42, 43, 61, 209
Albéniz, Pilar 74
Alcanadre 206
Alcover, Toni 120
Alella (D.O.) 96, 97, 200
Alella (Barcelona) 97
Alfás del Pi (Alicante) 177
Alhambra –La Solana 198
Alicante 176
Alicante (D.O.) 176, 177
Almansa 198
Almansa (D.O.) 46, 198
Almendralejo (Badajoz) 38, 195, 196
Almonacid de la Sierra 193
Amontillado 19, 23, 213
Anbaufläche 7

Andalusien 9, 18–25, 192, 193
Añorbe (Navarra) 139
Aragón 26–35, 193
Aragón (Zagarosa) 182
Aranda de Duero (Burgos) 74, 199
Arbo (Pontevedra) 41
Arnoia-Ponte 197
Artese de Segre (Lleida) 102
Arzúa 40
As Eiras-O Rosal (Pontevedra) 43
Assemblage 213
Asturien 9
Ausbau 11 – 12
Autochtone Rebsorten 44, 45, 209, 210, 213
Avelino Vegas 68, 83
Ávila 60
Avileña Negra 66
Avinyonet del Penedès (Barcelona) 104, 107
Ayegui 203

Baja Montaña 130
Bakio 195
Balearen 194, 195
Balfagon, Sergio Albaladejo 100
Barbadillo 23
Barbastro (Huesca) 27, 33, 34, 194
Barberá de la Conca 200
Barbier, René 95, 120
Barcelona 94–95
Barrillas (Navarra) 136
Barrique (Barrica) 12, 213
 (s. a. Weinporträts)
Baskenland 146, 195
Batea 202
Bellmunt del Priorat 201
Benicasim 176
Benidorm 176
Benito, Enrique de 77
Best Buy 99
Bewässerung 126
Bierzo (D.O.) 60, 61, 198
Binissalem (D.O.) 10, 194
Binissalem (Mallorca) 194
Bobal 209
Bodega (Kellerei) 94, 214
Boncompteva Torres, Josep 99
Borbon, Luisa Fernanda de 23
Bordeaux 115, 164, 169, 209, 210
Borgia 27
Borja 27, 193
Brandy 21, 22, 36
Bullas 202
Bullas (D.O.) 126, 202
Burgos 60

Cabernet Sauvignon 209
 (s. a. Weinporträts)
Cabrales 128
Cabrera d'Anoia (Barcelona) 183
Cacabelos 198
Cáceres, Marqués de 158, 188
Cachazo, Angel Lorenzo 80, 188
Cádiz 18
Caiño Blanco 43
Calatayud (D.O.) 27, 35, 193
Calleja 77
Cambados 196
Camerlot 100
Campanas 204
Campmany (Girona) 98
Campo de Borja (D.O.) 27, 28, 193
Can Roura 97

234

REGISTER

Can Vendrell 103
Capçanes (Tarragona) 122
Carbajo, Ramiro 71
Carcastillo (Navarra) 138
Cariñena (s. a. Mazuelo) 27, 98, 106, 117, 118, 121, 122, 209
Cariñena (D.O.) 27, 29, 30, 31, 193, 209
Cariñena (Zaragoza) 30, 193
Casa (auch Mas) 94
Casa primicia 167
Cascante (Navarra) 134, 203, 204
Castaño, Ramón 129
Castell de Cérvoles 100
Castellón 176
Castrello-Camados 196
Castrillo del Val (Burgos) 90
Cava 95, 96, 103, 105, 106, 109, 115, 155, 182–187
Cava (D.O.) 182–187
Cayetana blanca 36
Celler (katalanisch für Bodega) 94, 214
Cencibel (s. a. Tempranillo) 48, 50, 51, 52, 53, 55, 56, 58, 209, 212
Cenicero (La Rioja) 150, 158, 206
Chacolí de Guetaria–Getariako Txakolina (D.O.) 195
Chacolí de Vizcaya–Bizkaiako Txakolina (D.O.) 195
Chardonnay 209 (s. a. Weinporträts)
Château Bonnet 84
Château Margaux 164
Château Pétrus 61
Chávarri, Francisco 156
Chenin blanc 109
Cheste 207
Chiva (Valencia) 178, 207
Chivite, Fernando 133
Chuletón 66
Cierzo 26
Cigales (D.O.) 60, 61
Ciudad Real 46
Clariano 180, 181
Clos 96, 214
Coma, Ramón 109
Comunidad Foral 130
Comunitat Valenciana 176
Conca de Barberá (D.O.) 96, 200
Consejo Regulador 11, 12, 13, 214
Consell (Mallorca) 194
Córdoba 18, 126
Corella (Navarra) 137, 203
Cosecha 214
Costers del Segre (D.O.) 96, 99–102, 200
Cream Sherry 19
Creciente 196
Creixell 159
Cretas 194
Criaderas 20
Crianza 11, 12, 36, 47, 147, 214
Cuenca 46
Cusiné 101
Cuvée 215

D.O. (Denominación de Origen) 9, 11, 215
D.O.Ca. (Denominación de Origen Calificada) 10, 11, 215
Darmós (Tarragona) 121
Dauro 169
Decanter 93
Degorgieren 183
Dekantieren 14
Dekantierkaraffe 16
Denia 176
Denominación de Origen (D.O.) 9, 11
Denominación de Origen Calificada (D.O.Ca.) 10, 11
Depot 15
Derramador-Requena 207
Dessertwein 118, 142
Díaz, Marcelino 38
Dicastillo (Navarra) 141
Diéz García, Patricia 89
Di Vini 93
Don Quijote de la Mancha 46

Echauri 204
El Palmar 176
El Puerto de Santa Maria 193
El Sauzal 197
El Vendrell (Tarragona) 111, 200
Elciego (Alava) 157, 163, 170, 205, 206
Empordà-Costa Brava (D.O.) 96, 98
Enrique Forner 158, 188
Escudero, Amador 155
Essig 111
Esteva, Carlos 104
Etikett 12-13
Evo 134
Extremadura (D.O.) 9, 36–39, 195, 196
Eyalar, Alicia 143

Falces (Navarra) 133
Fariña, Don Manuel 85
Falset 201, 202
Felanitx (Mallorca) 195
Fernández, Alejándro 60, 67
Festival San Fermin 130
Finca la Sarda 136, 190
Finca Marisánchez 58, 125, 188
Finca Ygay 159
Fino 19, 21, 22, 23, 24, 215
Flaschengärung 182
Florhefen 18
Fontanares (Valencia) 180
Fontanars dels Alforins (Valencia) 181
Forner, Enrique 158, 188
Freixa, José 98
Frutos Villar, Bodegas 61
Fuenmayor 171, 204, 205
Fuentespina (Burgos) 68
Fundador 22

Gärung 214
Galicien 10, 40–45, 196, 197, 209, 210
Gandesa 202
Gandía 176
Garnacha Tinta 209 (s. a. Weinporträts)
Garnacha Blanca 119, 122, 147, 209
Gaststätte 171
Gelida (Barcelona) 109
Getaria 195
Gewürztraminer 210
Gibraltar 18
Gil, Wenceslao 86
Girona 94
Girona, Ignacio 101
Glas 15
Godello 45, 209
González, Don Manuel María 21
Gracia, Santiago 30
Graciano 147, 149, 210
Gran Reserva 12, 57, 73, 147, 163, 215
Granada 18
Gratallops (Tarragona) 117, 118, 201
Grávalos (La Rioja) 155
Grenache (s. a. Garnacha) 6, 209
Großbritannien 18

REGISTER

Guardiola de Font-Rubí 208
Guelbenzu, Ricardo 134

Handlese 163
Haro (La Rioja) 146, 162, 168, 169, 204, 205
Harvey B.V., John 18
Hidalgo, Luis 45
Hoflieferant, Spanischer 184
Holzfass 11, 12 (s.a. Weinporträts)
Hornachos 195
Huerta 126
Huesca 26, 27

Iglesias, Alfonso 39
Informationsbüro Vinos Navarra 131

Jahrgang 183
Jamón Ibérico 36
Jerez (D.O.) (eigentlich: Jerez-Xérès-...) 18, 20, 21, 22, 23, 24
Jerez-Xérès-Sherry y Manzanilla-Sanlúcar de Barrameda (D.O.) 18, 20, 21, 22, 23, 24
Jerez de la Frontera (Cádiz) 21, 22, 24, 192, 193
Joven 11, 80, 113, 147, 216
Jumilla (D.O.) 126, 127, 128, 203
Jumilla (Murcia) 127, 128, 203

Kalifat 126
Kanaren 9, 197
Kantabrien 9
Kapselschneider 16
Karaffe 16
Kastilien – La Mancha 46–59, 198
Kastilien & León 60–93, 198, 199
Katalonien 10, 94–123, 182, 200–202
Klassifizierung 9, 10
Korkenzieher 16
Künstleretiketten 180

La Albufera 176
La Fuliola (Lleida) 100, 101
La Horra (Burgos) 64, 199
La Laguna 197
La Mancha (D.O.) 46, 47, 48, 49, 50, 51, 198
La Orotava 197
La Parrilla (Valladolid) 89
La Plana, Mas 114
La Seca (Valladolid) 91
La Serna 206
La Villela Alta (Tarragona) 120
Labastida (Alava) 146, 164, 174
Laguardia (Alava) 146, 148, 153, 166, 167, 173, 204
Landwein 11, 37, 38
Lanzarote (D.O.) 197
Lapuebla de Labarca 156
Lazarillo 48
Leiro (Ourense) 44
León 60
Lepanto Solera Gran Reserva 21
Lerin (Navarra) 145
Levante 176
Logroño (La Rioja) 146, 151, 159, 160, 205, 206
Lopez, Javier Lorenzo 80
Los Arcos 203
Loureira 203, 210
Loureiro 210
Lurton, André 84
Lurton, Jacques 84

Macabeo (auch Macabeu; s.a. Viura) 6, 27, 31, 33, 38, 51, 96, 105, 106, 109, 113, 122, 181–183, 210
Madrid 46, 92
Madrid Castañeda, Gebrüder 167
Magaña, Juán 136
Magnum 76, 171
Malbec 99
Mallofré, Albert 107
Mallofré, Joan Milá 102, 107
Mallorca 9
Malpica de Tajo (Toledo) 59
Maluenda (Zaragoza) 35
Malvasia 131, 147, 179, 210
Manchego 56
Manzanares (Ciudad Real) 48, 198
Manzanilla 19, 20, 23, 216
Manzanilla Passada 20
Marisánchez, Finca 58
Martínez Bujanda, Gebrüder 152, 175
Martínez Monje, Florentino 157
Martínez, José Antonio 157
Martivillí 80
Mas (auch Casa) 94
Masquefa (Barcelona) 112
Mauren 26, 126
Mauro 89
Mazuelo (s.a. Cariñena) 131, 147, 149, 156, 167, 172, 209, 210
Media Crianza 12
Medina del Campo 61, 91
Medio Penedès 107
Megía, Domingo 55
Mehltau 146
Meis 196
Mencía 40
Mendavia 204
Méntrida (D.O.) 46
Merlot 210 (s.a Weinporträts)
Merseguera 210
Meseta 46, 47
Messweine 123
Miedes de Aragón 193
Milá, Joan 97
Mitjans 105
Modernisme 95
Moja 208
Monasterio de San Pedro de Cardeña 90
Monastrell 6, 126–129, 180, 182, 211
Monje, Florentino Martínez 157
Monovar 207
Monterrei (D.O.) 40
Montilla (Córdoba) 25, 192
Montilla-Moriles (D.O.) 18, 25
Morales de Toro (Zamora) 86
Moristel 27, 33, 211
Moro, Carlos 69
Morucha de Salamanca 66
Moscatel (auch Muskateller) 131, 140, 142, 177, 211
Mota del Cuervo 198
Mousseux 184, 186, 187
Mungía 195
Murchante (Navarra) 143
Murcia 126–129, 202, 203
Muruzábal 203
Muskateller (s.a. Moscatel) 211

Nava del Rey (Valladolid) 77, 199
Navarra (D.O.) 10, 130–145, 182
Navarra, Informationsbüro Vinos 131
Negre (s.a. Tinto) 94
Noblejas 198

REGISTER

O Rosal (Pontevedra) 40, 42, 43
Obanos 204
Ochoa, Javier 139, 140
Ökologie 99
Olaechea 180
Olarra, Bodegas 165
Olite (Navarra) 135, 140, 142, 144
Oliva, Monasterio de la 138, 190
Olivares del Duero 66
Olivenöl 169
Oloroso 19, 217
Orduña 195
Orense 40
Orleans, Don Antonio de, Herzog von Montpensier 23
Osborne 18
Oyón (Alava) 152, 154, 175, 205, 206

Paëlla 176
Páganos-Laguardia (Alava) 172
Pago de Casar 72
Palencia 60
Palomino 18, 80, 211
Pamplona 130
Paniza (Zaragoza) 31
Parcent 206
Parellada 33, 96, 105, 106, 109, 113, 114, 182, 183, 211
Parker, Robert 61, 93, 135, 164
Pastrana, Carlos 95
Pedro Ximénez 17, 18, 19, 25, 188, 211
Pedrosa de Duero (Burgos) 73, 199
Peñafiel (Valladolid) 60, 71, 75, 76, 199
Peñalba, Pablo 74
Penedès (D.O.) 10, 61, 96, 103–115, 182–184, 200, 201
Perelada (Girona) 124
Pérez Carames 61
Perlage 185, 186
Pesquera del Duero (Valladolid) 67, 70, 72, 198, 199
Petit Manseng 99
Petit Verdot 59
Petra (Mallorca) 194
Peynaud, Emile 84, 158
Peyra, Don Manuel 119
Phönizier 9
Pico de Aneto 26
Pinot Noir 34, 89, 110, 177, 182, 211
Pinot Negro (s. a. Pinot Noir) 132, 211
Plá de Bages (D.O.) 96, 201
Plá del Penedès (Barcelona) 110
Plaja, Luís 109
Pobleda (Tarragona) 116
Pontevedra 40
Ponzano 194
Porrera 202
Postigo, Tómas 71
Pozáldez (Valladolid) 80
Pozoamargo (Cuenca) 50
Prado, Museo Nacional del 46
Preise 8, 10, 125, 188–192
Preisentwicklung 10
Preisstaffelung 188–192
Preistipp 99, 136
Priorat (auch Priorato) (D.O.) 10, 94, 95, 116–120, 201
Puenta la Reina 204
Puig, José 111
Puigdalber (Barcelona) 106
Pyrenäen 26

Qualität 8, 17
Qualitätsweine 11

Quintanar de la Orden (Toledo) 51
Quintanilla de Onésimo (Valladolid) 63, 199
Quintanilla del Pidio (Burgos) 65
Raimat 96, 101, 200
Raventós, José 184
Reblaus 131, 146
Rebsorten 6, 209–212
Requena 207
Resalso 70, 191
Reserva 11, 12, 36, 63, 147, 217
Restaurant 171
Retuerta 89, 93
Retuerta del Bullaque 198
Reus (Tarragona) 123
Reyes, Teófilo 61, 76
Rías Baixas (D.O.) 40–43, 61, 196, 209
Ribeira Sacra (D.O.) 40
Ribeiro (D.O.) 40, 44, 197, 212
Ribera Alta 130
Ribera Baja 130
Ribera del Duero (D.O.) 10, 12, 60, 62–76, 198
Ribera del Guadiana (D.O.) 9, 36, 38
Riedel 15
Riesling 21, 211
Rigau, Oliveda 98
Rioja (D.O.Ca.) 9, 10, 11, 12, 146–175, 182, 204–206
Rioja Alavesa 146, 149, 156, 172, 175
Rioja Alta 146, 158
Rioja Baja 146, 155
Roa de Duero 199
Roble (auch Roure/Eichenholz) 94
Roca, Joan 111
Rodríguez, Telmo 81, 87, 135, 164
Römer 9, 26, 130
Ronda 18
Rosado (Rosé) 78, 80, 85, 97, 98, 102, 104–107, 110–113, 122, 123, 131, 135, 137, 145, 154, 158, 171, 188, 217
Rosal, O 40, 42, 43
Rotwein 189–191
Roura, Juan Antonio Pérez 97
Roure (auch Roble/Eichenholz) 94
Roussillon 94
Rubiá (Ourense) 45
Rueda (D.O.) 10, 60, 61, 77–84, 199, 212
Rueda (Valladolid) 78, 79, 81, 82, 87

Sáiz 69
Salamanca 60
Salas Bajas (Huesca) 32
Salvatierra de Miño 196
San Asensio (La Rioja) 171
San Bartolomé 197
San Campo, Abadía de 43
San Fermín 130
San Pedro de Cardeña, Monasterio de 90
San Sadurní de Noya (auch Sant Sadurní …) (Barcelona) 113, 182, 184–187, 200, 201, 207, 208
San Vicente de la Sonsierra 206
Sandeman, George 24
Sanlúcar de Barrameda (Cádiz) 19, 20, 23, 192
Sant Cugat Sesgarrigues 200, 208
Sant Esteve de Sesrovires 201
Sant Martí Sarroca 208
Sant Sadurní d'Anoia (auch San Sadurní …) (Barcelona) 113, 182, 184–187, 200, 201, 207, 208
Santa Marta de los Barros 195
Santa María del Camí (Mallorca) 194
Santa Maria d'Horta d'Avinyó 201

REGISTER

Santiago de Compostela 40
Santiuste de San Juan Bautista (Segovia) 83
Sanz, Antonio 82
Sarda, Finca la 136, 190
Sardón de Duero (Valladolid) 69, 93
Sarsuela de Mariscos 112
Sauvignon blanc 61, 77–84, 92, 101, 112, 114, 211
Scala Dei (Tarragona) 119
Schaumwein (s. a. Cava) 182
Schiefer 116
Segovia 60
Sekt (s. a. Cava) 182
Semicrianza 12, 63, 72
Serra la Lena 100
Serviertemperatur 14
Sevilla 18
Sherry 18–25, 188, 212
Sierra de Cantabria 172
Sir Francis Drake 18
Solera 18, 20
Solivella 200
Sommelier-Glas 15
Somontano (D.O.) 10, 27, 32, 33, 34, 194, 210, 211
Somontano de Sobrarbe, Cooperativa 27, 33
Soria 60
Sotillo de la Ribera (Burgos) 62
Subirats (Barcelona) 103
Süßweine 123
Syrah 30, 59, 103, 109, 121, 126, 136, 177, 212

Tacoronte-Acentejo (D.O.) 197
Tafelweine 11
Tarragona (D.O.) 10, 94, 96, 121, 122, 123, 202
Temperatur 14
Tempranillo (s. a. Cencibel, Tinto Fino, Tinta del País, Ull de Llebre) 6, 10, 212 (s. a. Weinporträts)
Teófilo Reyes, Bodegas 17, 61, 76, 191
Terra Alta (D.O.) 96, 202
Terroir 95
Teruel 26
Tetilla 40
Tiana 200, 208
Tierra de Barros 36, 38, 39
Tierra Estella 130
Tinta de Toro (s. a. Tempranillo) 85, 86, 88, 212
Tinta del País (s. a. Tempranillo) 71, 212
Tinto (Rot, Rotwein) 63, 64, 65, 69, 86, 94
Tinto Fino (s. a. Tempranillo) 61, 68, 72, 212
Tipp 17, 55, 99, 125, 135, 171
Toledo 46
Tomelloso (Ciudad Real) 47
Top Ten – Preis/Trinkspaß 125
Top Ten – Qualität 17
Toro (D.O.) 10, 60, 61, 85–88, 212
Toro (Zamora) 85, 88
Torre Vellisca 181
Torrelavit 200, 201, 208
Torremontalbo (La Rioja) 149
Torres, Josep Boncompteva 99
Torroja del Priorat 202
Torrontés 212
Traibuenas 140
Treixadura 212
Tudela del Duero 199

Ugarte, Dominio de 173, 190
Utiel 207
Utiel-Requena (D.O.) 176, 178

V.T. (Vino de la Tierra) 11, 89, 91, 218
Valbuena del Duero (Valladolid) 69, 199
Valdeorras (D.O.) 40, 45, 197, 210
Valdepeñas (D.O.) 46, 52–58, 198
Valdepeñas (Ciudad Real) 52–58
Valdepusa, Domino de 17, 59, 191
Valdizarbe 130
Valencia 176–181
Valencia (D.O.) 176, 178, 206–207, 210
Valencia (Utiel-Requena) 182
Valladolid 60, 61
Valle de la Orotava (D.O.) 197
Vayres 84
Vecino, Concha 139
Vega Sicilia, Bodegas 10, 60
Vendimia Seleccionada 152
Venta del Moro 207
Verdejo 61, 77–84, 92, 212
Verdil 181
Verdú (Lleida) 99
Verdú, José Luis Pérez 120
Verfügbarkeit 8
Verkostung 168
Verschnitt 213, 214, 218
Viana (Navarra) 165
Vilafranca del Penedès (Barcelona) 105, 108, 114
Vilalba dels Arcs 202
Vilamajó, Josep Torres 99
Vilariño-Cambados 196
Villa Anitan 84
Villafranca de los Barros 196
Villafranca del Bierzo 199
Villamayor de Monjardín 132
Villanueva (Alava) 161
Villaneuva de Arosa 196
Villar, Bodegas Frutos 61
Villar, Víctor del 132
Villarrobledo (Albacete) 49
Vilobí del Penedès (Barcelona) 105, 115
Vino de Aguja 213
Vino Añejo 27
Vino Comarcal 11
Vino Dulce 19, 23, 218
Vino Espumoso 182
Vino de Mesa 11, 59, 90, 92, 93, 154
Vino de la Tierra (V.T.) 11, 89, 91, 218
Vinos de Madrid (D.O.) 46, 209
Vinos Navarra, Informationsbüro 131
Viura (s. a. Macabeo) 36, 77, 79–83, 92, 128, 131, 142, 147, 157, 210, 212

Weinbaumuseum 98
Weingesetz, Spanisches 11
Weinglas 15
Weinkauf 15-16
Weinkeller 14
Weinkühler 16
Weinwisser 93
Weisswein 36, 41–45, 58, 61, 77–84, 106, 108, 111–114, 119, 128, 131, 188–189

Xarel.lo 96, 105, 106, 109, 110, 113, 182, 212
Ximénez, Pedro 17, 18, 19, 25, 188

Yecla (D.O.) 126, 129
Yecla (Murcia) 129
Ygay, Finca 159

Zamora 60
Zaragoza 26
Zehntkeller 167
Zisterzienser 90, 138

IMPRESSUM

Über die Autoren
Die Vini ist eine Gruppe von fünf Weinkennern und -liebhabern. Die Autoren Gerd Drechsler, Michael Franke und Heinz Peter gehören dieser Gruppe an. Sie haben bereits mehrere Bücher zum Thema Wein veröffentlicht.

Bildnachweis
Alle Bilder stammen von Grit Schröer, München
mit Ausnahme von: Frank Heuer, München: Seite 4

Impressum
© 2000 Südwest Verlag, München
in der Econ Ullstein List Verlag GmbH & Co. KG, München

Alle Rechte vorbehalten
Nachdruck – auch auszugsweise – nur mit Genehmigung des Verlages.

Redaktion: Thomas Schulz
Projektleitung: Karin Stuhldreier
Redaktionsleitung: Dr. Reinhard Pietsch
Bildredaktion: Sabine Kestler
Illustrationen: Marlene Gemke, Roger Kausch
Kartografie: Achim Norweg
Umschlag und Innenlayout: Manuela Hutschenreiter
DTP-Produktion: Der Buch*macher* Arthur Lenner, München
Produktion: Manfred Metzger (Leitung),
Annette Aatz, Dr. Erika Weigele-Ismael

Printed in Germany

Gedruckt auf chlor- und säurearmem Papier

ISBN 3-517-06180-8

JAHRGÄNGE

	1990	1991	1992	1993	1994	1995	1996	1997
Alella	5	6	4	6	5	5	5	6
Alicante	5	4	4	4	4	4	4	4
Calatayud	4	4	4	5	5	4	5	4
Campo de Borja	4	5	5	4	4	4	4	4
Cariñena	5	5	5	5	4	4	5	3
Cava	-	-	-	-	4	4	5	4
Condado de Huelva	4	4	4	5	3	4	4	4
Costers del Segre	4	5	5	5	4	6	6	5
Jumilla	4	5	4	4	4	4	5	4
La Mancha	4	4	5	6	5	4	5	5
Navarra	4	4	4	5	5	6	5	4
Penedès	4	5	4	4	4	4	5	5
Priorat	4	4	5	4	6	6	5	4
Rías Baixas	6	4	4	4	4	5	5	5
Ribeiro	5	4	4	3	5	5	5	4
Ribera del Duero	6	5	4	3	5	6	6	4
Rioja	4	5	4	4	6	6	5	4
Rueda	4	4	4	4	4	4	5	5
Somontano	5	5	5	6	6	6	5	4
Tarragona	4	4	4	4	4	5	5	5
Toro	5	6	4	5	6	5	5	4
Utiel-Requena	3	4	5	6	5	4	5	4
Valdeorras	4	5	4	3	5	4	4	6
Valdepeñas	6	5	4	6	4	5	5	4
Valencia	3	4	4	5	5	4	5	4
Yecla	4	4	4	4	4	5	5	4

Bewertungsskala

1 = sehr schlecht   2 = schlecht

3 = mittelmäßig   4 = gut

5 = sehr gut   6 = hervorragend

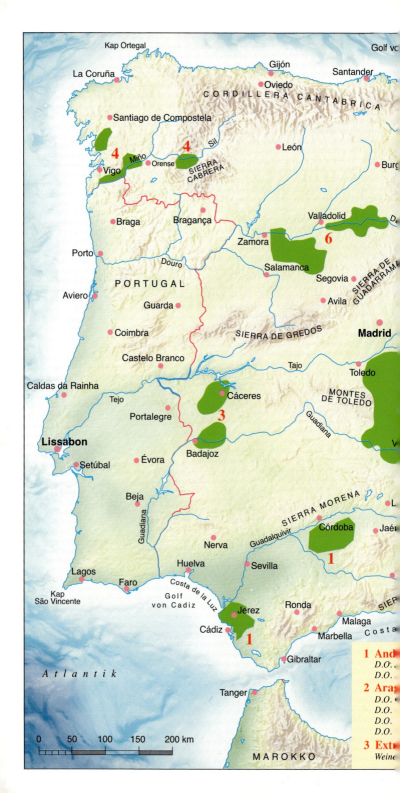